浮気な王の宮廷生活

スペイン・ハプスブルクの落日

佐竹謙一

講談社学術文庫

はじめに

スペイン黄金世紀(1)の劇作品に『セビーリャの色事師と石の招客《まろうど》』というのがある。この芝居の作者はティルソ・デ・モリーナ（本名、ガブリエル・テリェス）とされ、俗にいうドン・ファンのテーマを扱った作品である。しかし、ドン・ファンといってもすぐに思い浮かぶようなプレイボーイ的な軽いイメージの人物ではない。これはカトリック教会のプロパガンダ的な役割を果たす、歴とした宗教劇であり、ドン・ファンには人間の魂の救済が託されていて、彼の不埒な言動をとおしてわれわれは善悪の岐路を見せつけられる、というまじめな話である。

むろん、ドン・ファンのテーマは本書でとりあげる内容とは直接関係ないが、十七世紀のスペインを本能のおもむくままに生きたといっても過言ではないフェリペ四世をみていると、なにか相通じるところがあるような気がしてならない。

自由奔放に生きてきた国王は、中年になり、そして晩年になって死期が近づくにつれ、神に熱烈な愛を捧げてきた助言者ソル・マリアと知己を得るものの、最後までおのれの罪の意識から解放されずに、苦しみもがく。国王はあまりにも意志が弱く、何度も心を入れかえようとするのだが――この点は信仰が篤く、ドン・ファアンとは似ても似つかない――、いつも元の木阿弥になってしまうという、何とも憎めない部分はあるとしても、やはりスペイン帝国を治め、家臣や人民の幸せをも視野に入れなければならない指揮官としては、あまりにもひ弱で不甲斐ないといえよう。それでも最後は、ソル・マリアの助言がある程度功を奏したのか、もはやどうにもならないと思って観念したのか、ついに魂を神に委ねるのである。
一方のドン・ファアンは、最後まで誰の忠告も受け入れずに傲慢な態度を貫く。周囲の者からそんな傲慢で破廉恥な行為を繰り返していると神罰が下りますよ、と再三忠告されるにもかかわらず、口癖のように「ずいぶんと気の長い話ではないか」――自分はまだ若いので、まだまだ懺悔するには早すぎるという意味――と言って、悔悛しようとしない。この点では両者は明らかに異なるが、いつまでもだらだらと悔悛せずに享楽にうつつを抜かすという生き方には、程度の差こそあれ双方ともに救いがたい本性が見え隠れする。

フェリペ四世の治下、スペイン帝国は政治的にも経済的にも急速に凋落の一途をたどり、国家全体が疲弊しきった時代であった。生活苦、幻滅、日々の不安、厭世観、メランコリーがはびこり、この世のすべては儚《はかな》いものであるという感覚が社会全般に浸透し、人々のあいだには挫折感が漂っていた。道徳はうわべでは称揚されていたが、実際にモラルの低下は著しく、性道徳も地に落ち、特に上流階級の人々の生き様は不羈奔放《ふきほんぽう》なものであった。当時の外国人旅行者たちの記録には、スペイン人の大きな関心事が性愛であり、裕福な貴族の若者の大半が一三歳前後になると、身持ちのよくない女優とか、いかがわしい女を情婦に持つようになったと記されている。

フェリペ四世とて例外ではなく、この浮気な国王の放埒な宮廷生活はかなり弱年の頃に遡り、相手が既婚であろうと未亡人であろうとお構いなく、宮廷の侍女や、はては街角の娼婦にまでおよんだといわれる。おまけに修道女に熱を上げたという噂話まである。また芝居小屋へ足を運べば、そこで女優を見初め、言い寄ることもあった。王にとって事が性愛となると階級は存在しなかった。女性問題となるとだらしなく、心任せに振る舞ったのである。戯れの恋は数えきれなかった。しかしそれよりも驚くべきは、こうした愛の手引き役をしていたのがなんと寵臣オリバーレスだったことである。

そして、国王は年齢を積むたびに女たらしの常習犯と化していった。その飽くなき欲望は彼を常に愛の冒険へと駆り立て、そのため後年、国王の冒険にまつわる数々のエピソードが巷間の俗説となって後世に残されることになった。

そんななか、フェリペが関係した女性たちの中でも女優マリア・イネス・カルデロン、通称〈ラ・カルデローナ〉は国王にとって特別の存在であった。この美しい女優に胸を焦がした国王は、彼女に恋人がいたにもかかわらず、庶子フアン・ホセ・デ・アウストリアをもうけたのである。

国王の浮気な性分は一六四三年にオリバーレスが失脚するまで続いたが、それ以降少しは人生を悔い改めたのか、多少なりとも享楽から遠ざかり、君主としての任務に励むようになった。それでも狩猟と芝居は晩年までやめなかった。病気にでもならないかぎり毎年一定期間を狩猟に費やした。

派手な女性関係以外にも、フェリペ四世は国政のほとんどを寵臣オリバーレスに任せ、肝心の政治をほっぽらかして、多くの時間を祝宴に列したり、絵画に入れ込んだり、はたまた文芸などの娯楽に費やした。また演劇にも目がなかった。ハプスブルク家の王たちの中でも無類の演劇好きだったことから、マドリードの常設劇場《コラール》、特にお気に入りのクルス劇場にしばしば足を延ばした。だが、それだけでは飽き足りず、宮廷内に即席の舞台を設営し、常設劇場の人気役者を呼びよせては芝居を演じさせることも度々あった。その一方で、何人もの詩人や劇作家のパトロンとなり、旧王宮《アルカサル・ビエホ》の大広間で詩作コンクールを主催するなどして、芸術の発展にも大いに貢献した。学問にこそ精通していなかったものの、生まれつき英明で、詩や演劇や絵画に造詣が深かったこともあり、「宮廷の偉才《ヘニオ・デ・ラ・コルテ》」というペンネームで書かれた詩がいくつも残存するところをみると、王みずからが詩を書いたともいわれている。ただし、真偽のほどは定かでない。

このようなフェリペ四世を一言で表現するならば、統治者としては無気力、文芸愛好家という点では詩人、放埒な生活を繰り返したという点では女たらし、そして愛の遍歴を繰り返すたびに罪悪感に苦しみ、神の慈悲にすがったという点では、敬虔なカトリック教徒であったといえよう。

フェリペ四世の肖像画は、わが国でもおなじみのスペイン宮廷画家ベラスケスによって何枚も残されているので、画集を繙《ひもと》けばいつでも若き日の《フェリペ四世像》、熟年の《フェリペ四世像》、《狩猟服姿のフェリペ四世像》《フェリペ四世騎馬像》《軍総司令官姿のフェリペ四世像》など、簡単に手にとって見ることができる。時代の変遷にしたがって筆触や色彩はそれぞれ異なるが、ちょっと見るとどれも優雅で凜々しい。しかし、どの絵にも共通する顔の特徴として、青白く物憂げな表情、突き出た下顎、分厚い唇がいかにも弱々しい国王の自堕落な生き様を物語っているようにも思われる。

公的な場所での立ち居振る舞いはどうかといえば、フェリペ四世に謁見したときの様子を外国人旅行者たちは異口同音に、国王は立ったままかあるいは座ったままの格好で、（まるでロボットのように）顔の筋肉をぴくりとも動かさずに宮廷貴族や外国の大使に接見した、と述べている。閣議の議長を務めるときも、芝居を観に出かけるときも、同じようにほとんど感情を表面に出さなかったらしい。時折、気色ばむことはあったが、怒りはすぐにおさまったようである。それにしても見初めた女性を口説くときには、この浮気な国王、いくらなんでも沈着冷静というわけにはいかなかったであろうことは想像に難くない。

国政との板挟みとなった晩年の国王の心的苦悩は、アグレダの修道院長ソル・マリアとのあいだで長年交わされた書簡にそのままあらわれている。数多くの書簡は読む人を意識して書かれたものではなく、ソル・マリアを介して神と対話するかのごとく、そのときどきの心情を吐露したものであり、国王の苦悶、後悔の気持ち、罪の意識などがそのまま伝わってくる。いわば、意志薄弱な国王がおのれの罪を悔悛できずに、さまざまな出来事に対して日々悶々と苦しんでいた様子が窺える。特に晩年の書簡にはこの傾向が顕著である。

本書では、このような弱々しいフェリペ四世にまつわる巷間の噂話やエピソードなどを含めて、没落しつつある十七世紀のスペイン宮廷に生きた素顔の国王とその時代にできるだけ迫ってみることにしたい。実際、人々の噂というのはどうみても風説にすぎず、客観的事実に欠けるとしても、常にセンセーションを巻き起こすこと自体が尋常ではないという証拠であり、また事実の如何にかかわらず市井の人々が国王をどうとらえていたかを知るうえでも意義があると判断し、あえてそうしたエピソードも加えることにした。そうすることによって民衆の視線で国王を見ることができ、浮気な国王の素顔にまた一歩接近できるものと確信する。

全体を二部構成とし、第一部では若き頃のフェリペ四世の放埒な生活に始まり、晩年の不如意な人生から死に至るまでの快楽と苦悶の日々を描き、第二部では芸術的開花とは裏腹に凋落するスペイン帝国の実態を描くことで、国王を中心とするピラミッド型のバロック社会の輪郭を跡づけた。これにより、現実の厳しさと、気まぐれで贅沢な宮廷での暮らしぶりとの乖離が際立てば幸いである。

おそらく第一部も第二部も最後に行き着くところは、まるで時代の宿命でもあるかのように「栄枯盛衰は世の習い」という「人生の儚さ」ではないだろうか。

目次

第二部

浮気な王の宮廷生活

スペイン・ハプスブルクの落日

第一部

第1章——スペイン国王フェリペ四世、誕生

ヨーロッパ最大の王妃が
出産のミサにお出ましだ
名実ともに豪華で
見事な宝石といえよう
——（セルバンテス「王妃マルガリータを祝うロマンセ」[2]）

王子の誕生と教育

マドリードから首都がバリャドリードに移転して以来、四回目の春を迎えた一六〇五年四月七日、すなわちキリストが使徒の足を洗ったことを記念する跣足《せんそく》木曜日の夕刻、出産予定日をもう少し先だと思い込んでいた王妃マルガリータ・デ・アウストリア（一五八四—一六

一一年）は王宮の自室の窓から、多くの裸足の苦行者たちが無言で通りすぎる様子を見ていた。彼らはフードを目深にかぶり、ある者は背中に重い十字架を背負い、またある者は足首に大きな鎖をかけていた。

　翌金曜日の朝、王妃はミサに参列した。そしてその日の夕刻も前日と同じように自室の窓から、もの言わぬ苦行者たちの行列を眺めていた。すると急に陣痛が始まった。レーモス伯爵夫人は直ちに、王宮の城門から行列を見物していた国王フェリペ三世（一五七八―一六二一年。在位、一五九八―一六二一年、図1）とレルマ公爵（一五五三―一六二五年）にそのことを伝えた。待望の世継ぎが誕生したのはそれから数時間後の午後九時半のことである。バリャドリードの町ではフェリペ王子（一六〇五―六五年。在位、一六二一―六五年）の誕生に合わせて、夜だというにもかかわらず町中の鐘が打ち鳴らされた。思いがけない鐘の音を耳にした市民は、この朗報を新しい法王の選出と勘違いしたようだが――クレメンス八世は三月五日に死去――、事の真相を理解するにつれて当初の驚嘆が慶祝に変わった。宮廷では嫡男誕生ということで、父と母は大いに喜んだ。このとき国王は赤子をやさしく両腕に抱き、控えの間で待機していた市会議員たちにわが子を誇らしげに見せたという。また、世継ぎをフェリペ・ドミンゴ・ビクトル・デ・ラ・クルスと命名することも明らかにした。

　翌日の朝、国王は王室礼拝堂にて神に感謝の祈りを捧げたあと、高位の貴族たちから祝福を受けた。それから国王は、伝統的な慣習にしたがい、世継ぎが誕生したときの恩赦を与えると同時に、贅沢を規制する節倹令を六日間だけ解除したため、市民は待っていましたと言わんばかりにこれまで禁じられていた飾りつきの服を身にまとい、町のあちこちで歓声をあげた。一方、広場では騒ぎまくる群衆に向かって市議会の建物から一万二〇〇〇レアルもの銀貨が投げ与えられた。また、三万本の蜜蠟のトーチが市民に配給され、そのせいか貴族の城館だけでなく、貧しい人々の家の窓でも明々と火が灯された。

日曜日の午後には、国王は「カルサス」と呼ばれる半ズボンに黄色の胴衣《フボン》を身につけ、豪華に着飾った宮廷の廷臣たちや市会議員たちを引き連れてサン・ロレンテ聖母マリア教会を訪れ、聖母に感謝の気持ちを表した。バリャドリードの町では、これ以来、豪勢な祝祭が何日間も続き、その間に団体騎馬槍競技《フエゴ・デ・カーニャス》、騎士たちの行列、闘牛など、さまざまな行事が町をあげて盛大に執り行われた。インファンタード公爵、アルバ公爵、ウセダ公爵、レーモス伯爵、ヘルベス伯爵、サルダーニャ伯爵など騎馬姿の大貴族や、高位高官たち、それに聖職者たちもそれぞれにお供の者を引き連れて、バリャド

図1　フェリペ3世騎馬像（ベラスケス作・部分，プラド美術館蔵）

リードの狭い道やあちこちの広場を華やかに行進し、祝祭に花を添えたのである。

この頃ちょうど英国のチャールズ・ハワード提督が、前年度にロンドンで合意のあったスペインとの平和条約締結のために、ジェームズ一世（一五六六―一六二五年。在位、一六〇三―二五年）の特使として首都バリャドリードを訪れ、市民の大歓迎を受けている。ハワードといえば、かつて一五八八年にメディーナ・シドニア公爵率いるスペイン無敵艦隊を撃破した際に指揮をとった人物である。彼は数百人もの貴族や従者を引き連れスペイン北部の港町ラ・コルーニャに入港したのち、五月二六日に首都に到着したが、到着のその日からスペインを離れるまで、スペイン側の贅を尽くした歓迎を受けることになった。その間、国王夫妻にも謁見し、王子の洗礼を祝う行列にも立ち会った。

五月二九日、王子の洗礼が町のサン・パブロ教会で執り行われたが、その日の朝には、国王を筆頭に、トレド大司教、レルマ公爵などの大貴族たちやその他大勢の宮廷貴族とともに、六〇〇人を超すドミニコ会士たちも参加するという大規模な行列があった。リバダビア伯爵の城館を滞在先としていたハワード提督は部屋の窓からその光景を見物したが、行列が提督の滞在する城館近くにさしかかったとき、国王に敬意を表し、恭しく一礼すると、国王も同じように会釈した。

午後の洗礼式には、王族を筆頭に、カスティーリャ、アラゴン、イタリア、異端審問所、インディアスの各諮問会議の議長および議員、各騎士修道会のメンバーに加えて、異端審問所長官、ブルゴス大司教など錚々たる顔ぶれがそろった。このとき赤子を洗礼盤まで両腕に抱えていったのがデニア侯爵フランシスコ・ゴメス・デ・サンドバール・イ・ローハス、すなわちフェリペ三世の寵臣レルマ公爵であり、そのあと赤子を両腕に抱いて聖水を注ぐ役割を担ったのは名親であるピアモンテの王子ビクトル・アメデオであった。なお、新教徒のハワード提督は、スペイン側の配慮によってこの洗礼式の様子を教会内の人目につかない場所から見ていた。

五月三一日には、王妃がサン・ロレンテ聖母マリア教会にて行われた出産のミサに、豪華な馬車で長女アナ（一六〇一―六六年）とともに参列した。このとき国王も馬に跨り、豪勢に着飾った宮廷貴族たちを先頭に出御した。王子を膝の上にのせた養育係アルタミーラ伯爵夫人は、二頭の馬に担がれた輿にのってそのあとに続き、後続には王妃付き女官長をのせた馬車や、何人もの貴婦人をのせた別の馬車が数台用意され、このめでたい儀式にふさわしい絢爛たる雰囲気を醸し出していた。町ではこの光景を見ようと大勢の人々が押しかけた。ハワード提督も何人かの随員とともに宿泊先の窓からこの行列を見物したあと、儀式に出席するために教会を訪れたが、このときも人目につかぬようにとの配慮がなされた。儀式のあと、国王夫妻一行は帰りも行きと同じような隊列を組んで王宮へと戻って行った。

バリャドリードでは盛大な祝典がしばらくのあいだ続き、外国からも要人が多数訪れた。宮廷の庇護のもと、この町に移り住んでいた詩人や作家は、一連の祝典の模様についてそれぞれ思い思いに書き記し、セルバンテスもこうした祝典に居合わせたらしく、次のような賛辞で始まるロマンセを書いている。

ヨーロッパ最大の王妃が
出産のミサにお出ましだ
名実ともに豪華で
見事な宝石といえよう
沿道の観衆の誰もが
王妃に魂と視線を投げかけ
その敬虔な面持ちと
荘厳な儀式に感嘆する
王妃は地上《ティエラ》に降りた天《シエロ》の
一部だと言わんばかりに
傍らにハプスブルクの太陽《ソル》と
曙《アウローラ》の女神を従えている

ちなみに、セルバンテスの『ドン・キホーテ』前篇が出版されたのもこの年である。

当時のスペインの首都バリャドリードは、一六〇一年一月にマドリードから遷都されたばかりで、その背景にはレルマ公爵がバリャドリード議会に働きかけ、宮廷に莫大な金を支払わせた経緯がある。その理由として、彼が私腹を肥やすためという説もあるが、それとは別におのれの統治を脅かすマリア（一五二八―一六〇三年）の存在が大きかったのではないかと言われている。彼女はカルロス一世（カール五世／以下、スペイン風にカルロスとする）の娘で、神聖ローマ皇帝マクシミリアン二世（一五二七―七六年。在位、一五六四―七六年）の妻であった。フェリペ三世にしてみれば叔母にあたる人である。その彼女がちょうどその頃、ハプスブルク家の女性たちの隠れ場にもなっていたマドリードのデスカルサス・レアレス修道院に居を定めていて、国王に少なからず影響を及ぼしていた。マリアは腐敗したレルマ公爵とはちがって、政治的能力に長け、慈悲深く慎み深い女性として人々から敬われていた。そんな彼女のもとを国王はしばしば訪れ、助言を仰いでいたようである。マリアの助言というのは政治を寵臣に任せず、手ずから行うようにというもので、これが寵臣をして遷都を決意させたおもな理由であった。

首都がバリャドリードに移ってからも、国王は相変わらず団体騎馬槍競技や夜会や闘牛などの催し物に巨額の金をつぎ込んでいた。またほとんど旅をしなかった父フェリペ二世（一五二七―九八年。在位、一五五六―九八年）とは対照的に、ブルゴス、パレンシア、デニア、サモーラ、レオン、トルデシーリャス、レルマ、ベントシーリャスなどの町や村を訪れた。こうした場所にはレルマ公爵が土地を買収して造った、狩猟の際に立ち寄ることのできる保養所があったからである。

しかしそれも長くは続かず、マドリード議会もバリャドリード議会と同じように一〇年の分割払いで二五万ドゥカード(3)を支払い、なおかつ議会が所有していた貸家からはいる家賃の収入のうち六分の一を宮廷に支払うことを条件に、首都をマドリードに呼び戻すことに成功したのである。このときマドリードの市会議員たちがレルマ公爵に一〇万ドゥカードもする城館を贈り、そのほかにも彼の取り巻きたちに何らかの便宜をはかったようだが、そんなことよりも一六〇三年二月二六日にマリアがデスカルサス・レアレス修道院にて息を引きとったことによって、もうこれ以上バリャドリードにいる理由がなくなったからである。

またこれとは別に、狩猟に目のないフェリペ三世が、バリャドリード滞在中に狩りのできるマドリードやその近郊の生活を懐かしがったことや、当地の厳しい冬の気候に馴染むことができなかったことも再遷都の理由にあげられよう。

一六〇六年二月下旬には再遷都の準備が始まり、移転は三月四日に開始された。そしてマドリードに戻った一行は市民の熱烈な歓迎を受けることになった。

マドリードに移ると、レルマ公爵は今度は王妃マルガリータと対峙しなければならなかった。一五九九年に彼女がスペインにやってきたときはまだ一四歳のあどけない少女だったが、成長するにつれていろいろと知恵がつき、寵臣の政策や浪費に我慢がならなくなり批判的になっていった。そのためレルマは王妃の侍従長ガンディーア公爵夫人を更迭し、かわりに自分の妻を任命したり、妻が亡くなると今度は姉妹をその地位に就けたりして策を練った。

周囲の不穏な空気の中で、当の国王はというと、王妃の愛情を裏切るようなことはしなかったものの、狩猟やカード遊びに没頭し、そんな内輪もめには無関心であった。そこで彼女はマドリードにあるエンカルナシオン修道院の院長の助けを借りて、無気力な王を立ち直らせようとしたが、結局徒労に終わった。

一方、幼いフェリペはマドリードの陰鬱な旧王宮《アルカサル・ビエホ》（図2・3）の中で僧院生活を思わせるような敬虔な日々を送っていた。やがて物心がつくようになると、詩作に興じたり、祝祭などに上演される宮廷芝居を見物するのを唯一の楽しみとするようになった。このことがのちに彼を大の演劇好きに仕立て上げる機縁となったのである。

一六〇八年一月一三日、フェリペが正式にハプスブルク家の王子を名のる式典がマドリードのサン・ヘロニモ・エル・レアル教会で厳かに執り行われた。

一六一一年一〇月三日、フェリペが六歳のとき、王妃マルガリータ・デ・アウストリアが七番目の子供アルフォンソを産んだあと産褥で死んだ。このとき彼女は二七歳、フェリペ三世は三三歳であった。また、生まれたばかりのアルフォンソの命も一年という儚《はかな》いものだっ

図2　マドリードの旧王宮（フェリックス・カステロ作，国立考古学博物館〈マドリード〉蔵）

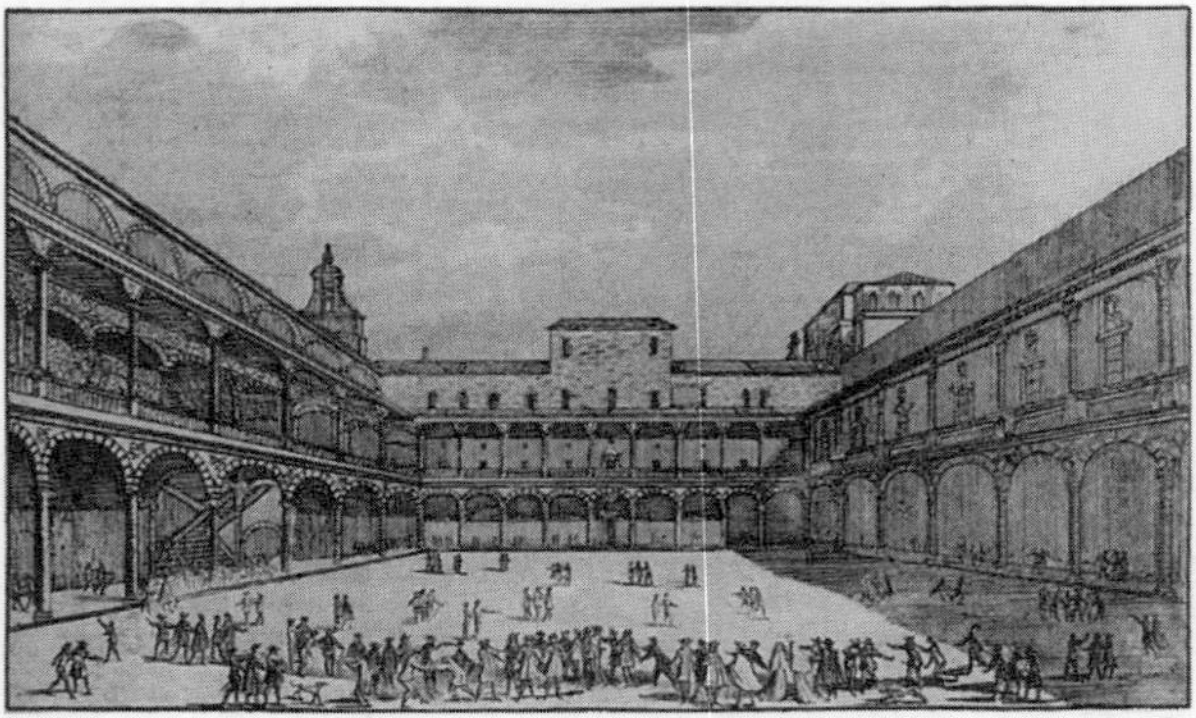

図3　旧王宮内部の中庭（ルイ・ムニエ作，マドリード市立博物館蔵）

た。王妃の死をめぐっては、レルマ公爵とその腹心ロドリーゴ・カルデロンに毒殺されたのではないかという噂が飛び交ったが、真偽のほどは定かでない。

母の死をまえにフェリペ王子は深い悲しみに打ちひしがれた。彼は幼年期をずっと薄暗いマドリードの旧王宮の中で厳しい躾と教育を受け、特に性的衝動や感情を抑圧することを強いられながら育てられた。将来敬虔なカトリック王になってもらおうと、宮廷内でも特別厳格な聖職者たちが選ばれ、彼の養育に携わることになった。この厳格な躾の一環として、各地の修道院および教会訪問が組み込まれ、これらは日課の一つとなっていた。また宮廷のしきたりとして、マドリードの人々がもっとも信仰の拠り所としている、聖遺物などが奉納されている場所を訪れることもあった。

だが、こうした厳しい教育も結果として失敗に終わり、堅苦しい作法を尻目に王子は青春期を官能のおもむくままに過ごすようになっていった。劇や詩などの文芸にも興味を示すようになり、のちに「国王詩人」と呼ばれるようにもなった。後年、これはあくまでも噂の域を出ないが、ブエン・レティーロ宮で上演されることになる劇の脚本を何作か書いたと言われるほどの文芸愛好家に成長したのである。

そのうえ幼少の頃から、ヴェネツィア派やフランドル派の絵を好んだフェリペ二世の絵画コレクションのおかげで、エル・エスコリアル宮や旧王宮やエル・パルド宮の内部を飾る数々の名画に触れる機会を与えられた王子は、絵画にも興味を持ち始めた。幸いにも当時ヨーロッパでは名のとおった、カルロス一世の宮廷画家ヴェチェリオ・ティツィアーノ、ヴェネツィア派のドイツ人画家アルブレヒト・デューラー、フランドル派の画家ペーテル・パウル・ルーベンス、スペイン人画家アロンソ・カノ（有名な彫刻家でもあった）、フランシスコ・デ・スルバラン（一五九八―一六六四年）、バルトロメ・エステーバン・ムリーリョ（一六一七―八二年）、フアン・デ・バルデス・レアルなど、一流の画家たちの絵を間近に見ることができた。次章でも触れるが、のちの国王はとりわけベラスケスの腕を高く評価し、晩年にいたるまで深い親交を得ることになった。

また絵画好きが高じて、有名な絵とあらば外国からも購入するほど、金に糸目をつけず多額の資金を投入することもたびたびあった。ミケランジェロの一枚の絵を購入するのに、当時としては大金の五〇〇〇ドブロンを支払ったこともあった。そのおかげでフェリペ四世の時代には、王宮の画廊はかなりの名作で埋まり豊かになったといわれている。そしてその中にはベラスケスが国王に依頼されて描いた絵も何枚か含まれている。

こうみると確かに、フェリペは生まれたときから熱烈なカトリック信者として育てられ、芸術をこよなく愛し、のちに王位に就くや文芸擁護者にもなるが、その反面、国内の政治や外交となると寵臣オリバーレス（一五八七―一六四五年）に任せるという安易な選択をした。要するに、幼い頃からの厳しい教育や躾も、政務に対して責任のもてる、そしてなおかつ決断力のある国王を育てることはできなかったのである。おまけに持って生まれた色好みを、理性と分別によって克服することすらできなかった。その結果、寵臣だけが権力をほしいままに振る舞うようになり、肝心の国王は国政に背を向け、あるいは背を向けさせられ、宮廷で催される祝祭や文芸活動に積極的に加担したり、大好きな狩りや色事に人生の大部分の時間を費やしたのである。

芸術家や詩人たちにしてみれば、国王は自分たちに活動の場を与えてくれるよき理解者であったかもしれないが、他方では莫大な額の税金を浪費する一国の主《あるじ》であり、王室財政を逼迫させた張本人でもあった。

王子の理想像

十七世紀のスペインでは、王家に世継ぎが誕生したり、結婚の儀が執り行われたり、行幸や行啓のときなどには、盛大な祝典が催されるのが慣わしであった。マドリードの宮廷では、芝居や仮面舞踏会や夜会などが開かれ、町中が大いに賑わった。それもそのはず、人々にとって国王とは、この世の中心的存在であり、「天上の神」につぐ「地上の神」ともいうべき存在だったからである。国王は人々の模範的存在でなければならず、その言動にも細心の注意を払う必要があった。民衆の運命ないし禍福は国王の双肩にかかっていたといっても過言ではなかったのである。

では、当時の王子または国王の理想像とはどういうものであったのか。以下、何人かの識者の見解をみてみることにしよう。

イエズス会士ファン・デ・マリアーナ（一五三六―一六二四年）は『国王と王家の教育について』（一五九九年）の中で、王座は神からの賜物ゆえに節度を持って権力を行使し、常に臣下および人民の幸せを願うのが、理想的な国王であると述べている。このように正道を歩む国王であれば、人々の訴えに耳を傾け、弱者を保護し、法にもとづいて慈悲の心で裁きを下すであろうし、また権力の濫用を嫌い、重税を課して民衆を苦しめるようなことはなく、甘い汁を吸おうと媚びへつらう者を遠ざけるであろう、と指摘する。となれば、王をとり巻く家臣たちも必然的に、王にならい勤勉で知性豊かな人間が集まるようになるというのが彼の考え方である。

身だしなみにしても、豪華であってはならず優雅な雰囲気を醸し出すような服を着用すべきであり、食事も食べ過ぎには気をつけたうえで、健康によい食材を豊富にとり入れるべきである。スポーツは体を鍛える程度に適度に行い、決して体力を消耗させてはならない。余暇を楽しむ意味では、歴史書や古代の哲学書を繙《ひもと》くのもよいし、音楽や詩を味わうのもよい。ただし、これらはあくまでも心身を回復させるためのものであって、政務を忘れてまで没頭するものではないと付言する。

以上がマリアーナの持論であるが、こうした理想的な国王像を論じた書物は当時何冊か出回っていた。たとえば、同じくイエズス会士ペドロ・デ・リバデネイラは『キリスト教徒の王子』（一五九五年）の中で、完璧に国を統治するにはカトリックの教えがあれば充分であるとして、神に全幅の信頼をおき、異教徒に対処すべきであると述べている。また家臣の選別には細心の注意を払い、へつらいや腐敗をよせつけないよう努力することや、慈悲深く慎重に物事に対処すべきであることを主張する。そうすれば、万全の態勢で国を治めることができるのだという。

フランシスコ会士ファン・デ・サンタマリアは『共和国とキリスト教政治』（一六一七年）において、五感を正しく働かせることにより完璧な統治能力を身につけることができると考える。まず自分自身の目で家臣や権力者たちの不正を監視し、粗相のないように気を配る必要がある。視覚は正義という徳をともなうことで悪を裁き、善を讃えるという高貴な役割を果たす。また聴覚は王国内の情報を正しくキャッチしたり、視覚でカバーできなかった部分を補う役割を果たすことから、真実を知るうえで重要である。嗅覚は直感的に物事を正しく判断する能力と関係し、そのためには慎重さと美徳が求められる。味覚は言葉に関係し、国王と国民とのあいだに嘘があってはならないとする。特に王国およびその名声や威信を傷つけうる要素として、へつらいやおべっかを挙げている。王の恩寵にあずかろうとたくらみ、権謀術数をめぐらす輩《やから》には充分注意し、こうした連中を宮廷に近づけないことである。触覚は節度と関係するので、限度をわきまえたうえで行動すべきである。みずからの健康や名声それに王国をも破滅に導きかねない快楽には、のめり込むべきではないとする。国王たる者は、節義をまっとうし、飲食を控えめにし、地味な服装を身にまとうのであれば、健康と徳にめぐまれ、人民のよき手本にもなるであろう、と述べている。

一方、フランシスコ・デ・ケベード（一五八〇―一六四五年）は『神の政治』（一六二六年）の中で、国を統治するのは特権でも楽しみでもなく、むしろきつい仕事であると訴え、完全な国王をめざすのであればキリストを手本にすべきであると唱える。また、政治家であり外交官も務めたディエゴ・デ・サアベドラ・ファハルドは『百事におけるキリスト教徒の政治家としての王子の理念』（一六四〇年）をとおして、国王たる者は敬虔であって、慈悲深く正直でなければならないと主張する。

いずれにしても、このような完璧な国王になるためには、当然のことながら幼少の頃から王子として適切な教育を受ける必要があった。この時代の学識者たちはこの点の重要性を認識し、完璧な君主になるための王子の理想像についていろいろな角度から書き記したのである。それというのも、将来王になる人間がしかるべき努力を怠れば、王国の没落につながりかねないからだ。

そのほかにも、こうした問題に関心を寄せる何人かの著名な知識人がいる。カルロス一世の年代記作家アントニオ・デ・ゲバーラ（一四八〇―一五四五年）や、医者であり哲学者であったファン・ウアルテ・デ・サン・ファンなどである。

『皇帝マルクス・アウレリウスの黄金の書』（一五二八年）を著したゲバーラは、何よりも道徳面を重視し、幼少の頃から享楽に溺れないように教育すべきであるとし、そのためには将来の国王の教育を安心して委ねられる養育係をつける必要があると述べている。またその養育係となる人も、節度があり思慮深く、そのうえ知識が豊富で経験豊かな四〇歳から六〇歳ぐらいの人がよいという。そして国王になった暁には、非難にあたいするような不埒な行為に走らないよう、言動を制御し、正しい方向へ導いてくれる複数の賢者または助言者を側近に登用すべきであるとしている。

『学問にかかわる才知の研究』（一五七五年）を著したフアン・ウアルテ・デ・サン・フアンは、容姿も含めてどんなタイプの人間が理想の国王にふさわしいかを述べている。髪や皮膚の色、それに外見や体格などの肉体的特徴を別にすれば、身持ちがよく、徳があり、罪を犯さないように常に節度のある行動をとれる人が理想的であるという。さらに記憶力がよく、物事の真偽を見抜ける能力を持ち、先見の明があれば申し分ない。もちろん健康で長生きすることも無視できない要素だとのことである。

フランシスコ・デ・モンソンは『王子の鏡』（一五四四年）で、学問の重要性を強調し、なかでも歴史と道徳哲学を奨励する。ディエゴ・グレアは『王子教育術』（一六二七年）の中で、幼児教育とそれにともなうよき養育係の選択を重視し、とりわけ養育係には品行がよく、高い知性の持ち主が理想であるとしている。またリバデネイラと同様、カトリックの教えが国王となる王子の人間形成に大いに役立つであろうと明言すると同時に、マリアーナがいうように国を治めるうえでは物語ではなく歴史書に親しむことが人を慎重にしてくれるという。しかし学問のみに時間を費やすのではなく、郊外に出て乗馬を楽しむことも大切であると主張する。ただし、狩猟はほどほどにすべきであるとのこと。

このように十六、十七世紀を通して、さまざまな人々が国王または王子の言動に注目していたことがわかる。なぜなら、国王の一挙手一投足は自分たちの運命を決定づけるといっても過言ではなく、もし間違った決断を下すことにでもなれば、罪のない無垢な人々までも不幸に巻き込むおそれがあったからである。王子の正しい教育ならびに国王の責任ある行動が強く求められたのはそのためである。

しかしながら、歴代のスペイン・ハプスブルク家の国王は、理想的な国王として振る舞い、民衆の幸せを願って王の権能を発揮しただろうか。少なくとも本書で主役となるフェリペ四世に関しては、こうした理想像と対極をなす国王とみなされても仕方なかろう。ベラスケスの絵にみられる威厳ある国王の雄姿とは似ても似つかぬ俗物人間のイメージにむしろ近いのではないだろうか。

結婚、そして王位継承へ

フェリペの縁談がまとまったのは、国王としての風格が備わるずっと以前のことである。当時のヨーロッパの王家ではごくあたりまえのことだが、これまでと同じように今回も明らかに政略結婚であった。かつてスペインとフランスとの戦争に終止符が打たれたのは、一五九八年五月二日のフェリペ二世とアンリ四世（一五五三―一六一〇年。在位、一五八九―一六一〇年）とのあいだに結ばれたヴェルヴァン条約によってである。しかしまもなく、九月一三日にフェリペ二世が逝去すると、王位を継承したフェリペ三世はアンリ四世に、自分の娘アナとフランスの王子との結婚、およびフェリペ王子とフランスの王女との結婚を提唱したが、フランス国王はこの結婚を快く思わなかった。なぜなら、彼の思惑はヨーロッパにおけるハプスブルク家の勢力を弱めることにあり、スペインとの縁組を積極的に望んでいなかったからである。

ところが、一六一〇年五月一四日にアンリ四世が暗殺されると、王妃マリー・ド・メディシスはフェリペ三世の申し出を承諾する意向を示したため、ルイ十三世（一六〇一―四三年。在位、一六一〇―四三年）とアナ王女、およびフェリペ王子とエリザベート・ド・ブルボン（一六〇三―四四年。アンリ四世とマリー・ド・メディシスの長女／以下、スペイン風にイサベル・デ・ボルボン）の二組の結婚が一挙にとり決められた。このときフェリペはまだ七歳で、イサベルは彼よりも二歳年上にすぎなかった。

双方の結婚式は一六一五年一〇月一八日、フランスのボルドーにて盛大に執り行われた。挙式のあとフランス側はビダソア川の国境まで王女に同行し、そこで彼女をウセダ公爵クリストバル・サンドバール・イ・ローハスの率いるスペイン側の使節団に引き渡した。一方、

図4　エル・パルド宮（エル・エスコリアル宮蔵）

スペイン側もアナ王女を同じ場所でフランス側に引き渡すことにした。

　国境を越えると、ビトリアでイサベルは母の助言にしたがいフランスの衣装からスペイン風の衣装に着替えて身を飾った。こうした心遣いはスペインの貴族たちに好感を与えた。一一月一四日、一行がブルゴスに入ると、この町ではフェリペ三世がフェリペ王子を連れて待ちかまえていた。さっそく町では派手に歓迎の祝宴が張られ、夜会なども催されたが、フェリペ王子はというと彼女から一瞬たりとも目を離さず、じっと彼女の美しさに見入っていた。王子もこのときはまだまだ純情で、踊りのときには彼女の手をとり顔を赤めるほどであった。

　一連の祝宴が終わると、イサベルの一行はエル・パルド宮（図4）に向かい、フェリペ親子は宮廷と町をあげて王女を歓迎する準備にとりかかるため、一足先にマドリードに引き返した。一一月一九日、マドリードに到着したイサベル一行は市民の熱烈な歓迎を受けた。その後、彼女は再びエル・パルド宮に、王子はマドリードに留まることになった。

このときフェリペが一〇歳、イサベルが一二歳という弱年だったこともあり、真の夫婦というかたちをとるまでにはまだまだ時間が必要とされ、彼女が一七歳の誕生日を迎える一六二〇年一一月までは別々に暮らすことになった。王子はこの日が来るのを首を長くして待っていたという。もしこの間に二人が会うのであれば、必ず国王の面前で会うか、または身分の高い宮廷貴族ないしは貴婦人が同席することになっていた。周囲の者たちは王子が彼女と密接な関係を持つことを恐れ、二人に対する監視をかなり厳しくしたのである。

その間にも政局は大きく動いた。一六一八年一〇月四日、寵臣レルマ公爵が失脚した。息子であるウセダ公爵の陰謀により権力の座を追われたわけだが、このとき陰謀の中心となったのは、国王の聴罪師フライ・ルイス・デ・アリアーガである。このドミニコ会士は、収賄による腐敗が激しかったロドリーゴ・カルデロンに対する敵意から、父親の後任者になろうともくろむウセダ公爵の支持を得ることで、寵臣の失脚に加担したのである。

だが、後釜に座ったウセダの政府にしても余命はいくばくもなかったし、政策面では父以上に無能をさらけ出すかたちとなった。

フランシスコ・ゴメス・デ・サンドバール・イ・ローハス（のちのレルマ公爵）という男

は、フェリペ二世が亡くなる以前から、フェリペ王子に多大な影響を与えてきた人物である。そのためフェリペ三世は父フェリペ二世が亡くなるとすぐにこの男にスペイン帝国の舵取りを委ねてしまった。だが、もともと身内の幸せとおのれの権力の保持以外に関心のなかったレルマは、まず当時の首席大臣であったカステル＝ロドリーゴ侯爵クリストバル・デ・モウラ——フェリペ三世のときに侯爵の称号を授与された——をポルトガル副王としてリスボンに送り、その影響力が及ばないようにしてから、国家の重要な地位に身内や口先上手な友人を登用した。寵臣政治の始まりである。そして一五九九年にレルマ公爵に任じられるや、さまざまな官職や領地を手に入れ、自己の財産を増やしていった。

政策面でも、レルマは山積みとなった現実問題を解決する能力や行政能力のない人物を腹心にし、悲惨な結果を招いた。ペドロ・フランケーサはビリャロンガ伯爵の称号を与えられ王室財政の改革を任されたが、結局は私利私欲に走り、一連の汚職行為の罪で一六〇七年に逮捕された。卑しい身分からレルマの肩入れによりシエテ・イグレシアス侯爵の位にまでのぼりつめたロドリーゴ・カルデロンも国賊として捕らえられ、のちに処刑された。いわば、レルマ、フランケーサ、カルデロンを中心とする政府は、カスティーリャにおける貨幣の不正な鋳造など、安易な手段を選び、献策者たちが提案したような国の財政政策や、農業および産業の改善といった重要な改革にはほとんど手をつけなかった。国王や大臣たちはこうした深刻な問題をほっぽらかして、祝宴、狩猟、芝居見物に多くの時間と金を費やしていたのである。

一六一九年のこと、ポルトガルの議会にフェリペ王子をハプスブルク家の王位継承者として承認させるため、フェリペ三世はリスボンに行幸することになった。旅は四月下旬から始まり、ハプスブルク家の王子たちや、マリア王女、ウセダ公爵、それに政府の関係機関が国王に随行した。このとき表向きには、ウセダが首席大臣として第一線に君臨していた。交渉はポルトガル副王カステル＝ロドリーゴ侯爵の事前工作が功を奏したのか、無難にポルトガルから承認を得ることができた。しかしマドリードへの帰途、フェリペ三世の容態が悪化し、熱にうかされたため、首都から数十キロ手前のカサルビオス・デル・モンテという小さな村で何日も足留めを喰らい、宮廷の医師団を心配させた。王国では人々が国王の快復を祈願した。やがて、ある程度病状が回復した国王は、ようやく一二月四日にマドリードに帰り着いたものの、その後全快することはなかった。

一六二一年三月一日、フェリペ三世の病状が再び悪化し、丹毒と診断された。もはや精神状態は不安定で、威厳に満ちた国王とはいえない状態であった。顔を壁に向けたまま何日も眠れないことすらあった。三月三〇日、国王は死出の旅に出る前に最後の挨拶をしようと王子たちをそばに呼び寄せ、キリスト教徒として生きる心得を伝えたあと、終生カトリック信仰を擁護すると同時に、廷臣たちが幸福な生活に満たされるようにとの所懐を述べ、残された者たちにすべてを託した。翌三一日の朝、フェリペ三世はこれまでの無益な人生を後悔し

図5　若き日のフェリペ４世（ベラスケス作，プラド美術館蔵）

図6　イサベル・デ・ボルボン（ベラスケス作，個人蔵）

ながら、四三歳でこの世を去った。フェリペ王子の聴罪師アントニオ・デ・ソトマヨールが王の死を報告した。四月二日、亡骸はエル・エスコリアル宮のサン・ロレンソ修道院に運ばれた。

国王が崩御したため、王子はフェリペ四世として即位した（図5）。このときフェリペはあと数日で一六歳という若さだった。伝統的な王家のしきたりにより、夫婦はそれぞれが僧院に閉じこもり先王の死を悼むことになっていたので、新国王はカルロス王子（一六〇七―三二年）とともにサン・ヘロニモ・エル・レアル修道院にて、王妃イサベルはマリア王女（一六〇六―四六年）、フェルナンド王子（一六〇九―四一年）とともにデスカルサス・レアレス修道院にて哀悼の意を表した。だが、このときもフェリペは一日たりとも新妻と離れることができず、二人は毎日二時間ずつ逢瀬を重ねていたという。

ベラスケスの絵にもあるように、イサベルは歴代の王妃の中でもひときわ美人であった（図6）。目鼻立ちの整った上品な顔つき、黒っぽい大きな瞳、栗色の髪をした容姿端麗な女性で、おまけにイタリア語とカスティーリャ語にも通じていた。また国王にくらべると遥かに意志が強かった。国王に従順で、周囲を和ませる明るい性格を持ちあわせ、そのうえ教養があるとくれば、フェリペが夢中になるのも無理からぬ話であった。やがて喪に服する期間がすぎると、国王夫妻は再び王宮にもどり、普段どおりの生活のリズムをとりもどした。

図7　オリバーレス伯公爵ガスパール・デ・グスマン・イ・ピメンテール（ベラスケス作，プラド美術館蔵）

寵臣オリバーレスと王家の人々

一六二一年にフェリペが王位に就いて以来、これまで陰でずっとわがままな王子の気褄《きづま》をあわせてきた、ガスパール・デ・グスマン・イ・ピメンテール、のちの寵臣オリバーレス伯爵――一六二五年、サンルーカル・ラ・マヨール公爵の称号が授与され伯公爵《コンデ・ドゥーケ》となる（図7）――が徐々にその頭角をあらわし始めることになる。

彼はアンダルシア地方でも指折りの豪族であるグスマン家の出であり、このグスマン家というのは、この地方でもっとも有力な大貴族のひとつメディーナ・シドニア公爵家の分家にあたる名門である。一五八七年一月六日キリストの公現日、第二代オリバーレス伯爵エンリーケ・デ・グスマンとマリア・ピメンテール（モンテレイ伯爵の娘）とのあいだに三男としてローマで生を享けた。一五八二年から九一年にかけて、父親がスペイン大使として教皇庁に滞在していたときのことである。その後、父はシチリア副王として九五年まで当地に滞在し、その後、九九年までナポリ副王としてその責務を果たした。

父親の任務の関係上、イタリアで生まれ育ったガスパールが父とともに初めてスペインの地を踏んだのは一六〇〇年のことである。当初、両親としては息子が三男ということで家督が継げないため、聖職者になることを望んでいたようだが、彼が一三歳になった頃、学業に専念させようとサラマンカ大学へ送り出した。それは、彼のお供として、養育係のほかに何人もの小姓や侍従や馬丁それに菓子職人までもが随行するという、大変仰々しいものであった。

大学での素行については当時の人たちのあいだで意見が二分し、熱心に学問に取り組んだという報告もあれば、書物には目もくれなかったという報告もある。いずれにしろ、一六〇三年から四年にかけてサラマンカ大学の学長を務めたことからして、学生たちの間でひときわ抜きんでた存在であったことは確かである。現在の感覚からすると、弱冠一七歳の学生が学長になるなどというのは到底信じられないことだが、当時は大学そのものの運営が教授陣と学生によって支えられており、大学の自治が認められていたこともあって、特別に学識者や大学の運営に長けた人物でなくとも、学生たちに人気がありなおかつ名家の子息であれば、選ばれても不思議ではなかった。

そんな学生生活のさなか、一六〇四年に次兄へロニモの病死（長兄ペドロは幼い頃に事故死）により、ガスパールは急遽家督を相続することになり、余儀なく大学を去ることになった。ところが三年後の一六〇七年、今度は父の死により、弱冠二〇歳で第三代オリバーレス伯爵となった。またこの年、フェリペ三世の王妃マルガリータの侍女を務めていた、いとこのイネス・デ・スニガ・イ・ベラスコと結婚したが、この結婚は愛情によるものというよりは、政治的な意図にもとづく結婚といったほうが正しかろう。なぜなら人一倍出世欲の強いオリバーレスにとって、宮廷で昇進してゆくにはこれが絶好の手段だったからである。

それでも妻イネスは彼にとって終生よき伴侶であり、ときにはよき助言者でもあった。ただ夫婦の子供運は決してよいとはいえなかった。二人は三人の子宝に恵まれたものの、そのうちの二人は幼くしてこの世を去り、残された娘マリアも一六二六年に他界した。このときオリバーレスは何ともいえない絶望感に苛まれ、彼の目には魂の救済以外は俗世の物事がすべて儚く虚しいものに映った。ちなみに彼は嫡子のほかにも、一六一三年に婚外子フリアンをもうけ、のちに彼をエンリーケ・フェリペス・デ・グスマンとして認知している。その後、この庶子は名家の子女と結婚し、マイレーナ侯爵に叙せられた。

オリバーレスがまだ駆けだしの頃、すなわち結婚後の数年間は、彼は世襲財産をもつセビーリャとマドリードのあいだを行き来しながら、宮廷での権力の座を虎視眈々と狙っていた。地元セビーリャでは文芸の発展に大いに寄与し、そのとき支援した芸術家たちの中には、のちにフェリペ四世の宮廷画家となり、王家の人々の肖像画を残したベラスケスも含まれていた。彼は画家や作家を支援することで知的な満足感を味わっていたようである。

おもしろいことにセビーリャで過ごしたこの時期に、彼は何篇かの詩を書きためていたらしく、意外に文学青年だったようである。しかし、どういうわけかのちにそれを焼却したらしく、グレゴリオ・マラニョンの分析によれば残された一篇の詩からその文学的価値を吟味すると、いかに当代の文豪ケベードが称讃しようとも大した作品ではないという。後年政治に携わるようになってからは、文学から遠ざかり、書き物といえば書簡または政治的な文書にかぎられてゆく。

やがてオリバーレスにもチャンスがめぐってきた。先に述べたフェリペ王子とルイ十三世の妹イサベルとの結婚を機に、王子が一家を構えることになったので、彼は王子付き侍従のポストを手に入れることができたのである。もちろん、宮廷内で高い地位を狙う者はほかに何人もいて、彼が権力の頂点を極めるようになるまでにはまだまだ紆余曲折を経なければならなかったが、とにかくオリバーレスは忍耐強く好機到来を待ち続けた。

一度は、このアンダルシア人の狡猾な意図を察知したレルマ公爵が、ローマ大使という地位を提供することで彼を宮廷から遠ざけようと試みたが、宮廷から遠く離れてしまっては野望がくじかれると思ったオリバーレスは即座にこの申し出を断った。しかしそれ以上に難儀だったのは、当初フェリペ王子から嫌われていたことである。こういう場合、彼としては辛抱強く我慢するしか方法はなかった。

王子が彼を嫌ったのには訳があって、フェリペ自身の生理的な嫌悪感からくるものではなく、レルマ公爵やその側近に唆《そそのか》されたフェリペの乳母アナ・デ・ゲバーラが執拗に焚きつけていたことによるものであった。これに対抗するためにオリバーレスは、極力王子の機嫌を損ねないようにあらゆる要求に応えられるよう努力した。乗馬や芝居見物や狩猟や舞踏会、あげくの果てには恋の冒険にいたるまで、わがままな王子のめんどうをみたのである。こうした地道な努力が実を結び、ついにオリバーレスは王子の寵愛を得ることに成功した。

フェリペ王子がフェリペ四世として即位すると、無能なウセダ公爵にかわって手腕家のバルタサール・デ・スニガが首席大臣を務めることになった。スニガはオリバーレスの叔父にあたり、かつて神聖ローマ皇帝の宮廷で大使を務めた実力派である。しかしその背後ではオリバーレスが寵臣の地位を手ぐすね引いて待ちかまえ、陰でいろいろと画策していたのである。そして新国王即位から一年半後の二二年にスニガが亡くなると、ようやく実権を握るという長年の夢が叶うことになった。もっともそれ以前からすでにある程度政権を掌握していた可能性も充分にありうる。

彼が最初に手がけたのは、レルマ政府の腐敗しきった治世を立て直すことであった。まず贅を尽くし金銭には無頓着であった元シチリアとナポリの副王オスーナ公爵ペドロ・テリェス・ヒロンが公金横領の廉《かど》で逮捕され、一時トレホン・デ・ベラスコ城に幽閉された。ところが、一六二二年に国王から恩赦を授かり、カタルーニャの副王に任命されたのをいいことにして、腐敗体制を改めようとしなかったために罷免され、ふたたび今度はアルカラ・デ・エナーレスの地で監禁されることになった。オスーナ公爵がその地で息を引きとったのは、その二年後のことである。

先に触れたように、レルマの腹心であったシエテ・イグレシアス侯爵ロドリーゴ・カルデロンも、法外な額の公金横領と殺人の罪で逮捕され、一六二一年マドリードのマヨール広場において断頭台の露と消えた。いわば、このカルデロンの処刑をもってすべての汚職事件に終止符が打たれることになったのである。

レルマは自分の失脚を予感したとき、被害を最小限にしようと、ローマ教皇パウルス五世から枢機卿になるための許可を得、地元レルマに引き籠もる決意をした。人々はこのニュースを聞いて歓喜し、巷には次のような詩が広がった。

スペイン最大の大泥棒
絞首刑を免れようと
赤の法衣を身にまとう

結局、レルマ公爵は投獄されずにすんだが、トルデシーリャスの地に監禁され、相当の額の罰金を支払わされる羽目になった。フェリペ三世の聴罪師であったドミニコ会士フライ・ルイス・デ・アリアーガも追放の刑を受けた。

この間、フェリペ三世がオランダとの間に一六〇九年に調印した一二年間の休戦協定がすぎた一六二一年になっても、カスティーリャを中心とする帝国拡張主義を大義名分として、その休戦協定が更新されなかったため、スペインはその後次第に戦争の泥沼の中に引きずり込まれていき、四〇年にはオリバーレスのカスティーリャ化政策が裏目に出て、カタルーニャの反乱やポルトガルの反乱を招くことになった。

カスティーリャにおける政治・経済・社会改革はオリバーレスによって始められたのではなく、フェリペ三世の治世の終わり頃に湧き起こった抗《こう》しがたい改革の動きを受け継いだものといったほうが正しい。しかし、カスティーリャにおけるこの改革の波は一様ではなく、さまざまな形をとってあらわれた。献策者たちの著作、宮廷の中に代弁者をもつ都市における少数の支配者集団、レルマ派からはじき出された貴族たち、マドリード以外、すなわち各地の副王領や大使館にいて、中央政治の弱体化と決断力のなさにいらだつ貴族たちがその原動力となっていた。

むろん改革者たちの目的もそれぞれ異なり、共同歩調をとるのは困難であった。カスティーリャの都市部では経済の再生と国内人口の回復が急務であったにもかかわらず、レルマに対抗する貴族たちにしてみれば、何はともあれ自分たちの名声をとりもどすことと、かつてカスティーリャがその偉大さを手にした古き軍事的・宗教的理念をとりもどすことが何よりも大切であった。

オリバーレスは、内外の政治をうまく執り行うために、一六二二年八月に大改革委員会《フンタ・グランデ・デ・レフォルマシオン》とよばれる組織を構成し、国家の介入によるカスティーリャ経済の建て直しをめざし、経済体制の強化と促進をはかった。ところがこの計画も、最終的にはカスティーリャ会議の承認を得ることはできなかった。反対の理由というのは、議員《プロクラドール》たちは改革案の大半に賛成しかつその必要性を認めてはいたのだが、宮廷を無視したオリバーレスやその側近たちに牛耳られるような政治・経済改革には妥協したくなかったからである。

それでも国王の威厳を誇示し、君主国の名声を高めたいオリバーレスとしては、改革を諦めるわけにはいかなかった。一六二四年一二月、寵臣は国王に政府の方針が書かれた「大覚え書き《グラン・メモリアール》」を提出し、君主国の結束を固めるために諸王国を一つに統一する方針を打ち出した。もちろん、オリバーレス一代で成就する問題ではなかったが、共通の敵に対して対処すべき役割分担の必要性を訴える意味においては重要であった。これは一六二六年七月に公表された「軍隊統合《ウニオン・デ・アルマス》」計画の中に具現化されており、その大要は、フランドルや新大陸も含めたスペイン帝国の構成員が分担金を出し合い、共通の軍隊をもち、帝国内のどの王国が攻撃を受けた場合にも、救援に駆けつけるというものであった。だが、君主国の大半はこの案を受け入れず、結局実現するには至らなかった。

ほかにもオリバーレスは、少なくとも戦争には欠かせない人員や資金を調達しようと努力したり、人口を増やす目的で外国人居住区を設けたり、主要な河川を整備し船が航行できるようにするといった国内の改革も推し進めようとしたが、どれもうまくいかなかったようである。

オリバーレスはもともと権力への妄執が甚だしく、国王の意思を牛耳ろうとしただけでなく、王の側近やその家族までもが彼の欲望の巻き添えを喰らうほど威圧的であった。また根っからの女嫌いも手伝って、王家の女性たちとも対立するようになり、特にイサベル王妃とは相性が悪かった。

フェリペ四世が王位に就いたとき、王の家族構成は次のようであった。二人の弟カルロスとフェルナンド、妹のマリア、それに妻のイサベル王妃である。この中では一七歳のイサベルが一番年上で、フェリペは二歳年下であった。オリバーレスはというと三〇歳をすぎており、宮廷内では実務経験が誰よりも豊富であった。

王家の女性たちはフェリペ三世の長女を皮切りに政略結婚の犠牲となった。首都が移転した一六〇一年にバリャドリードで誕生した長女アナは、すでに述べたようにフランスのルイ十三世と結婚し、マリアはのちの神聖ローマ皇帝フェルディナント三世（一六〇八―五七年。在位、一六三七―五七年）に嫁ぐことになった。彼女はもともと英国のチャールズ王子（のちの英国国王チャールズ一世）に嫁ぐことになっていたのだが、結果的には結婚は不成立となった。チャールズ王子は一六二三年三月一七日に英国の首席大臣バッキンガム公爵とともに、お忍びでマドリードの英国大使館にあらわれて以来、九月初めに帰国の途につくまで、王室の派手な歓待にあずかったが、双方の宗教のちがいや国益をめぐる思惑のちがいなどもあって、王室の交渉担当者であるバッキンガム公とオリバーレスとの折り合いが悪く、結局ご破算となったのである。その後、チャールズは一六二五年に即位し、チャールズ一世となって、フランス王女アンリエットと結婚した。

オリバーレスは、フェリペ四世と二人の弟カルロスとフェルナンドとの関係にも絶えず干渉し続けた。彼はこの兄弟たちにもライバル意識を燃やし、彼らの関係を損ねたり、歪めたりすることに躍起となった。国王に彼らが危険人物であると吹き込み、弟たちに敵意を抱くよう仕向けたのである。もちろん嫉妬深い寵臣の奸策を尻目に、弟たちは兄に対して誠実に振る舞い、決して兄の王位を簒奪《さんだつ》しようなどとは思わなかった。フェリペもこれといって弟たちに反感を抱くことはなかったが、オリバーレスの邪《よこしま》な行動は徐々に彼らの関係を損ねてゆくことになった。

二つ年下のカルロス王子は教育をなおざりにし、愛欲におぼれる毎日を送っていた。宮廷には彼の好色な性癖をうまく導いてやれる者が誰もいなかった。宮廷内の噂によれば、彼が欲望のおもむくままに行動し、健康を考えて節制しなかったのは、その背後でオリバーレスがさかんに挑発していたからだともいわれる。その結果、とうとう健康を害するという忌まわしい結末を迎えることになり、一六三二年の夏、二五歳のとき腸チフスの熱に抗しきれず、この世を去った。あまりにもあっけない人生の幕切れであった。

二番目の弟フェルナンド王子のほうはカルロスとはちがい、活動的で天性の美質に恵まれていた。一〇歳という若さで枢機卿となり、トレドの大司教に任ぜられた。いわば、カスティーリャの教会首座大司教となったわけである。しかし貞潔な生活や平穏な修道院生活にあまり馴染めず、王家の他の人たちと同様、恋の冒険を重ねたあげく子供を孕ませ、その中には修道院に幽閉した子供もいたようである。彼は主導者としての才能に恵まれてはいたが、決して国王に対して反旗を翻すようなことはなく、むしろその能力を国王のために捧げたために、かえって寵臣とのあいだに軋轢が生じる結果となった。

一六二七年、カルロスがまだ存命中、フェリペ四世が重い病に倒れるという事態が発生した。このときもし国王が亡くなるという非常事態にでもなれば、後継者がいないわけだから、ひょっとしてフェルナンド王子にも王位継承の可能性がなきにしもあらずということで、宮廷内にさまざまな憶測が飛び交った。

幸いにも王が回復すると、オリバーレスは国王を自分が敵とみなす者から遠ざけようとありとあらゆる奸策を弄した。フェルナンド王子はリスボンへ行ったことがなかったにもかかわらず、ポルトガル王国の統治を命じられたかと思うと、後年にはフランドルの統治も任された。しかし王子の出発前に、フェリペ四世がカタルーニャ憲章を誓うためにバルセロナへ赴くことが決まると、オリバーレスは王子たちをマドリードに残したまま自分が国王のお供をするのは危険きわまりないと判断し、彼らから目を離さないようバルセロナまで同行してもらうことにした。それほどオリバーレスは狡猾で、その権力は絶大だったのである。

そのため、王子との関係は非常に険悪なものとなり、マドリードで伯公爵に反感を抱く者たちはフェルナンド王子のもとに集まるようになった。だが、バルセロナからの帰途、一六三二年にカルロス王子が亡くなったことや、翌三三年にフェリペ二世の娘であり、フランドルの統治を父から任されていたイサベル・クララ・エウヘニアが亡くなったこともあり、両者の対立はある程度緩和されるかたちとなった。

それまで国王の代理としてカタルーニャ議会を主宰していたフェルナンド王子は、兄からフランドルの統治を任されたので、一六三四年一一月四日ブリュッセルに赴き、総督となった。その二ヵ月ほどまえの九月六日にはスペインの歩兵部隊《テルシオ》を率い、持ちまえの手腕を発揮し、ネルトリンゲンの戦いでスウェーデン軍およびプロテスタント連合軍に立ち向かい、スペイン帝国軍を勝利に導いた。これはスペインにとってヨーロッパ戦線最後の偉大な勝利であった。スペイン軍を悩ませたのは、オランダ北部の反乱軍もそうであったが、それよりも兵士に支払うための軍資金の不足であった。フェルナンドはその後、二度とマドリードに戻ることなく、ブリュッセルで一六四一年に亡くなった。

王家の他の人々と同様、オリバーレスと王妃の関係も険悪なものだった。権力に対して執着心の強い伯公爵はイサベルを危険な競争相手と見なしていた。一方のイサベルも夫が寵臣の言いなりになっていることを充分承知し、また夫の色事の後押しをしているのもこの人物であるとすぐに見抜いたが、フランス人であった彼女は持ち前の開放的で気さくな性格を前面に出し、見て見ぬ振りをしながら愛想よく振る舞ったので、マドリード市民からは慕われ、人気があった。のちに二番目の王妃となる、冷淡で尊大なマリアーナとは正反対であった。

一六〇三年一一月二二日生まれのイサベルは、もともと佳人で魅力的な女性だっただけに、多くの宮廷人たちが恋の虜となり、そのため彼女は不義を犯しているのではないかというありもしない中傷まで飛び交った。だが、ひょっとしてこれも伯公爵の仕業なのかもしれない。こうした噂話の中で有名なのが、第三章で触れるビリャメディアーナ伯爵フアン・デ・タシス・イ・ペラルタ（一五八二―一六二二年）との恋愛話である。

　このフランス出身の王妃はマドリードに到着して間もない頃、芝居と闘牛の虜となった。当時のマドリード市民の最大の娯楽といわれる芝居と闘牛に興味を持つことで、臣民とも親しくなった。夫と同様、お忍びで常設劇場(4)――舞台と平土間の席を四方から建物で囲む造りになっていた――に行っては、格子窓の入った部屋の席から、一番後方の二階席にあたる女性用の席《カスエラ》で、もめ事が発生するのを見てはご満悦の体であった。またマヨール広場で行われた闘牛にもしばしば姿をあらわしては、闘牛士の優雅な技を堪能し、大いに楽しんだ。アランフエス宮の庭園や他の宮殿にて祝宴が催されたときには、その場に居合わせた人たちと屈託なくはしゃぎまわることもあった。それにこうしたこととは別に、劇団の女たちがたがいに罵りあいながら口論するようけしかけては、その様子を見るのも彼女の楽しみの一つであった。

　むろん娯楽のかたわら、敬虔なカトリック信者だったという点でも、マドリード市民と気持ちを通じあわせることができたのである。

第2章――浮気な王の放埒な宮廷生活

この王宮、この御殿
この新しい建築
見物なさりたい御仁は
サン・ヘロニモへ足をお運び下さいまし
今日、聖なるサン・ヘロニモにて
その偉業が披露されます
――（ペドロ・カルデロン・デ・ラ・バルカ『レティーロの新殿』）

祝宴につぐ祝宴

フェリペ四世の宮廷では何か吉事があると、宮廷をあげて祝祭が催された。特に、王位に就いてからの最初の二〇年間は、頻繁に各種の行事が行われた。たとえば聖ヨハネ祭など暦に記された祝祭日のほかにも、国賓が来訪したときや、列聖式が執り行われたとき、王子・

王女の誕生やそれに続く洗礼の儀式のとき、王族の結婚式のとき、教会や修道院でさまざまな典礼が行われたとき、それに戦争での勝利の吉報がもたらされたときなど、吉事があると必ず祝賀の会が催された。

祭りになると店が閉められ、通りは人であふれ、花火や爆竹が炸裂した。建物の窓やバルコニーはタペストリーで美しく飾られ、宮廷全体に陽気な祭りの雰囲気が漂った。

王侯貴顕《きけん》が参列する豪華な祝祭には、仮面舞踏会、踊りや音楽会、団体騎馬槍競技《フエゴ・デ・カーニャス》、闘牛、野獣同士の闘い、狩猟、騎馬行進、晩餐会、芝居の上演、詩のコンクールなど、さまざまな催し物がとり入れられた。王室は庶民の苦しい生活を顧みることなく、どの行事も豪奢で盛大なものとなるように、惜しげもなく大金をつぎ込んだのである。

フェリペ四世が即位した最初の大がかりな行事の中でも特記すべきは、一六二三年三月一七日に英国のチャールズ王子がフェリペの妹マリアに求婚するため、突然マドリード駐在のイギリス大使を訪れた際に催された数々の祝宴である（図8）。このとき高貴な身分の王子に敬意を表して多くの捕虜が釈放されたという。また国王は貴顕紳士がそれぞれの身分や家柄に見合った盛装で祝祭に参加できるようにとの配慮から、一定の期間内での返却を条件に、名門の公爵、侯爵、伯爵、カスティーリャ提督、およびそれ以外の高貴な紳士にも、合わせて何千ドゥカードもの金を融資した。

三月二六日から二八日にかけて、マドリードでは昼夜ひっきりなしに豪勢な催しが行われた。闘牛、団体騎馬槍競技、芝居の上演などが開催され、チャールズの目を奪った。その後も彼がスペインを発つまでの約五ヵ月間というもの、当初にくらべるとその規模はやや劣るものの、相変わらずさまざまな祝宴が張られ、狩りも行われた。その一方で、王子はこうした豪華な祝宴とは別に、厳かな聖週間や聖体の祝日にも参列している。

こうした一連の行事の中で八月二一日に行われた団体騎馬槍競技（図9）は、二人の結婚を祝う祝祭の一環としてかなり豪華で贅を尽くしたものとなった。このときの競技には国王自身も参加している。しかし期待とは裏腹に、先述したように交渉を担当したオリバーレスと英国の首席大臣バッキンガム公との折衝がうまくゆかず、結局この結婚はチャールズの意に反して不成立となった。その結果、浪費した膨大な費用だけが嵩み、国庫を圧迫することとなった。

結婚が不成立となったことで落胆したチャールズ王子が九月九日母国へ向かったあとも、スペインの宮廷では相変わらずいろいろな出し物をとりそろえ祝宴が催された。両陛下夫妻に王子や王女が誕生したとき、その数日後に洗礼の秘蹟《ひせき》を受けたとき、また外国から要人を迎えたときはもちろんのこと、これといった祝い事がないときでも国王の健康を祝して浮かれ騒ぎ、大金を浪費したのである。

一六二九年には王家に慶事が重なり、祝宴にはもってこいの雰囲気が作られた。まず四月二五日には、チャールズ王子と結婚しそびれたマリア王女がのちの神聖ローマ皇帝フェルデ

図８　1623年３月23日，チャールズ王子を迎えて旧王宮前で行われた祝祭（マドリード市立博物館蔵）

図９　1623年８月21日の団体騎馬槍競技（フアン・デ・ラ・コルテ作，マドリード市立博物館蔵）

ィナント三世と結ばれ、続いて一〇月一七日にはフェリペの嫡男バルタサール・カルロス王子（一六二九—四六年）が誕生した。いずれの場合にも盛宴が張られたが、マリア王女の結婚のときにはフェリペ四世が三日熱にかかり、体調が芳しくなかったことで派手さや仰々しさはなかった。しかし王子誕生のときには、それ以前に王妃が二度も死産を経験していたのと、初めての王位継承者の誕生ということで、王家の人たちや側近たちの期待も大きく、宮廷はお祭り騒ぎとなった。一一月四日王子の洗礼の際にも慶祝の意を表して、さまざまな行事が執り行われ、王妃が産後初めてアトーチャの礼拝堂に出かけたときにも、メディーナ・デ・ラス・トーレス公爵ラミロ・ヌニェス・デ・グスマン（オリバーレスの娘婿）主催のあでやかな仮面舞踏会が催された。

こうした宮廷主催の祝い事はその後も引き続き行われ、一六三二年三月七日に行われた王子の王位継承宣言のときや、三八年一〇月にマリア・テレサ王女（一六三八—八三年）が誕生したとき、ならびに洗礼の秘蹟を受けたときも盛大な祝賀の会が催され、人々は数年後に迫りくる一連の禍事《まがごと》など予想だにせず、歓喜に酔いしれたのである。

マドリードの東側に位置するブエン・レティーロ宮が完成すると、芝居、踊りや音楽会、闘牛、団体騎馬槍競技などが大々的に行われた。特に芝居は、さまざまな技巧を駆使しながら、大規模な舞台装置を導入し、王侯貴族たちのまえで派手に上演された。

だが、オリバーレスが失脚する一六四三年を境に、国王の人生に対する姿勢に少なからず

図10　アランフエス宮（*Madrid y sus alrededores: Grabados del Siglo XVII*, Madrid: Heliodoro, 1978.）

変化がみられるようになった。前半では政治を伯公爵に任せ、自身は時折国政に参画するといった程度で、大半の時間を見せ物、祝祭、芝居、狩猟、恋愛などに費やしたのに対し、後半ではそれまでの人生を多少なりとも悔い改め、享楽から遠ざかり、君主としての任務にも励むようになった。しかし、いかに信仰深い国王とて狩猟と芝居は晩年にいたってもやめなかった。病気でアランフエス宮（図10）かエル・パルド宮、またはエル・エスコリアル宮（図49　三四六頁）にでも閉じこもらないかぎり、毎年一定期間狩猟に出かけていった。

芝居についても、フェリペ四世は歴代のハプスブルク家の王たちにくらべると無類の演劇好きであった。当時マドリードにあった常設劇場に時折顔を出したり、それだけではもの足りずに宮廷の敷地内に即席の舞台を仕立て、常設劇場の人気役者を呼びよせては演じさせたり、旧王宮の一室を芝居の間《サロン・デ・コメディアス》に仕立てて宮廷貴族とともに演劇を楽しむほどの熱狂ぶりであった。

王宮での日々——旧王宮とブエン・レティーロ宮

フェリペ四世の宮廷は、寵臣オリバーレスの強烈な人格ゆえに、一種独特の雰囲気に包まれていた。王家の人々の生活は、旧王宮、アランフエス宮、エル・エスコリアル宮、それに新たに完成したブエン・レティーロ宮などで営まれた。

なかでも歴代の国王が修復、拡張してきた旧王宮は古めかしく優美さに欠けていた。そもそもこの建物は古くは回教徒が築いた城塞であったのを、カスティーリャのペドロ一世（一三三四—六九年。在位、一三五〇—六九年）もしくはその兄エンリーケ二世（一三三三—七九年。在位、一三六九—七九年）の時代に改築されたもので、のちにカルロス一世がこれを拡張し、フェリペ二世が一五六一年に首都をマドリードに移して以来、定住した宮殿といわれている。

フェリペ四世の時代になると、建物全体の改修が行われ、改装された広間《サロン》にはティツィアーノ、ルーベンス、ベラスケス、ムリーリョなどの有名な画家の絵が飾られるようになった。こうして無味乾燥だった建物がある程度住み心地のよい王宮に様変わりしたのである。

　この旧王宮（図2・3　二八頁）はマドリードの西を流れるマンサナーレス川の東側に面した土手をのぼった高台に位置していた。建物内部の中央には王室礼拝堂をはさんで左右に中庭があり、その周囲には大小さまざまな部屋があった。一階の各部屋には主に各機関が設置されていて、カスティーリャ、アラゴン、ポルトガル、フランドル、イタリア、インディアスの各諮問会議や、国の中枢機関である国務会議《コンセーホ・デ・エスタード》も置かれていた。二階に上がると、国王夫妻の部屋、王室礼拝堂、大使の間、それにルビーやディアマンテなどの魅力的な名前のついた部屋があったり、大広間《サロン・グランデ》や劇を楽しむ芝居の間《サロン・デ・コメディアス》などもあった。さらに三階に上がってゆくと、王家に仕える従僕や召使いなどが寝泊まりする部屋がいくつもあった。

　古い建物の内部は全体的に陰気で薄暗かった。だだっ広く、雑然とした感じの薄暗い部屋がいくつもあり、豪華な家具が備えつけられた部屋があるかと思えば、逆に何ら手の加えられていない部屋もあった。謎めいた出入り口や、秘密の階段などもいくつかあった。部屋には窓のある部屋やない部屋があり、窓のある部屋でもガラスの入った窓はまれであった。なぜなら、当時ガラスの値段が非常に高価だったからである。

　建物の外観は厳めしく、内部も退屈でもの悲しい雰囲気が漂っていた。そのため、フェリペ四世は息抜きのためによくマンサナーレス川の西側にあるカサ・デ・カンポ（図11）、いわば郊外の別荘に出かけた。

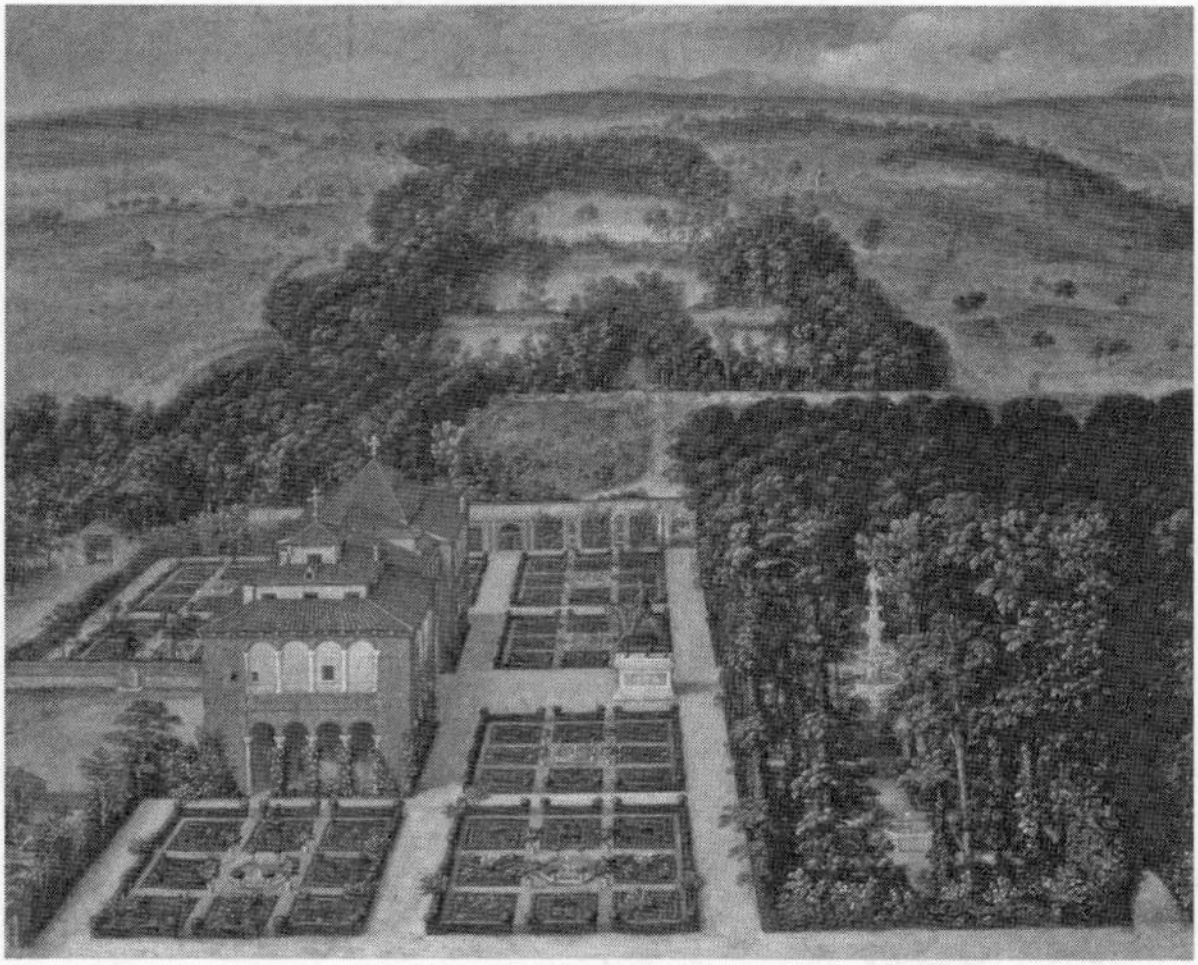

図11　カサ・デ・カンポ（フェリックス・カステロ作，マドリード市立博物館蔵）

　一六七〇年代後半から八〇年代前半にかけてスペインを旅行し、『スペイン旅行記』（一六九一年）を著したフランス人女流作家ドルノワ伯爵夫人は、旧王宮の外観について次のように記している。

王宮は高台に位置し、斜面を下るとマンサナーレス川に出ます。その眺めは自然の中にまで広がり、非常に心地よいものです。王宮へはマヨール通りから行くことができます。実際、この通りはかなり広く、長く延びていて、いくつもの誉れある家々がいっそうの美観を添えています。王宮前には広々とした広場があり、人々は自分たちの家柄がどうであれ、そこから王宮内部までは馬車で入ることはできません。玄関にあたる大きなアーチ形の天井の下に馬車を止めるようになっていて、花火とか仮面舞踏会のコンクールでもないかぎり、馬車で入ることは禁じられているのです。ほんの数名の衛兵がこの宮門の警衛にあたっているのを見て、偉大なる国王をお守りするというのに数人の衛兵しか配備しないのはなぜかと尋ねたところ、あるスペイン人がこう答えてくれました。「ご婦人、われわれ全員が衛兵なのですよ！　陛下が臣下の心の中に君臨しておられるからには、恐怖や不信など抱く必要はないのです」と。王宮は市のはずれにあり、南に位置し〔実際には西〕、造りはといえば真っ白な石でできています。正面両側には煉瓦でできた別棟がそれぞれ一つずつ隣接していますが、それ以外は均整がとれているとはいえません。

宮廷の儀礼は非常に厳しく、起床時間や就寝時間、食事の時間はもちろんのこと、夫婦でともに夜を過ごす時間――国王夫妻はそれぞれ別々の寝室で寝起きしていた――なども含めて毎日のスケジュールが事細かに決められていた。そのほか宗教活動や各種行事の日程もきちんと立てられていた。こうした厳しい宮廷内の規則はいくつかのエピソードを生む格好の材料となり、以下のフェリペ三世の死にまつわる興味深いエピソードもその一つといえよう。

ある寒い日のこと、国王が執務中に暖をとろうと火鉢を近づけた。そのうちに有害な気体を吸い込み、国王はもがき苦しみ始めた。その様子を見た一人の宮廷貴族が、侍従であるアルバ公爵アントニオ・アルバレス・デ・トレードに連絡したところ、公爵はこれは自分の職権外のことだと言い出し、すぐに担当のウセダ公爵に連絡をとるよう指示を出した。ところがあいにくウセダ公爵は王宮を留守にしており、その間宮廷の儀礼を無視して他人の権限を侵害するのを恐れるあまり、誰も適切な処置を施せないまま時間だけが過ぎた。そのためウセダ公爵が宮廷に戻ってきたときには、国王はかなり具合を損ねた状態にあった。それにもかかわらず、ウセダも規律を破ることを恐れ、あえて何もしなかった。というのも、両陛下の身のまわりの世話は王族に委ねられていたからである。

乗馬に関しても守らねばならない規則があった。たとえば国王が馬に乗らなければ、側近たちは誰も馬に乗ることはできなかった。そうなると馬たちは馬小屋で餌を食べるだけになり、何のための馬かわからなかった。一方、王妃が馬に乗るときには、国王が手を貸せば何ら問題はなかったが、国王が不在の場合には馬車の踏み台から直接飛び乗らなければならなかった。なぜなら、国王以外の人間が王妃の身体に触れることは一種の冒瀆であり、禁じられていたからである。言い換えれば、もし王妃が乗馬中にけがでもした暁には、誰も助けられないということになる。

宮廷の厳格なしきたりの中にあっても、フェリペ四世だけは、弔問や不幸があった場合をのぞき、旧王宮にいようがブエン・レティーロ宮にいようが、ほぼ毎日が祝祭のようなものであった。血気盛んな国王はしばしばお忍びでマドリードの常設劇場に足を運んでは芝居を楽しんだり、色恋沙汰にうつつを抜かしたりして青春を謳歌していたのである。

三〇年代に完成するブエン・レティーロ宮（図12）も王族たちの生活の場であった。ここはもともとはサン・ヘロニモ修道院の宿泊所があった場所である。ペドロ・テヘイラの地図（三八二―三八三頁参照）でもわかるように、この僧院はエル・プラドとよばれるマドリード市の東の端にあった。フェリペ二世の時代に改築や修繕が施され、当時は「サン・ヘロニモの王室」または「レティーロ」と呼ばれていた。ここはまた国王夫妻が喪に服したり、悔悛するための場所でもあった。

ここをフェリペ四世の娯楽や気晴らしの場にと考えたオリバーレスは、ここにブエン・レティーロ宮の建造を決意し、この地をより広々とした王宮に変えようとした。工事は一六三〇年に始まり、二年ほどで主要な部分ができあがり、三三年暮れから三四年初頭にかけてほぼ完成した。その後も増築され、オリバーレスの指揮下、ベラスケスもその内部を飾る絵画の買いつけに一役買っている。保養および気晴らしのための場所という位置づけから、池や噴水を設け、彫像を飾った庭園が重要な役割を果たした。動物園もあった。落成以来、祝祭や各種行事が頻繁に行われたため、一部に手厳しい非難の声も上がった。オリバーレスの不

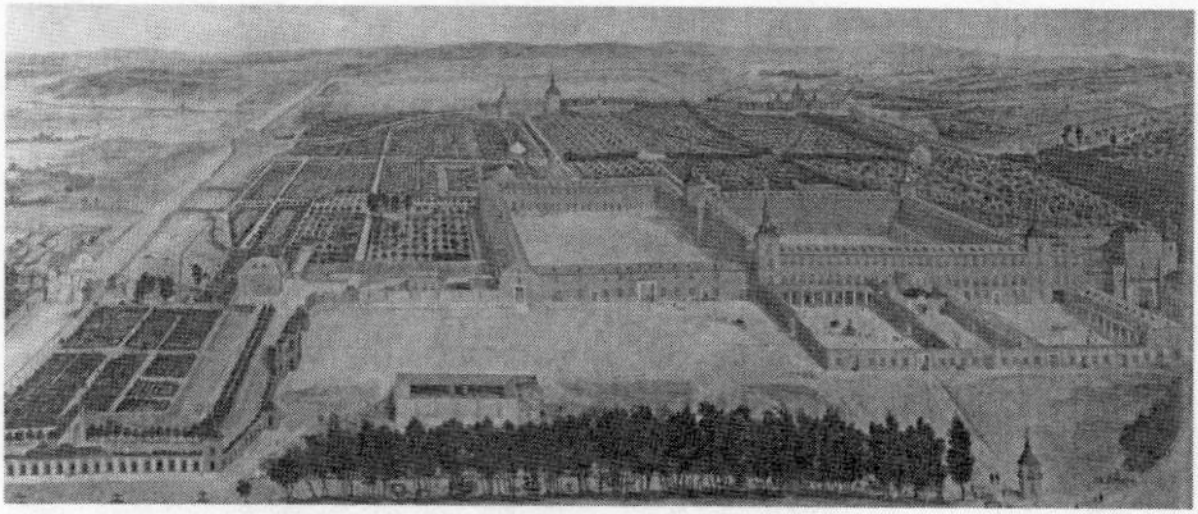

図12　1636-37年のブエン・レティーロ宮（フセペ・レオナルド作と推定，王宮〈マドリード〉蔵）

倶戴天の敵であったマティアス・デ・ノボアは、寵臣は夜会、仮面舞踏会、芝居などを頻繁に行い、かなりの時間と税金を浪費していると非難した。

それもそのはず、こうした建造物に多額の資金(5)を投入する一方で、国家経済はまさに火の車だったのである。大半の人々が貧しい暮らしに堪え、窮乏に喘《あえ》いでいたさなか（図13）、一方で奢侈を極めた祝祭が頻繁に執り行われていたとなると、これはどうみても見当はずれな計画としか言いようがなかった。当時の人々は政治的な目的のためにこの壮大な王宮を建てているのだと見ていたようだが、オリバーレスの本当の狙いは、国王の要求を満たし寵愛を一身に集めることと、国王を政治から遠ざけることによって思いのままに政策を実行することであった。

一六三二年、建物の主要部分が完成したときには、何日間も盛大に祝宴が張られた。そのとき出席した貴婦人たちには金貨の詰まった袋がプレゼントされたらしい

図13　貧者に食べ物を恵む聖ディエゴ・デ・アルカラ（ムリーリョ作，サン・フェルナンド王立美術アカデミー蔵）

が、これらの資金を賄うのに四万ドゥカードもの金をマドリード市が支払わされる羽目となった。だがこれとて、その後マドリード市が犠牲を強いられることになる負担額のほんの一部にすぎなかった。もっとも贅を尽くしたのは一六三三年二月一五日から二五日までの一〇日ばかり続いた豪勢な祝宴であった。このときオリバーレスは一〇万ドゥカードの費用をかけて広場をこしらえ、照明代や装飾代などを含めるとその費用の総額は三〇万ドゥカードは下らなかった。

そのほか国王が気晴らしをする場所として、カサ・デ・カンポ、エル・パルド宮、ラ・サルスエラ宮の三ヵ所があったが、カサ・デ・カンポはその中でも市街に一番近く、人々の散歩や恋人たちの憩いの場となっていた。ここはフェリペ二世の時代から王家の地所として知られていたが、ずっと使用されていなかった。フェリペ四世はここにもコリセオという宮廷劇場を造らせた。

このカサ・デ・カンポと旧王宮のちょうど真ん中あたりをマンサナーレス川が流れていた。この川の水量は乏しく、両岸の砂地の方が水路よりもはるかに広かったため、日頃散歩道として人や馬車が行き交った。この川には建築家フアン・デ・エレーラによって一五八二年（八四年説もあり）に造られた、セゴビア橋という長くて立派な橋がかかっていたが、お粗末な水量との比較からしばしば人々の嘲笑の的となっていた。当時の有名な詩人たちは好んでこの水嵩の少ない川と豪勢な橋との不釣り合いを皮肉っている。

マンサナーレス、マンサナーレス、
そなたはあらゆる水流の中でも
小川の中にあっては侯爵だが
普通の川だと子爵どまり
（ルイス・デ・ゴンゴラ「ロマンセ」より）

エル・パルドは、カサ・デ・カンポよりもさらに北の方に位置し、狩猟にはもってこいの場所であった。一方、ラ・サルスエラ宮の名前の由来は、そこに木いちご《サルサ》が生い茂っていたことによるもので、ここは国王の弟フェルナンド王子によって建てられた。ここにもカサ・デ・カンポと同様、フェリペ四世は大がかりな舞台装置の装備された劇場を造らせた。そし

図14　歴代の国王が眠る墓所

て、この複雑な仕掛けを担当したのがイタリア人の建築技師コスメ（コジモ）・ロッティである。

マドリードから離れた場所にも王宮はあった。すでに述べたエル・エスコリアル宮とアランフエス宮である。これらの王宮がマドリード近郊の保養施設と異なる点は、国王が身軽に狩りを楽しんだり、芝居を観たり、あるいは恋の情熱に炎を燃やしたりするのではなく、宮廷をそのまま引き連れての移動となるために、従僕や馬丁、その他供奉《ぐぶ》の者たちも同行しなければならなかったことである。アランフエスへの行幸は、四旬節（復活祭前の、主の日を除く四〇日間の斎戒《さいかい》期）と聖週間（キリストのエルサレム入場から逮捕、処刑、復活までの一週間）の終わった春に一度行われることになっていた。ここは水や野菜が豊富で、果樹園もあった。庭園や噴水の造りも見事だった。

一方、エル・エスコリアル宮への行幸は秋と決まっていた。国王は官能的な人間であったにもかかわらず、信仰も人一倍篤かったので、この行幸には宗教的な意味合いも含まれていた。フェリペ四世はフェリペ三世の時代に建造が始められた王家の霊廟《パンテオン・レアル》（図14）の完成を待ち望んでいた。霊廟が完成すると、国王は盛大な葬送を行い、先祖の遺骸をそこへ移したのである。むろん自分が亡くなったときに安置されることになる壁穴《ニーチョ》（墓所）も造らせた。

芝居を楽しむ——華麗なる宮廷芝居《テアトロ・コルテサーノ》

町の常設劇場で人気を博した芝居が宮廷に浸透し始めるようになるのは十六世紀末のことである。そして十七世紀初頭にもなると芝居は宮廷貴族にとって最大の娯楽の一つとなった。特にフェリペ四世の時代には、高度な舞台技術を駆使した宮廷芝居がピークに達した。市井の常設劇場とちがい、観客の目を大いに楽しませようと舞台仕掛けにさまざまな工夫が凝らされ、貧困に喘ぐ悲惨な現実社会とは対照的に、豪華で奇抜な装置が次々と導入されるようになった。

フェリペ四世が即位した頃、王家の人たちが観る芝居といえば、主に旧王宮、アランフエス宮、それに各地の貴族の城館がその役割を担っていた。国王や宮廷貴族たちは祝祭日だけにとどまらず、好きなときに役者たちを招いては芝居を上演させ、楽しんだのである。ときには国王や、弟のカルロス、イサベル王妃、マリア王女、それに宮廷貴族や貴婦人たちも芝居に加わり、役者たちに混ざって演技をすることもあった。それでも観たり参加したりするだけでは物足りなかったのか、王は私室に何時間も閉じこもり、政務をほっぽらかして新しい芝居の構想を練っていたという噂も立ったほど、芝居好きな人であった。こうして作られ

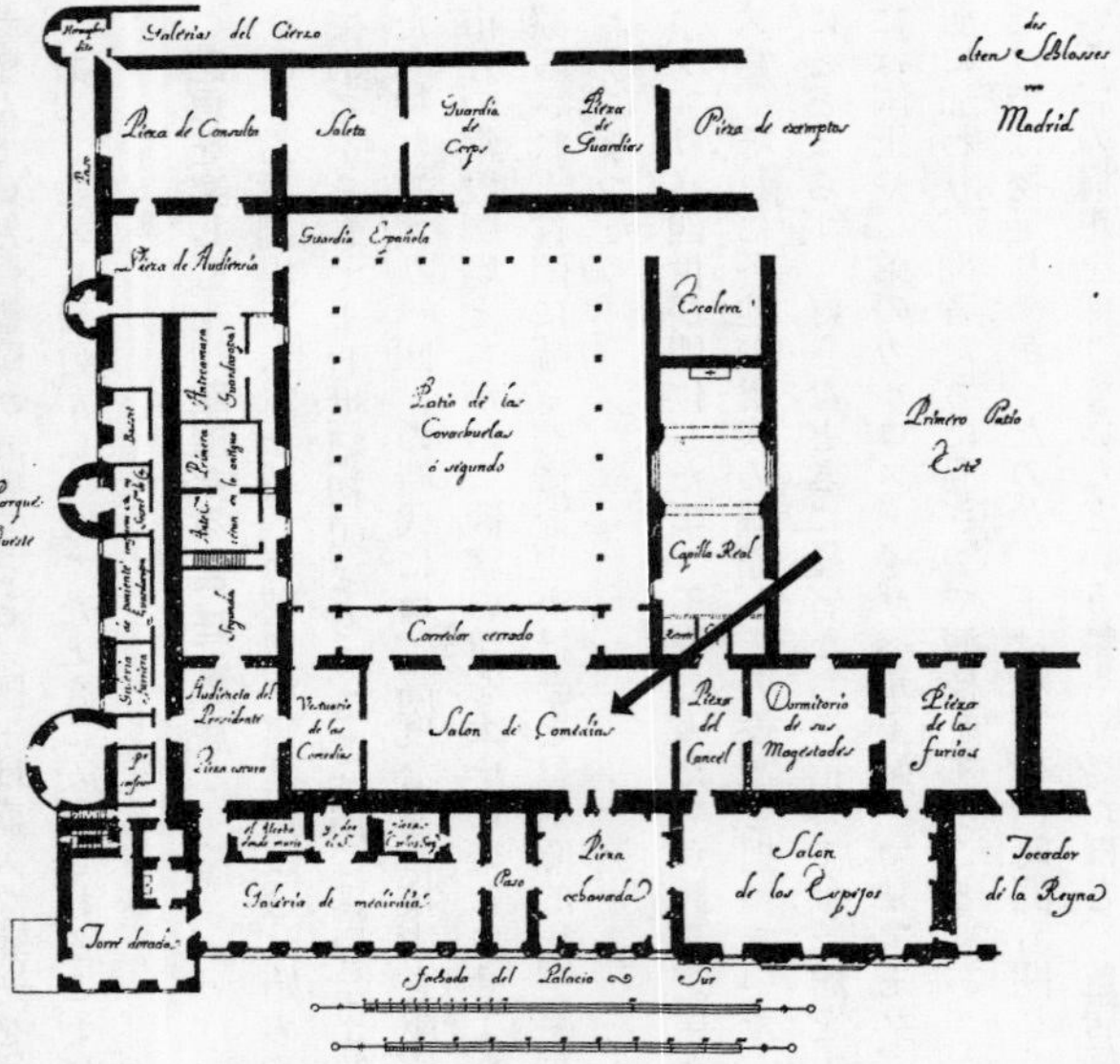

図15　旧王宮２階の平面図（矢印が「芝居の間」, Juan Vélez de Guevara, *Los celos hacen estrellas*, eds. J.E. Varey y N.D. Shergold, London: Tamesis, 1970.）

た劇は「宮廷の偉才」という名でのちに上演されたといわれているが、のちの研究によると国王は詩こそ書いたものの、芝居は書いていないということが判明している。

旧王宮には芝居の間《サロン・デ・コメディアス》とよばれる部屋があり（図15）、ここはおおむね芝居の上演のために使われたが――芝居は国王夫妻の部屋でも上演された――、それ以外にも、祝宴、夜会、仮面舞踏会などに使用された。芝居を鑑賞するときの作法は厳しく、王族および宮廷人たちの着く席までがほぼ決められていた。町の常設劇場では平土間に一番うるさい客が陣取り、金持ちや階級の上の人たちは両側の建物のバルコニーや窓側の席、または後方の建物の貴賓席から観劇したが、この「芝居の間」ではステージからみて中央後方に国王が専用の椅子に腰かけて芝居を観ることになっていた。椅子は後方の壁から一〇歩ないし一二歩ほど距離をおいたところに置かれ、その背後には屏風が立てられた。周囲には絨毯が敷かれていた。王のすぐ左側のクッションには王妃が腰かけ、王子や王女が同席する場合には王のそばに椅子を寄せ、女官たちは王妃の側に席を与えられた。王妃付き女官長の席は王妃の左側一歩さがったところにあり、クッションを二枚重ねてその上に腰を下ろしながらステージを楽しんだ。国王、王子、王女に付きそう養育係は、それぞれ自分が仕えている主人の背後に席をとった。貴婦人たちは国王からいくぶん距離をおき、広間の左右両側にクッションを敷いてその上にすわり劇を楽しんだ。

王宮内での劇場の舞台技術は、イタリア人の建築技師たちの登場により飛躍的な進歩を遂げた。一六二二年にはナポリ王国のフリオ・セサル・フォンターナ、続いて二六年にはフィレンツェ出身のコスメ・ロッティ、そして五〇年代になると同じくフィレンツェからバッチオ・デル・ビアンコが宮廷に招聘され、彼らは芝居好きな国王のために斬新な舞台仕掛けを披露した。

フォンターナは一六二二年春に、アランフエス宮の木々が生い茂る庭園に移動舞台を設置し、そこに開閉可能な山、噴水、彫像などのセットを組み、ビリャメディアーナ伯爵の『ニケアの栄光』を上演した。これは騎士道小説『アマディス・デ・グレシア』（一五〇八年）からヒントを得て書かれたもので、主人公のアマディスが魔法にかけられた王女ニケアを解放する話である。このときに何人もの鍛冶屋、大工、彫刻家、左官、仕立屋、画家が動員され、目を見張るような舞台セットが組み立てられた。照明道具にも贅沢な大蠟燭が六〇本も使用された。蠟燭による人工照明はそれ以前にも使われていたが、これを契機に宮廷の舞台照明には欠かせない重要な小道具となった。また、この舞台革命以降、宮廷演劇は台詞を耳で「聞く」芝居から、目で「見る」芝居へと変わっていったのである。

一方、ロッティは一六二九年に、ロペ・デ・ベーガの『愛なき森林』を手がけ、この歌劇を旧王宮内の芝居の間で国王夫妻を前に演じてみせた。ここでも舞台装飾および仕掛けは豪華で、かなり凝ったものだった。それまで機械仕掛けの舞台演出に慣れていた観客も、ロッティの創り出すライトアップのテクニックや生き生きとした海の光景に大いに興奮した。そのときの模様をロペが次のように記している。

舞台を覆っていたカーテンが開けられると、最初に目に入ってくるのは一望の下に見渡せる海の光景である。（……）これまで隠されていた海がはるか対岸まで見渡せるのだ。彼方の港には町や灯台があり、何隻もの船が礼砲を撃つと、どの城もそれに応えてくる。同じように、まるで本物かと見紛うほど気まぐれに揺れ動く波の動きにあわせて魚たちが波間に見え隠れする。これは見えないところに置かれた人工の明かりによる効果で、三〇〇を超す数の明かりが昼間のシーンを演出したことになる。こちらでは二羽の白鳥が引く車に乗ったウェヌスが、高く舞い上がったわが子アモールに話しかける。舞台の手前の方で、客席から隠れたところに位置するオーケストラの音色に合わせ、登場人物たちが台詞を歌い上げ、その曲の構成にしたがって感嘆、嘆き、愛、怒り、その他諸々の感情が表現される。場面が牧人たちの対話になると、大掛かりな海の光景が目にもとまらぬ早業で消え、森林が海にとってかわった。

（ロペ・デ・ベーガ『愛なき森林』）

また一六三五年には、ブエン・レティーロ宮の池でペドロ・カルデロン・デ・ラ・バルカ（一六〇〇―八一年）の神話劇『こよなき魔力、愛』が上演された。これはオデュッセウスとキルケを題材にした作品で、もちろん舞台技術はロッティが手がけた。六月末から八月初旬にかけて数回上演された模様で、ここでも大掛かりな舞台装置が導入され、キルケの島に見立てられた広いステージが池の真ん中に設置された。島の中央には、木深く勾配の急な高い山や洞窟があり、池では巨大な二尾の魚が、水の女神が腰かけている豪華な大型の車《カーロ》を引いて島に近づいたり、これに二〇人の川や泉のニンフたちが歌と楽器で興を添え同行するなど、自然を巧みに利用した美しい舞台が王侯貴族の目を楽しませた。

他方、ハプニングもあった。一六三九年六月、同じ池に浮かべた何艘もの船の上に舞台を造り、ある劇が上演されることになったとき、国王夫妻や廷臣たちは何隻もの豪華なゴンドラに分乗し、舞台を半円形にとり囲んで観劇することになった。いつものようにロッティが舞台仕掛けを担当し、照明として三〇〇〇本以上の灯火が使用された。ところが上演が始まるや、風が吹き、それが旋風にかわったかと思いきや、舞台仕掛けを壊し、明かりを消したのである。国王たちが乗っていたゴンドラは揺れ始め、船がたがいに激しくぶつかり合って沈没の危機に瀕したが、国王夫妻や廷臣たちはなんとか無事に岸辺にたどり着き難を逃れた。翌日、再度上演の運びとなったが、このときにはどうやら事なきを得たようである。

一六三〇年代、ブエン・レティーロ宮ではあちこちの大広間《サロン》、数ヵ所の僧院《エルミータ》、それに中庭や池などの戸外に設置された移動舞台で、芝居がたびたび上演されていたが、人気が高まるにつれ、市井の劇場をまねた独自の劇場を建設する計画が練られた。それが一六三八年に着工され、四〇年に完成した宮廷劇場《コリセオ》である。これを受けてこの年の二月四日、柿落《こけらおと》しとしてフランシスコ・ローハス・ソリーリャの『ヴェローナの憎しみあう両家』という、ロメオとジュリエットの物語をコメディー風に仕上げた作品が上演された。

内部構造はおおむね常設劇場のそれと類似していたが、なんといってもここは観客にとって快適な劇場であった。一般市民とて料金を支払えば、市井の劇場へ通うのと同じ感覚で芝居を楽しむことができた。音響効果や機械仕掛けの性能からすると常設劇場の舞台など足元にもおよばなかったが、こうした複雑な舞台装置や装飾、および人工の明かりを使った質の高い舞台技術は、コスメ・ロッティなどイタリア人の参加なしには実現しなかったものである。それに、ここには常設劇場にはない客席と舞台を隔てる緞帳が設置されていたり、ステージから一番離れた後方の席は国王およびその家族の貴賓席になっていた。また庭や森の背景をセットするかわりに舞台奥の壁をとりはずし、外の森や庭の自然をそのまま利用できるようになっていたことなどから、常設劇場とはひと味ちがう雰囲気で芝居を楽しむことができた。

しかし、全体の構造として常設劇場で上演される場合と同じ舞台設定にしたのは、コリセオで観劇する王家の人々を常設劇場の雰囲気でより楽しませるためで、それも特に王妃が、役者たちを嘲笑し囃《はや》し立てる観客の様子を見るのが楽しみだったらしく、劇の出来不出来いかんにかかわらず、そうなるように仕組んだりしたようである。また女性用の席《カスエラ》にて女たちが髪を引っ張りあったり、罵声を浴びせたり、お互いの顔を引っ掻きあう光景や、平土間の客がそれをからかうといった常設劇場でよく見られる光景も故意に演出されたものらしい。ただ一六四〇年代といえば、カタルーニャの反乱やポルトガルの反乱など、国家に暗雲が漂い、これまで賑わいをみせてきた芝居にも退潮の兆しが見え始めた頃であり、またイサベル王妃の逝去、バルタサール・カルロス王子の逝去など、王家に不幸が続いた時期でもあった。そのあおりを受けて劇場も一時期閉鎖に追い込まれた。しかし一六五〇年代には、ビアンコが新たな舞台装置、装飾、透視画を引っさげ、ふたたび芝居熱を呼び戻した。こうしてフェリペ四世が崩御する六五年までのあいだ宮廷では芝居が断続的に上演されたのである。

十七世紀式闘牛、マヨール広場にて

マドリードのほぼ中心部に四角形をしたマヨール広場がある。これはフェリペ三世が一六一七年から一九年にかけてアラバール広場という古い広場を壊して再建したもので、建築技師フアン・ゴメス・デ・モーラの設計によるものである。当時のある記録には広場の様子が次のように記されている。

もっとも大きく美しい広場である。(……)広場を囲む住居には一三六軒[6]あり、四〇〇〇人以上の人々が住んでいる。この場所がもっとも美しいと思わせる点は、家々の外観が同じ造りであるということだ。バルコニーのある五階建ての建物という点ではマドリードでは一番高い住居となる。これらの住居の一部〔一階の部分〕は、アーケードによって支えられ、四方がゆったりとした、見た目も美しい柱廊になっているので、散歩するときには屋根代わりとなる。各戸の住人はすべて商人たちで、その大部分が毛織物商である。広場の中央部は市場の役割を果たしている。

実際、十七世紀のマヨール広場の建物は今日われわれが目にする建物とはかなり構造がちがっていた。現在では、広場を囲む四方の建物は柱廊のある一階の部分を含めて四階建てだが、当時の建物はもう一階分多く、全体が五階建てになっていた。この五階の部分だけは他の階よりもやや奥に引っ込んだかたちとなっていて、正面には鉄製の欄干が設置されていた。最上階にある各戸のバルコニーがすべて一続きになっていたため、それぞれ隣との境界線を明らかにするのに同じような柵で仕切られていた。

広場で闘牛や団体騎馬槍競技《フエゴ・デ・カーニャス》などが行われるときには、人々はこの屋上のバルコニーのわずかなスペースに陣取り、下の広場で繰り広げられる催し物を楽しむことができた。メンデス・シルバが著した『スペイン総人口』（一六四五年）によれば、広場には全部で六一五のバルコニーがあり、各種の催し物があるときには五万人もの人々が押し寄せたと記されている。

そのほかにも、現在では四方の建物が一続きになっていて、通りと広場をつなぐアーチ形の出入り口の部分だけが空いているが、この時代にはヌエバ通り（現、シウダー・ロドリーゴ通り）、アマルグーラ通り（現、七月七日通り）、ボテーロス通り（現、フェリペ三世通り）、アトーチャ通り（現、ヘローナ通り）、そして現在と呼び名の変わらないトレド通りなどは、アーチ形の出入り口ではなく、まさに青天井の通りとなっていた。

当時、広場の北側に位置する建物の一階には市のパン工房《パナデリーア》があり、南側の建物には市の肉屋があった。アーケードの下では毎日毛織物業者、麻や絹織物を扱う業者、金物雑貨商人などが陣取り盛んに商いをしていた。この広場には古くから庶民の生活のにおいが染みついており、祝祭のときの華麗な儀式やきらびやかな競技の雰囲気とが混ざり合い、独特の環境を醸し出していた。

一六三一年、一六七二年、一七九〇年の三度の壊滅的な火事や、のちの修復などにより、残念ながら今では初期の建物の面影はほとんど見られない。特に、一六三一年七月六日から七日にかけての大火では、三日間燃え続け、八日間は煙が消えなかったといわれている。このとき肉屋は全焼し、他の建物でも半焼または全焼するといった甚大な被害を出し、倒壊した家屋は五〇軒にもおよんだ。火事の猛威により焼け死んだ人、バルコニーから落ちた人、がれきの下敷きになった人など、何人もの死者や負傷者が出た。その一方で助かった人たちの中には、せめて持ち出せるだけの家財道具を外に運び出そうと必死にドアや窓をはずしたり、テーブルなどの木製品を手当たり次第に広場に運び出す人たちもいた。火災が起こったあとすぐに、フェリペ四世やオリバーレスも現場に駆けつけたが、火の勢いがあまりにも凄まじくなす術がなかったので、もはや神に助けを乞う以外にどうしようもなかった。大規模な災難に対処する予防策などない時代としてはごく当たり前のことではあったが、国王はとりあえず広場に、マドリード市民の崇めるアトーチャ、レメディオス、ソレダー、ロサリオなどの各聖母像や、守護聖人サン・イシドロの聖像を持ち出すよう指示し、それらをいろいろな聖遺物といっしょに特別にしつらえた祭壇にそなえ、ミサを行うよう命じたのである。

その後、当局や慈善団体の意志により、被災者たちに救いの手が差しのべられた。サン・ミゲル教会だけでも毛布やシーツの足しにと二〇〇〇エスクード以上の寄付金が寄せられた。もちろんマドリード市も国王の命令でできるだけ迅速に復旧作業にあたるよう努力した。おかげで広場の復旧作業ははかどり、一ヵ月足らずのうちに終了し、八月二八日には聖アナの祝日を祝って闘牛が行われ、国王も競技を観戦した。ところが運の悪いことに、祝祭の最中に何人かの見物人たちが一本の煙突の口をふさいでしまったために、屋上の一ヵ所から煙が噴き出した。これに驚いた観衆の何人かはまた悪夢の再来かと恐れ、われ先にと狭い階段をめがけて押し寄せ、バルコニーからも飛び降りた。そのため約二〇人ほどの人がけがをし、押しつぶされて窒息死した人も何人かいた。このとき国王は自分の席に腰かけ、平静をよそおいながらじっとこの様子を見ていたという。結局、祝祭のほうは中断されることになった。

こうした日常的な出来事とは対照的に、歴史の一ページを飾るような祝宴や悲劇もこの広場で何度も繰り広げられた。フェリペ三世の寵臣レルマ公爵の腹心だったロドリーゴ・カルデロンが、一六二一年一〇月二一日に処刑されたのもこの広場であり、宗教裁判（図46 三二九頁）が行われたのもこの広場であった。

一方、文化的行事にもこと欠かなかった。一六二〇年には農夫サン・イシドロの列福式が執り行われ、のちにバロック演劇を完成させたといわれる劇作家ペドロ・カルデロン・デ・ラ・バルカが、このとき開催された詩作コンクールで、入賞こそ逃したもののロペ・デ・ベーガから賛辞を受けている。二年後の二二年には、サン・イシドロ、サン・フランシスコ・ハビエル、サンタ・テレサ・デ・ヘスス、サン・フェリペ・ネリ、サン・イグナシオ・デ・ロヨーラの列聖式が執り行われ、このときにも詩作コンクールが開かれた。ちなみに、カルデロンはこの大会で入賞を果たしている。こうしたイベントのほかにも、宗教儀式や王家の祝宴をはじめとして、闘牛、団体騎馬槍競技、仮面舞踏会、芝居などが催され、国王夫妻も天覧した。

フェリペ三世とフェリペ四世の頃には、特に王家に子供が生まれたり、結婚の儀が行われたり、あるいは外国の王族が訪問したときなどは祝賀を張る意味で闘牛が催された。人々は、年に三、四回程度しか行われなかったにもかかわらず、この競技に熱中した。当時の闘牛の主役はいつもきまって高貴な騎士であった。

図16　マヨール広場での闘牛（マドリード市立博物館蔵）

図17　マヨール広場を視察するフェリペ3世（マドリード市立博物館蔵）

マヨール広場で最初に闘牛が行われたのは一六一九年七月三日のことである（図16）。これは広場の完成を祝って催されたもので、このときにはサモーラ産の牛が一五頭使用された。その前の四月一四日、フェリペ三世はアランフエスからの帰り道、完成間近のこの広場を視察に訪れている（図17）。

一六二三年五月四日に行われた闘牛には、マリア王女との縁談のためにスペインを訪れていた英国のチャールズ王子が姿をみせた。この日の準備のために大工たちは何日もまえから忙しそうに立ち働いた。まずは広場全体を封鎖することから始まった。アーチのかかっていない広場への出入り口のところには木の櫓《やぐら》を組み、二階建ての客席を即席に設置した。そしてその下に広場への出入りが可能になるような通路をこしらえ、客席に上るための階段を後方に設けた。四方の建物の下方には、一階柱廊の半円形のアーチあたりまで届くほどの高さの障壁が築かれ、その手前に階段席が造られた。したがって、いつものように一階の柱廊に立ってもこの障壁に阻まれ広場の様子を見ることはできなかった。

このときの祝祭を仕切ったのはオリバーレスで、彼はマドリードの王室代理官《コレヒドール》ファン・デ・カストロ・イ・カスティーリャに外国の要人を歓待するよう任せた。現在の闘牛では牛がマタドールに殺されたあと、何頭かの馬に引きずられて闘牛場から出されるが、これはまさにこのときに考案された方法である。それ以前には殺された牛は荷車に積まれて広場から運び出されていたが、見栄えをよくするために馬を利用するという方法が考え出されたのである。

この時代、闘牛が行われるときには広場に砂が敷かれた。競技は午前と午後の二部に分かれていたが、王族が姿をあらわす午後の部が主であった。普通、一回の闘牛に二〇頭ほどの牛が出され、午前の部では六頭の牛、午後の部には残りの牛が用意された。

国王夫妻や他の王族のために一階のパン工房の上階に豪華な貴賓席が設けられ、王室配室長《アポセンタドール・マヨール・デ・パラシオ》――ベラスケスも一六五二年にこの職位を任された――がその鍵を管理していた。しかし、そこにたどり着くまでの階段は狭く不便だったので、フェリペ四世は一六五四年に市のコレヒドールに命じて王妃や王女のスカートが引っかからないような別の階段を造るよう要請している。国王が観戦するボックス席のちょうど真下には、広場の周囲に取りつけられた板塀は設置されておらず、そのかわりに宮廷の儀仗兵[7]が槍を持って守備固めをした。もし牛が突進してきた場合には、長槍や矛槍または剣で防御ないしは応戦した。

闘牛のルールは現今のものとはかなり異なっていた。騎士は颯爽と馬に跨り牛に何本かの手槍《レホン》を打ち込み牛を倒すか、あるいは剣でずたずたに引き裂くだけの単純なものだった。これには決まったルールというものがなく各騎士の自由な裁量に任されていたために、いろいろな牛の仕留めかたを試すことによって最良の方法を発見することができた。従僕たちの存在は主人の引き立て役以外の何ものでもなく、ただ砂場にいて馬上の主人が手槍を必要とするときにだけ、それを手渡せばよかった。唯一、馬に跨った騎士のそばで闘牛の技を披露できたのは、一人か二人の徒歩の闘牛士だけであった。

現代の騎馬闘牛士《レホネアドール》のように馬上から手槍で牛を突くというスタイルをとっていたため、プロテクターをしていない馬が牛の角に突かれて傷ついたり倒されたときに彼ら闘牛士たちが登場し、外套《カポーテ》で牛の注意を逸らしたのである。その間、騎士は馬から下りて剣を片手に牛をめがけて突き刺した。今日の方法と違う点は、このときにただ剣を突き刺すだけでなく、牛の息の根を止めるまで滅多斬りにしたことである。そのため、剣も今のかたちとは違って、強靭さが要求されることから太くて短いものが使われた。トレド通りの出入り口付近には馬を待機させておく厩舎が設けられていて、いざ馬が必要なときにはここから広場へ連れ出した。

広場に出される牛の数の多さからして、一頭の牛をあしらう時間は比較的短かった。ときには牛が囲い場から出てくるや否や、すぐに牛を仕留める騎士もいたらしく、数秒とかからないケースもあった。興奮した観客も自分たちの席から牛をせき立て、場合によっては牛が近くにきたときに、自分たちの手槍を投げる者もいた。

チャールズ王子観覧の一六二三年五月四日当日、イサベル王妃、マリア王女、カルロス王子とフェルナンド王子、そして貴婦人や侍女たちが馬車に乗って登場し、国王フェリペ四世とチャールズ王子は、両国の提督、大貴族、大使、そのほか宮廷貴族などを率いて馬に跨り姿をあらわした。一同の先頭を行くのはスペインとドイツの儀仗兵で、道をあける役割を担っていた。

闘牛士として活躍したのは、五〇人の従僕を引き連れたセア公爵、一〇〇人の従僕を引き連れたマケーダ公爵、二四人の従僕を連れたベラーダ侯爵などであった。しかし彼ら以上にすばらしい演技を見せてくれたのが、当時スペインでも評判の高かったクリストバル・デ・ガビリアとガスパール・デ・ボニファスという貴族であった。二人は牛にぎりぎりまで近寄り、見事に手槍で牛を仕留めたのである。また彼らのほかにも、ビリャモール伯爵、テンディーリャ公爵などが参加し、主従にかぎらずどの男たちも目一杯着飾っていたといわれる。

この日は闘牛中に何人も牛になぎ倒されたが、別に大事にはいたらなかった。そしてこの間、二度も雨に祟《たた》られたが無事競技は終了した。外が暗くなってきたので、数多くの小姓たちが火のついた松明で雨雲の広がった広場を照らし、王家の人々は馬車に乗って王宮へと引き上げた。

もう一つ、王家の奉祝行事の一環として、一六四九年にフェリペ四世とマリアーナ・デ・アウストリア（一六三四―九六年）との二度目の結婚を祝って催された闘牛のエピソードを紹介しておこう。このとき一頭の荒々しい牛が儀仗兵たちに強烈な一撃を加えたが、そのひとこまを学士ペドロ・デ・セルナという人物が次のような詩で表現している。

どう猛かつ攻撃的な一頭の大きな牛から

儀仗兵たちが不動の姿勢で陛下を警護するが、
牛は剣や矛槍をものともせずに
三度儀仗兵に襲いかかった。
国王陛下に敬意を表するどころか
儀仗兵たちをめがけて突進した。
ブルゴーニュ兵たちの制服は黄色、
牛の両角に引っかけられた二人はまさに耳飾り。

上記のほかにも祝宴のたびに催される闘牛に関する記述はいくつかあるが、以下、ジュヴァンという人の書いた興味深い記事に注目してみたい。実際、この人物はフランス西部の港湾都市ロシェフォー出身であること以外に詳しいことは何もわかっておらず、彼が実際にスペインを旅行したのかどうかも定かではないが、一六七二年に出版された『ヨーロッパの旅』と題したガイドブックに記載されているスペインの闘牛に関する記述からは、時代はぐっと下がるが、不思議と当時の闘牛の雰囲気が生々しく伝わってくる。

〔マヨール広場では〕毎日市場が開かれる。四方の家々はどれもみな同じ造りであり、五階ないしは六階建てである。この広場で闘牛が行われるときに観戦できるよう、どこをみてもバルコニーが設置されている。かつて聖体の祝日にその楽しみを味わう機会を得たが、そのときには広場の舗石が砂で埋め尽くされ、まるで円形劇場であるかのごとく観客用として周囲に椅子が並べられた。それよりも高い位置には階段席が設けられ、そこにはコンシストリオとよばれる国王専用の桟敷席があり、そこからこの競技を天覧できるようになっていた。何人もの廷臣たちや、颯爽と馬に跨った騎士たちが、巧みに馬をあやつりながら大きな広場の中央に姿をあらわすと、猛り狂った牛が放たれた。小突きまわされ、いらだった牛は（聞けばぞっとするような話だが）首頭《こうべ》を下げ両方の角で騎士の一人をめがけて攻撃し、なぎ倒そうとした。急接近する牛の怒りをかわし、器用に馬をいったん引き離してから、馬を走らせながら槍を牛に打ち込んだ。槍が牛に命中すると、傷を負った牛はさらに猛り狂い、手当たり次第にその場にいる者たちに突進した。こうしたことによって、ときには角で引っかけられて騎士の馬が負傷したり、同時に乗っている騎士も痛手を負うこともある。あるいは下手をすると角によって人命が奪われることもある。牛は二本の角に騎士を引っかけて頭上に放り上げ、その場で殺してしまうのだ。また牛のほうも、心臓ないしは急所となる部分をはずされたがために、全身に何本もの槍を突き刺され、無数の傷を負ったまま死にきれずにいることもある。（……）一頭の牛が殺されると場外に運び出され、つぎに別の牛が放たれる。場合によっては、その日のように一〇頭から一二頭もの牛が使用される。この競技はスペインの各都市で行われ、今回の闘牛には五万人以上の観客が見物に訪れ、なかには何人もの王子や外国の大使も含まれていた（……）。

《狩猟をするフェリペ四世》

フェリペ四世のもう一つの楽しみといえば狩猟である。ベラスケスの絵の中にもフェリペ四世の狩猟服姿を描いた肖像画（図18）がある。国王は乗馬と同様に狩猟好きな先祖の血を引いてか、暇をみつけては狩りに出かけるのを楽しみにしていた。相手が危険な動物であろうと無害な動物であろうとお構いなしに追いかけまわし、何日間も狩りに明け暮れることもあった。国王は単なる狩猟好きを通り越して、かなり腕のいい狩人だったのである（図19）。国王のすぐれた狩りの従者ファン・マテオスは自書『狩猟の起源と威厳』（一六三四年）の献辞において「〔国王は〕手際よく、勇敢に、手早く、熱心に狩りをされる。私が陛下にお仕えした以上に私は陛下から多くを教わったと高言して憚《はばか》らない」と述べ、国王に仕えたことによって腕が上達したことを強調している。

殊に、国王の猪狩りとなると尋常ではなく、寝食を忘れて朝から晩まで森を駆けずりまわるものだから、馬のほうが先にへたばった。そしてひとたび獲物を射止めると、猟犬が獲物に噛みつくのを防ぐために、猟犬を放たないよう手際よく指示を出すことも忘れなかった。とにかく国王は幼少の頃から巧みに槍で猪を仕留め、それを見ていた人々の称讃の的であった、とマテオスは述べている。

国王は政治はだめでも、とかく狩猟となるとかなり忍耐強かった。昼夜かまわず、一日中狩りをしてまわることもあった。ひどいときには夜遅くまで獲物を追いかけまわしたあげく、翌日になるとふたたび狩りに出かけてゆくこともあった。それほど国王の狩猟熱は凄まじかった。おまけに鉄砲の名手でもあり、槍投げの腕前も人並み以上であった。巣から獲物を追い出したり、網で捕らえるのも器用にこなした。精力的に山を駆けまわったり、馬に跨り鹿を追跡するのも朝飯前であった。いわば、こうした技術は当時貴族のあいだで行われていた団体騎馬槍競技の腕前にも通じていたことから、フェリペ四世は相当運動神経がよかったものと推測される。

図18　狩猟服姿のフェリペ4世（ベラスケス作，プラド美術館蔵）

『狩猟術』（一六四四年）を著したアロンソ・マルティネス・デ・エスピナールは、国王が岩の多い場所や渓谷などでも軽快な足取りで歩を進め、三〇〇頭以上の鹿、四〇〇頭以上の狼、一五〇頭以上の猪を殺したと記録している。むろん兎や鷓鴣《しゃこ》ともなればその数は

図19　狩猟をするフェリペ４世（ペーテル・スナイエルス作，プラド美術館蔵）

数えきれないほどであった。

　ホセ・デレイト・イ・ピニュエラは『国王の楽しみ』という本の中で、国王の鉄砲の凄腕を証明するようなエピソードを次のように紹介している。

　それは一六三一年一〇月一三日、ブエン・レティーロ宮にてバルタサール・カルロス王子の誕生祝いが盛大に催されたときのことである。そこの小広場には周囲五〇メートルほどの丸い頑丈な囲いが造られた。そしてその中にライオン、虎、熊、駱駝、馬、ラバ、牛を一頭ずつ、狐、猿を一匹ずつ、山猫を二匹、雄鳥を二羽という風に、どう猛な動物とおとなしい動物がいっしょくたに入れられた。見物客はこれらの動物がたがいに闘うのを見て楽しもうというのである。囲い場の中央には木製の大きな亀の模型を設置し、その中に武装した男たちが六人入り、そこから動物たちを先のとがった物でつついて刺激し、闘わせようとしていた。貴婦人たちは囲いの柵と同じくらいの高さに造られた見物席からこの闘いの様子を見ることになっていた。この珍しい娯楽のために約六〇〇〇ドゥカードもの大金が費やされたという。

いろいろな動物たちの格闘が終わると、囲い場には勇敢に勝ち残った牛のほか、ライオン、虎、熊が残った。これらの動物はさんざん痛めつけられ、もはや闘う元気もなかったので、中央にある亀の模型から執拗につつかれても、勇ましい牛に立ち向かう動物はいなかった。そこで牛を柵の外に出そうとしたが、他の動物たちが邪魔になっていて誰もこの牛を排除することはできなかった。すると、その様子を見ていた国王が、森で習得した狩りの腕前を発揮しようと鉄砲を手渡すよう要求し、鉄砲を手にとるや否や、国王の威厳を保ったまま、勢いよくマントをはねのけ、素早く帽子をとり、勇猛な牛をめがけて発砲したのである。もちろん一発で牛の息の根を止めた。すなわち、鉄砲を手にとってから撃つまでの一連の動作が、まるで電光石火の早業であったため、周囲の見物人たちは驚嘆し、全員が国王の確かな腕前に拍手喝采を送った。それほど国王は政治能力とは対照的に、運動神経がよかったということである。

その後、この出来事はいろいろなところでニュースとなり、記録としても残った。また、ロペ・デ・ベーガのような有名な劇作家や詩人たちもこれを題材にわれ先にと詩を作った。

フェリペ四世が狩猟を楽しんだ場所の一つにエル・パルドの森があった。ここは王室の領地であり、国王はよく数人の従者を従えてこの広大な狩猟地に出かけていった。敷地の周囲は高さ二・五メートル、厚さ八〇センチの塀で囲まれていて、その距離はなんと九九キロにも達した。森は樫、ブナ、ポプラ、コルクガシ、エニシダ、トネリコなど、さまざまな植物の宝庫でもあった。

パルド（スペイン語で褐色という意味）という名前はこの土地の土の色からきているらしい。最初にこの場所を発見したのは狩猟中のエンリーケ三世（一三七九―一四〇六年。在位、一三九〇―一四〇六年）で、一四〇五年に初めて狩猟の館を建てさせた。その後、カルロス一世がより立派な建物を造ろうとこれをとり壊し、新たに建設を命じたのが一五四三年頃である。このときルイス・デ・ベガという建築家がこの事業に携わったが、残念なことに国王は完成を見ずにこの世を去ってしまった。その息子フェリペ二世の時代になると、この宮殿に手を加え、ヒエロニムス・ボス、ティツィアーノ、アントニオ・モロ、アロンソ・サンチェス・コエーリョなどの有名な画家の絵や、絨毯、つづれ織り、陶器などで内部を装飾し、建物全体に威厳を保たせ、壮麗なものにした。

図20　見張りの塔（マドリード市立博物館蔵）

ところが一六〇四年三月一三日の火事により、宮殿の大部分が焼け落ちたほか、貴重な絵や装飾品までもが焼失してしまった。そこでフェリペ三世は八万ドゥカードの大金をかけて宮殿の再建を建築家フランシスコ・デ・モラに依頼したのだが、それが図にみられるような重々しい感じの建物である（図4　三八頁）。

このエル・パルド宮から東方に約三キロほど行くと、狩猟の館と称する見張りの塔《トーレ・デ・ラ・パラーダ》（図20）があった。これは狩人たちが一息入れるためにフェリペ四世の時代に建てられたものだが、今日ではその痕跡は残っていない。当時、ルーベンスのもとに多くの画家たちが集まり、この見張りの塔の内部を飾るためにギリシア神話を主題とした絵を描いた。塔の中には小さな礼拝堂があり、ビセンテ・カルドゥーチョの宗教画なども飾られていた。ベラスケスもこの仕事に携わり、集められた絵画を掛ける位置を決めたり、自ら筆を執りフェリペ四世の狩猟服姿の肖像画を描いた。

図21　狩猟服姿のバルタサール・カルロス王子（ベラスケス作・部分，プラド美術館蔵）

この時期に彼が描いた等身大の狩猟服姿の肖像画としては、《狩猟服姿のフェリペ四世》（一六三二―三四年）、《狩猟服姿のバルタサール・カルロス王子》（一六三五―三六年、図21）、《狩猟服姿の枢機卿フェルナンド王子》（一六三二―三四年、図22）の三点が残されている。

図22　狩猟服姿の枢機卿フェルナンド王子（ベラスケス作，プラド美術館蔵）

宮廷式求愛

宮廷では国王だけが異性とのつきあいを独占していたわけではなく、宮廷人たちも数少ない機会を逃すまいと男女を問わず異性の興味を惹こうと躍起になっていた。宮廷での求愛は儀礼の一種であり、決して秘密裏に行われるようなものではなかった。

男性は美しい女性を見つけると、優美な物腰で彼女たちを口説いた。旧王宮内で王妃に仕える数多くの女性たちは、貴婦人、生娘、寡婦といろいろいたが、相手の男性は大概身分の高い家柄に属していた。この習慣は厳格な王で知られたフェリペ二世の時代からあったようで、ヴェネツィア大使に随行した一侍従が次のように記している。

王妃のそばにはもっとも高貴な乙女たちが六人いて、そのうちの三人は鄭重に給仕していたが、ほかの三人は王室の壁に寄りかかり、恋人または自分たちに言い寄る男たち（そう理解していたのだが）と愉快な話をしていた。彼らは女たちとひそひそ話をしているあいだ中、両陛下夫妻の面前で帽子を被ったままでいたが、なんらお咎めはなかった。王侯貴顕の中でも特に裕福で身分が高く、名家の出である彼らは心地よい時をすごすために、またしばしば陛下の謁見を賜るために、彼女たちを妻に迎えるつもりで求愛したのである。もしそうでなければ、彼らの行為は当然軽蔑の対象となったであろう。なぜなら、国王陛下の宮廷内の規律はこの点に関しては非常に厳しかったからである。

（『スペイン宮廷に関する報告』）

　こうした習慣はフェリペ三世やフェリペ四世の宮廷にも浸透していった。一六〇〇年初頭にスペインを旅行したフランス人バルテルミー・ジョリィによれば、王妃の主催する食事会について、食事中に男性はおのおのが恋する女性と帽子を被ったまま自由に話をすることができたという。だが、半世紀のちの一六五九年にスペインを訪れた別のフランス人フランソワ・ベルトーによれば、これは国王が家臣に対して着帽の許可を与えるように、彼女たちが彼らに同様の許可を与えているのだと男性側が勝手に解釈をしたためだと説明する。しかしそれにしても、彼らが恋するあまりにわれを忘れて女性たちに夢中になり、王妃のまえで着帽していることすら忘れてしまったがための不作法な態度であることに変わりはない。

　一方、ドルノワ伯爵夫人はスペイン宮廷でのこうしためずらしい求愛の一光景を次のように記している。

わたくしにとって風変わりに思えるのは、たとえ既婚の男性であっても、宮廷の貴婦人の恋人であると宣言できたり、人に陰口をたたかれることなくその女性のために大いに散財したり、あるいは痴態を演じてみせることです。こうした男たちは中庭から、窓辺にたたずむ女たちを見て、指で意思表示をしながら日々を過ごします。このような愛情表現は人前で行われ、気むずかしく普通の女たちのようには口を開かない彼女たちにその愛を受け入れてもらうためには、まず初めに甘言をふりまき大いに機知を働かせる必要があるのです。

（『スペイン旅行記』）

一般的に、前記のような王妃主催の晩餐会や宮廷での祝祭がない場合、男性が女性に言い寄る機会はさほど多くなかった。そのため、陰気で退屈な王宮に住む彼女たちにとって、こうした男女の愛の戯れは唯一の気晴らしであった。むろん男性側としても数少ないチャンスを逃すまいと、王妃がお供として高貴な身分の貴婦人たちを引き連れ、アトーチャの聖母マリア教会などに馬車で出かけるのを待ちかまえ、そのあとを追いかけたり——このような外出はまれであったが——、馬車の扉越しに彼女たちに話しかけたりした。また夕刻に王妃が戻られるとあれば、四〇～五〇本もの白いロウソクの明かりを準備させ、思い姫の乗った馬車を照らすこともあった。また彼女たちが母親または親戚と同伴で外出する機会を狙って通りすがりに話をする者もいた。

やがて、こうした宮廷での求愛も度が過ぎるようになると、とうとう一六三八年には勅令が出て、女性がショールなどで顔の一部を覆い隠すという、当時よく用いられた「頬被り《ほおかぶ》」が禁止された。厳罰をもって取り締まったものの、宮廷儀礼の一つとして深く根づいた悪習を一朝一夕に根絶することはできなかった。おもしろいことに、この「頬被り」という手法は十七世紀のスペイン演劇の世界でもしばしば用いられ、観客の目を大いに楽しませた。これは「嘘」のモティーフとならんで登場人物を混乱させ、誤解を生じさせることから、緊張感に満ちたおもしろい筋展開を考えるうえで、必要不可欠な劇の構成要素として重宝がられた。一六三八年といえばスペイン演劇が絶頂だった時期と重なり、「頬被り」は多くの劇作家たちによってさまざまなジャンルの劇にとり入れられたのである。

だがこの勅令は、結果的には効力を発することなく、宮廷の内外を徘徊する若者たちを取り締まれなかったがために、王宮内における風紀の乱れを恐れた当局は、警吏を配置して取り締まりをより強化した。また、ときには国王みずからが、違反する者がいれば直ちに警告を発し、それでも従わなければ身分や地位に関係なく引っ立てるよう渙発《かんぱつ》することもあった。

こうした宮廷の美女をめぐって当時さまざまな事件が起こったようで、作家ホセ・ペリィセール・デ・オサウ・イ・トバールは『一六四〇年一月三日から一六四四年一〇月二五日までのあいだにわが君主国で起こったもっとも特筆すべき事件およびニュースを含む歴史的報告』（十七世紀の筆跡）の中で、そうした事件のいくつかをエピソードも交えて書き記している。たとえば、一六四一年三月一二日の記述に、インファンタード公爵がマドリードの宮廷から南西部のメリダに去ったことが書かれている。これは公爵が、鍵職人に頼んで合い鍵を作ってもらい、王宮内にある自分の恋人の部屋に忍び込んだところを国王に見つかったためであり、このときの鍵職人も罰として絞首刑に処せられた、という話である。だが、これについてはペリイセール自身、人々の単なる噂話であると受けとっている。

それにしても、ちやほやされる女性たちにしてみれば、自分たちの虚栄心をくすぐられるよい機会だったのかもしれないが、熱烈に口説いてくれる男性がいない女性にとっては、すべてが屈辱であり不名誉であった。

宮廷画家ベラスケスと絵画コレクター

フェリペ四世の楽しみの一つに絵画がある。もともと国王はベラスケスと出会う以前から絵画への関心は高く、ある程度の見識は持っていたが、ベラスケスとの世紀の出会いにより、閉塞状態にあったスペインの政治的・経済的な実状とは対照的に国王の芸術的世界が大幅に広がったのである。

ディエゴ・ロドリーゲス・デ・シルバ・イ・ベラスケス（一五九九―一六六〇年、図23）が、生まれ故郷のセビーリャから初めてマドリードに足を踏み入れたのは一六二二年のことである。フェリペ二世の時代に建てられたエル・エスコリアル宮のサン・ロレンソ修道院に収蔵された内外の画家たちの作品を見るのが主目的で、このときの旅はフランシスコ・パチェーコの並々ならぬ支援があってはじめて実現したといっても過言ではない。当時のセビーリャの町には画家、彫刻家、工芸家などが多くいて、そのための工房も少なからず存在しており、パチェーコもその中の一人であった。

ベラスケスは少年の頃、フランシスコ・デ・エレーラ（別名エレーラ・エル・ビエホ）のもとで絵の指導を受けていたが、何しろこの人物は気性が荒く、同じく父のあとを継いで画家となった息子のフランシスコ（同名）ですら嫌気がさしてイタリアへ渡ったほどの気むずかしい人間であった。そのため約一年半を過ごしたエレーラのもとを去り、フランシスコ・パチェーコの工房に移ることにした。ディエゴが一二歳になるまえのことである。新しい教師パチェーコはいまだイタリアの画家たちの画風を模倣するという技巧から抜けきれず、決して一流の画家とはいえなかったが、前者とは異なり、絵の師匠としては性格もよく申し分なかった。そ

図23　ディエゴ・ベラスケスの自画像（ウフィーツィ美術館蔵）

のうえ、パチェーコは絵画の理論家でもあり、『絵画の技法』(一六四九年)という優れた美術評も残している。また、セビーリャを代表する文化人であると同時に、異端審問所の絵画審査官でもあった。

この善良な師は愛弟子となったベラスケスを娘フアナ・パチェーコと結婚させ、将来の娘婿に宮廷画家への道を開こうと方々につてを探すことに労を惜しまなかった。当時、パチェーコの家にはセビーリャでも名のある芸術家たちが毎日のように集まっていたので、ディエゴは詩人フランシスコ・デ・リオーハ、画家ファン・デ・ラス・ロエラス、彫刻家ファン・マルティネス・モンタニェースなどと知己を得ることができた。

こうした環境にあってか、ベラスケス自身も首都マドリードにて一人前の画家として身を立てることを夢見ていた。なぜなら、その近郊にはイタリア・ルネサンスの画家ティツィアーノやティントレットなどの絵が飾られているエル・エスコリアル宮や、エル・グレコの絵が保管されているトレドの町があったからである。幸いなことにパチェーコの家がセビーリャ中の有名な芸術家たちの溜まり場となっていたこともあって、アンダルシアの上級貴族、なかでもフェリペ四世の寵臣ガスパール・デ・グスマン(オリバーレス伯爵)に通じるつてがあった。オリバーレスはマドリードの宮廷に上るとき、セビーリャの親族や友人を何人も引き連れ宮廷の要職に抜擢していたので、パチェーコはそのルートを利用して娘婿の宮廷入りを模索しようとした。このとき手を貸してくれたのが、ディエゴとフアナの結婚の折に代父を務めてくれた詩人フランシスコ・デ・リオーハと司祭ルイス・デ・フォンセーカであった。

ベラスケスが従僕ファン・デ・パレーハを引き連れ、マドリードに向かったのは一六二二年四月のことである。その際に友人たちの協力を得て、すでに宮廷に移り住んでいたセビーリャの有力者ルイス・デル・アルカサルとメルチョール・デル・アルカサル兄弟に、支援を要請する手紙を携えて行くことにした。手紙を受けとったアルカサル兄弟はさっそく、絵画に造詣が深く宮廷でも重要な地位に就いていたファン・デ・フォンセーカをベラスケスに紹介してくれた。その結果、フォンセーカの心遣いのおかげで、若き画家はバロックの代表的な詩人ルイス・デ・ゴンゴラ（一五六一―一六二七年）の肖像画（図24）を描く機会を得、ゴンゴラ本人から高く評価されたのである。

図24　詩人ルイス・デ・ゴンゴラ（ベラスケス作・部分，ボストン美術館蔵）

この最初のマドリード訪問では国王の肖像画を描くには時期尚早だったものの、ベラスケスがセビーリャへ戻ったあとのマドリードでは彼の絵がもっぱらの評判となった。そしてそれがついにオリバーレスの耳にとまり、翌二三年の夏、ふたたび今度はパチェーコとともに宮廷に招かれるという幸運にあずかった。

当時、国王にはサンティアーゴ・モランという首席宮廷画家《ピントール・デ・カマラ》を筆頭に、ほかにも五人の宮廷画家――ビセンテ・カルドゥーチョ、エウヘニオ・カヘス、バルトロメ・ゴンサーレス、ロドリーゴ・デ・ビリャンドランド、フランシスコ・ロペス――が仕えていたが、その中のビリャンドランドが前年の一二月に他界していたことが幸いし、ベラスケスはようやく待ち焦がれていた王の肖像画を描く機会を与えられ、見事にそれを完成させ、国王をはじめとする周囲の人々を驚かせた。この絵は数年後に入念に手を加えられ、《フェリペ四世立像》として現在プラド美術館蔵となっている。

ひとたび絵画に詳しいフェリペ四世の寵愛を受けるや、あとは他の画家たちを寄せつけず、ベラスケスは国王を前にして直接肖像画を描ける唯一の画家という特権、すなわち首席宮廷画家の地位を与えられた。そのため他の宮廷画家たちの妬みを買うことにもなったが、それでも彼は以後ずっと宮廷の画家として、また宮廷内の役人として終生国王に仕えることになった。

一六二七年、先王フェリペ三世が一六〇九年から一四年にかけて行ったモリスコの国外追放を記念して、宮廷内で同テーマを扱った絵のコンクールが開催された。このときベラスケスのほかに、アンヘル・ナルディ、カヘス、カルドゥーチョといった画家が参加し競作したが、結果はベラスケスが他の三人を破って優勝した。そしてその報奨として国王から御座所衛視《ウヒエール・デ・カマラ》に任命された。次いで一六三四年には装飾係に、四三年オリバーレスが失脚する寸前には王室侍従代理《アユーダ・デ・カマラ・デル・レイ》に任命される。その後も、実際に建築の仕事に携わった経緯から王室内の建造物工事を検査する仕事も任されている。一六五二年には、六人の候補者の中から国王のたっての所望とあって王室配室長《アポセンタドール・マヨール・デ・パラシオ》に選任され、王宮の建物のちょうど北東に位置するラ・プリオーラ庭園内の宝物館《カサ・デル・テソーロ》を住居としてあてがわれることになった。この王室配室長の仕事というのは、基本的には宮廷内の部屋割り、王が所有する絵画や王の私室の管理、旅先での御座所の準備などだが、それ以外にも多くの雑務が含まれていて相当ハードな役職だったようである。

このほかにも重要な任務として、一六二八年にルーベンスがスペインを訪れた際に、フェリペ四世はベラスケスにスペイン滞在中のお供をするよう命じている。このフランドル人画家のスペイン訪問は今回が初めてではなく、かつてフェリペ三世が遷都したバリャドリードを訪れたこともあり、当時の国王から手厚く迎えられ、スペイン人の画家たちの協力を得て何枚もの絵を描いたという実績があった。その後ルーベンスはヨーロッパ中で名声を博すようになり、ふたたびスペインに凱旋したというわけである。二人の画家はすぐに意気投合し、エル・エスコリアル宮などへ一緒に出かけて行っては貴重な絵を鑑賞してまわった。ルーベンスのスペイン滞在は八ヵ月ほどであったが、その間に旧王宮で何枚もの絵を仕上げ、ベラスケスもこの外国人の画法に大いに啓発されることとなった。

ルーベンスの影響もあり、その翌年にベラスケスは国王の許可を得て、研修目的ならびに王宮を飾るための美術品購入という名目でイタリアへ旅することになった。彼は生涯に二度のイタリア旅行（一六二九―三一年／一六四九―五一年）を決行している。一回目の旅では途中までアンブロシオ・スピノラ[8]が同行し、ジェノヴァ、ミラノを訪れた。そのあとヴェネツィア、フィレンツェ、ローマ、ナポリなどを見学し、特にヴェネツィアではティントレットやティツィアーノの絵を、また一年間滞在することになったローマではラファエロ・サンツィオやミケランジェロの作品をじかに鑑賞することができた。またナポリでは先輩の画家で〈エル・エスパニョレート〉と呼ばれていたホセ・デ・リベーラにも会っている。

二度目のイタリア旅行では、宮廷装飾用の美術品購入という明確な使命を帯びて、ジェノヴァからミラノに入り、ヴェネツィア、パルマ、フィレンツェ、ローマなどを訪れ、ローマでは《教皇イノケンティウス十世の肖像》（一六四九―五〇年）をはじめとして、高位聖職者たちをモデルとした肖像画を十数枚描いている。ただし、現存するのはこの教皇と従僕のファン・デ・パレーハの肖像画だけである。またこの間、一六五〇年五月から二ヵ月ほど避暑を兼ねてローマの高台にあるメディチ家の別荘を借り、そこで庭園の昼と夕方の光景をそれぞれ一枚ずつ描いた。快適なイタリア滞在からなかなか帰途につこうとしないベラスケスに対して、フェリペ四世は何度も帰国を促す手紙を送らねばならなかったが、それにもかかわらず結局滞在は約一年半も延びてしまった。

このように国王の寵愛を一身に受け、宮廷内の重要な任務をいくつか任されたうえ、国王の肖像画まで独占的に描く特権を与えられ、おまけに一六五九年には資格審査委員会が最終的には首を縦に振らなかったにもかかわらず、[9] 国王の尽力と教皇アレクサンデル七世（一五九九―一六六七年。在位、一六五五―六七年）の特別許可により、サンティアーゴ騎士修道会[10]への入会が認められたとなると、フェリペ四世とベラスケスとの関係が単に国王と一介の廷臣という間柄というだけではすまされなくなってくる。

そもそも国王は物心のついた頃から優れた画家フアン・バウティスタ・マイノ師から絵の手ほどきを受けており絵画に精通していたことや、当時の有名な芸術家や文学者たちとも交流があったことから、無名のベラスケスの絵に興味を示すようになり、やがて彼の絵筆がこれまでの宮廷画家にない筆致で被写体をリアルに生き生きと描き出すことを発見し、ついいその技法に魅了され、入れ込んでしまったというわけだが、こうしたことがのちに二人の関係をめぐって研究者のあいだで意見の対立を生む原因となったのである。つまり、ベラスケスはあくまでも国王に仕える宮廷画家の一人であり、特別に親昵《しんじつ》の間柄ではないとする見方と、国王は画家に対して特別に恩遇したのだという見方に分かれたのである。

前者の根拠は、彼が一六二三年に宮廷に入って以来、薄給に甘んじなければならなかったという事実にある。一六二八年の規定によると、宮廷画家に支払われる一日分の給料は理髪師見習いのそれに匹敵する程度の額、すなわち一日一二レアルであった。しかもその給料の支払いが度々遅れ、何度も苦情を言わざるをえない状況にあった。もちろん宮廷内の複雑な官僚制の中にあっては、普通個人的な要求を聞き入れてもらうというのは至難の業である。ちなみにベラスケスが廷臣たちのあいだでどういう地位にあったかというと、一六四八年にマドリードのマヨール広場で闘牛の試合が催されたとき、彼は旧王宮の雇われ人として大貴族の従僕ならびに理髪師と同席していた。このことから察すると、首席宮廷画家といえども国王の要請に応じて絵を描く立場にある宮廷画家にすぎなかったということがわかる。

一方、二人の信頼関係および親密度を重視する側としては、イタリアから帰国した翌五二年にベラスケスが首席宮廷画家の地位よりも位の高い王室配室長に任命されたとき――三四年に装飾係になったときも四三年に王室侍従代理に任命されたときもそうであったが――、複数の候補者を審査する選考委員会の意見を無視して、国王の個人的な要望を優先させたことに注目し、国王の並々ならぬ配慮を無視できないものと考える。この官職は、国王の遠出や出陣などに際して随行し、旅先での宿泊の準備を整えたり、宮廷行事の準備をするなどの任務を遂行することにあった。そのため一六六〇年、フェリペ四世の娘マリア・テレサをフランスのルイ十四世（一六三八―一七一五年。在位、一六四三―一七一五年）のもとに嫁がせる際に、両国の国境にあるロス・ファイサネス島で執り行われることになった祝典に行きも帰りも国王に同行し、かなり無理な日程で行軍したために、これが画家の死期を早めたのだとも言われている。

では、なぜここまでして国王はベラスケスの昇進を後押ししたのだろうか？　まず第一に国王は無類の絵画好きで、歴代の国王たちの中でも一、二を争うほどの絵画蒐集家だったことがあげられよう。それもただの蒐集家ではなく、それなりに絵の価値を見分けられる非常に目の肥えた蒐集家であった。多くの絵画を蒐集したことで有名な祖父フェリペ二世のあとを継ぎ、そこに当代の偉大な画家たちの作品を買い集めては一大コレクションとしたのである。これにはベラスケスだけでなく、ルーベンスなども一役買っている。国王の絵画好きを誰よりも一番よく知っていた寵臣オリバーレスは、王室財政の窮迫にもかかわらず、国王の寵愛を失うまいとして絵画の購入に多額の資金を投入したのである。

この時代、経済政策は支離滅裂だったにもかかわらず、文化面では黄金時代であった。芸術家や文筆家は庇護され、上流階級の人々は好んで彼らの芸術作品を鑑賞した。多くの貴族たちは芸術を奨励することを誇りとし、マドリードではしばしば競売が行われた。この時代の貴族たちは、文学と絵画を奨励するのに散財を惜しまなかった。オリバーレスもセビーリャ時代には詩人や作家たちと友誼《ゆうぎ》を結び、詩作を試みたこともあったほどで、芸術と文学のよき後援者《パトロン》でもあった。また優れた美術品の目利きであり、マドリードの宮廷を輝かしい文学と芸術の中心地に変えたという点では、立派な文化功労者だったといえよう。

オリバーレスの構想によりマドリード近郊に壮大なブエン・レティーロ宮の建設が始まったときも、その広大な壁を埋めるべく内外の著名な画家の作品を数多く飾ろうと、ベラスケスのほかにも、画家ビセンテ・カルドゥーチョ、フアン・バウティスタ・マイノなどがこの企画に駆り出された。なかにはオリバーレスの娘婿にあたるメディーナ・デ・ラス・トーレス公爵のように権力にものを言わせて、ナポリのサン・ドメニコ教会に教区司祭の反対を押し切ってまでも有名なラファエロ・サンツィオの《魚の聖母》（一五一三―一四年）を国王に献じさせたり、ペニャランダ伯爵のようにグイド・レニ（一五七五―一六四二年）やアンニバレ・カラッチ（一五六〇―一六〇九年）などのイタリア絵画三九点を献上する者まであらわれた。

オリバーレスの失脚後に寵臣となったルイス・メンデス・デ・アロ（一五九八―一六六一年）も、叔父と同じように国王の寵愛を集めんがために破格の高値がついた絵を進呈した。駐英スペイン大使アロンソ・デ・カルデナスは、チャールズ一世が一六四九年に処刑された際に、国王所蔵の絵画コレクションが競売にかけられたのに目をつけ、その大半を入手した。もちろん、入札を命じたのはルイス・メンデス・デ・アロであり、アンドレア・マンテーニャの《聖母の死》（一四六一―六三年）、ティツィアーノの《犬を連れたカール五世の肖像》（一五三三年）、ラファエロ・サンツィオの《聖家族》（一五〇七年）など、当時でも貴重な絵は寵臣からの贈り物ということにした。この中の《犬を連れたカール五世の肖像》は、チャールズ一世がまだプリンス・オブ・ウェールズだった頃、フェリペ四世の妹マリア王女と結婚するために一六二三年にマドリードを訪れた際に、フェリペ四世から寄贈された因縁の絵である。このチャールズ王子も、スペイン訪問を契機に競売を利用して絵を買ったり、カスティーリャ提督などから絵を何点か寄贈されたりして、フェリペ四世に劣らず絵のコレクションとなると骨身を惜しまなかった人である。

このようにベラスケス指導のもとで、王宮のみならずエル・エスコリアル宮のサン・ロレンソ修道院の内部も、ラファエロ、ティツィアーノ、ルーベンス、ティントレット、リベーラ、アントーン・ヴァン・ダイクなどの有名な画家たちの絵で装飾されることになった。

フェリペ四世の庶子ファン・ホセ・デ・アウストリア（一六二九―七九年）も、対フランス戦線でフランドルに派遣されたとき、父親の機嫌をとるために高価な絵を何枚か献上することを忘れなかった。価値ある絵の中にはレオナルド・ダ・ヴィンチの《聖アンナと聖母子》（一五一二年頃）のように、カスティーリャ総督によって遺贈された作品も含まれていた。そのほか王室が買い付けた絵画も相当数存在し、これについてはオリバーレスの指揮のもとでルーベンスやベラスケスが重要な役割を果たしていた。本国スペイン以外のスペイン帝国においては、副王、大使などを通して市場に優れた傑作が出まわると入手するようにとの指示が出された。

このように国王が絵画好きだったばかりに、一種の個人的な絵画蒐集ブームを呼び、貴族はこれまで所有している絵画の数を増やそうと躍起になった。なかでも、レガネス侯爵ディエゴ・メッシーア・フェリペス・デ・グスマンのケースがその典型である。彼はフランドルとミラノのスペイン軍を指揮していた一六三〇年代に有名な絵画の蒐集を始め、一六三〇年には一八点しか所有していなかったのが、一二年後の四二年には一一三二点にまで増え、侯爵が亡くなる五五年には一三三三点にまで達したといわれている。大半の絵がフランドルおよびイタリア人画家の作品であった。

一六三一年から三七年までナポリ副王を務めたことのあるモンテレイ伯爵マヌエル・デ・フォンセーカ・イ・スニガも本来の任務に加えて、イタリア滞在を活かし、レガネス侯爵にはおよばなかったものの優れた作品ばかりを二六五点も集めた。メディーナ・デ・ラス・トーレス公爵はというと、絵よりも宝石類や高価な家具のほうに関心があったのか、絵画はわずか六〇点そこそこしか持ちあわせていなかった。それでも国王の絵画熱を熟知していた彼は、何点か国王に寄贈しており、その中には先述したラファエロの《魚の聖母》のような傑作も含まれていた。またルイス・メンデス・デ・アロの息子であるエリーチェ（またはリーチェ）侯爵ガスパール・デ・アロも、父以上の絵画コレクターであり、一六五一年の目録によれば三三一点にのぼったが、まだこの時点では序の口であった。侯爵はベラスケスの絵もいくつか所有しており、その中には《ウェヌスとクピド（鏡を見るウェヌス）》が含まれていた。

一方、アルカラ公爵、インファンタード公爵、ベナベンテ伯爵など、オリバーレスの親族と関係のない人たちも群を抜いた蒐集家であった。一六三八年七月二六日付の手紙で、英国大使サー・アーサー・ホプトンは友人のコッティングトンにこのことを次のように伝えている。「彼らは以前にもまして、また人々が想像する以上に、絵画に関心を抱き夢中になっています」と。

一六三〇年代、国王のコレクションの数は購入や注文によって確実に増え続けた。一六四〇年、ルーベンスが亡くなってから数ヵ月が過ぎた九月二三日に、枢機卿フェルナンド王子が、画家の所有していた絵画が弟子たちの手によって競売にかけられたのを機に、そのリストを宮廷に送ってきた。そのとき国王が選別した作品数は全部で三六点で、そこにはルーベンス自身が描いた《三美神》（一六三〇—三五年頃）や《竜を退治する聖ゲオルギウス》（一六〇六—〇八年）を含む絵画一八点と、ティツィアーノ、ティントレット、パオロ・ヴェロネーゼ、ヴァン・ダイクなどの有名画家の絵も含まれていた。

図25　ブレダの開城（ベラスケス作，プラド美術館蔵）

一六四〇年代の終わりから五〇年代の初め

にかけて、王室の絵画の数はさらに増えたが、この時期に新たに入手した絵は主に寄贈されたものであった。その後、六〇年代も着実に絵画のコレクションは増えていった。

なお、この一六三四年から三五年頃に描かれたベラスケスの絵に《ブレダの開城》(図25)、《フェリペ四世の騎馬像》《バルタサール・カルロス王子の騎馬像》があり、後者の二作は王宮内の諸王の間に飾られることになった。

宮廷のおどけ者たち

当時の宮廷には「おどけ者」や道化《グラシオーソ》が、国王に仕える廷臣たちに混ざって宮廷で暮らしていた。古代ローマ時代にも、彼らは皇帝や貴族の娯楽を目的として仕えていたが、中世ヨーロッパでも王宮や大貴族の城館ではなくてはならない存在であった。
十六、十七世紀のスペインの宮廷でも、彼らは権力者たちを笑わせることにより、日頃のストレス解消のために一役買っていた。その奇抜で機知に富んだ言動を武器に、ときには自分たちの主人よりも優位に立ったり傲慢な態度に出たりすることもあったが、それでもかなりの俸給を受けとり、常に両陛下や王子の身近に暮らしていた。彼らはまるで王族の一部とみなされ、王家にとってそれもフェリペ四世にとっては欠かすことのできない大切な人たちであった。宮廷画家ベラスケスがフェリペ四世の命令で彼らの肖像画を何枚も描いたという事実がまさにそれを物語っている。事実、それらの肖像画は国王の命令により、王宮内の王妃や兄弟や子供たちの肖像画が掛けられているのと同じ壁面に飾られたのである。

カルロス二世やフェリペ二世の宮廷では、矮人《わいじん》が非常にもてはやされたが、フェリペ三世の時代になるとそうした人間は宮廷から排除された。しかし、フェリペ四世が王位に就くとふたたび彼らが脚光を浴びることになった。一口に「おどけ者」といってもいろいろなタイプの人間がいて、矮人をはじめ、クレチン病患者、脳水腫患者、精神病患者なども交ざっていた。彼らにつけられた渾名《あだな》も、ソプリーリョ（うちわ）とかカラバーサス（薄のろ）というもので尋常ではなかった。

カール・ユスティによれば、宮廷のおどけ者には「トゥルアン」と「ブフォン」がいて、前者は外見上どうのこうのというよりは、知能の発達が遅れた人をさすか、あるいは見た目は普通の人間でも中身は変人・奇人をさし、後者は矮人または身体に障害をもち、なおかつ知的障害者をさすのだそうである。ベラスケスの絵にもあるが、「トゥルアン」といえばパブリーリョ（パブロの愛称）・デ・バリャドリード、バルバローハ、ドン・フアン・デ・アウストリア、エソポ、メニポたちがそうで、「ブフォン」にはディエゴ・デ・アセード、〈エル・プリーモ〉（セバスティアン・デ・モーラ?）、カラバシーリャス、ドン・アントニオ・エル・イングレス、ニーニョ・デ・バリェーカス、マリ・バルボラ、ニコラシート・ペルトゥサート、フランシスコ・レスカーノなどがいた。

このような分類がいかようであれ、われわれにとって一番身近に感じるのは、やはりなん

図26　マリ・バルボラとニコラシート・ペルトゥサート（《ラス・メニーナス》／ベラスケス作・部分，プラド美術館蔵）

といってもベラスケス作の《ラス・メニーナス（フェリペ四世の家族）》（一六五六年頃、図26）に描かれている二人の矮人の姿ではないだろうか。そのうちの一人マリ・バルボラはドイツ出身で、大きな画面の右手に立ち、小さな身体に脂ぎった大きな顔をしてこちら側をじっと見ている。彼女が宮廷にやってきたのは一六五一年で、王妃マリアーナに仕えた。見た目はベラスケスの描いたどの矮人よりも異様だが、彼女は王妃から愛され、多くの衣装や贈り物を受けとっている。

もう一人は彼女のすぐ右隣にいる、少年のようなニコラシート・ペルトゥサートである。彼は矮人の中でも比較的繊細なタッチで描かれ、見た目はごく普通である。そして今にも目の前の眠そうな顔をした大きな犬に向かってけしかけんばかりの勢いである。ニコラシートはイタリアのミラノ出身で、召使いとして毎日ベッドを整える仕事を任されていたという。

矮人たちにとってはこの頃が幸せの絶頂期だったようである。なぜなら、フランスではルイ十四世が宮廷から矮人を排除したのをきっかけに、スペインの宮廷でも徐々に彼らの存在感が薄れていったからである。ファン・バウティスタ・マルティネス・デル・マソというスペイン人の画家は、《王妃ドニャ・マルガリータ・デ・アウストリア》（一六六六年）という作品の中でマリ・バルボラを描いているが、彼女の存在はここではマルガリータ・デ・アウストリア（一三歳のときに神聖ローマ皇帝レオポルト一世〔一六四〇―一七〇五年。在位、一六五八―一七〇五年〕と結婚）の背景に、それもかなり遠くのほうで他の人物たちと一緒にかすんでしまい、もはや遠くを飾るための存在でしかなくなっている。また、一六八〇年六月三〇日にマドリードのマヨール広場で行われた宗教裁判の模様を描いた、フランシスコ・リッシの絵（一六八三年、図46　三二九頁）の中でも、カルロス二世に仕える矮人たちの姿は、正面奥の国王の左手にかすかに見える程度にすぎない。

ほかにもベラスケスの絵の中でお目にかかることのできる矮人は何人もいるが、ここではディエゴ・デ・アセードと〈エル・プリーモ〉（セバスティアン・デ・モーラ？）をとりあげ、簡単にその人物像を追ってみることにしよう。

図27　本を手にする矮人ディエゴ・デ・アセード（ベラスケス作・部分，プラド美術館蔵）

ディエゴ・デ・アセードが宮廷に入ったのは一六三三年のことで、それ以後亡くなる六〇年まで宮中に仕えた。一六四四年にフェリペ四世がアラゴンのフラガにある野戦陣地に赴いた折に、《軍総司令官姿のフェリペ四世》（一六四四年）と一緒に描かれたのが彼の肖像画（図27）である。彼は相当血筋にこだわっていたらしく、絵では大きな本のページをめくっている姿が描かれている。この本は当時の『貴族名鑑』ではないかと思われる。彼はおどけ者であると同時に、国王の署名が入った書類を印刷する部署でも働いていたので、それによる報酬として年間およそ四万マラベディを受けとっていたとされる。

この知的な人物は宮廷の役人であったが、その反面大胆な性格の持ち主でもあった。それに彼の剣客ぶりは有名で、彼にまつわる血腥《ちなまぐさ》いエピソードが残っている。ある晩、マルコス・デ・エンシニーニャスという宮廷の部屋係が自分の妻を殺害し、行方をくらました。この男は妻の不義を疑い、宮廷内にいる矮人の一人に嫉妬を抱き、翌朝その者を殺害しようと待ちかまえていた。ところが、当の矮人は王子に同伴していたために復讐がかなわず、その場を立ち去らざるをえなかった。噂によれば、ちょうどカルデロンの『名誉の医者』(一六三五年)に描かれているように、ありもしない妻の不義を疑い、恥辱を被ったと思い込んで罪のない妻を殺害する主人公ドン・グティエレよろしく、エンシニーニャスの妻も夫の嫌疑のみによって殺されたが、実際には無実であったという。この事件が起こったのは一六四三年のことで、ディエゴがその後もずっと亡くなるまで国王の庇護を受けていたことを考えると、どうやら彼は疑惑の人物ではなかったようだ。それにしても、かなり小柄な体つきにもかかわらず、彼の女性関係にはいろいろと風評が立ったことで、エンシニーニャスは彼に疑いをかけたものと思われる。

一方の〈エル・プリーモ〉という呼び名を持つ矮人(図28)は、初めは枢機卿フェルナン

図28　道化〈エル・プリーモ〉（ベラスケス作，プラド美術館蔵）

ド王子に、スペインに戻ってからはバルタサール・カルロス王子に仕え、王子の死後も他界する四九年まで宮廷に仕えた。彼は名家の出であったのか、肖像画の物静かな姿からはどことなく紳士然とした風姿が垣間見られるが、どうやら癇癪持ちだったらしい。また両足をまえに投げ出した姿からは、肉体的な障害に配慮した画家ベラスケスの思いやりがみてとれる。王子が亡くなると、生前彼を高く評価していた証《あかし》として、遺言書どおり剣を二振り（一つは礼装用の立派な短剣）、短剣を一振り、騎士団が胸につける記章などが彼に贈られた。

以下は彼ら二人にまつわるやや血腥いエピソードだが、あくまでも噂話であり、ゴシップにおまけがついたものであって、どこまでが真実なのか定かではない。

あるとき二人はともにマヌエライ（本名、マヌエラ・ルーナ・デリアン）という美しい女性に思いを寄せていた。彼らが彼女と知り合ったのは、マラビーリャス地区にあるチョコレート（カカオ豆を挽いて水またはお湯に溶かし、砂糖、カネラ、バニラなどを入れた飲料）

を売る店である。事件はある日の午後に起こった。一人の客が売り物のチョコレート飲料に馬の脂と死人の灰を混ぜたとして彼女に言いがかりをつけたので、その場に居合わせた〈エル・プリーモ〉が彼女をかばおうと、一緒にいたディエゴの背中に這い上がりカウンターの上に立って、彼女を罵倒した兵士に向かって剣を突きつけた。兵士もディエゴを斬りつけようとしたが、その前に〈エル・プリーモ〉の剣先によって首を突かれ、即死した。そのとき彼の仲間がマヌエライを斬りつけようとしたので、ディエゴは手に持っていた剣をその男の胸に突き刺した。それ以来二人はともに彼女の恋人となったのである。

その後、彼らの噂はどんどん膨れ上がり、宮廷の貴婦人たちはなんとしてでも彼らの心を射止めようと躍起になった。これを知ったマヌエライは嫉妬に駆られ、とうとう二人のもとを去った。すると彼らも下手に出ることなく、これまで彼女のことを思って避けてきた貴婦人のもとに走り、愛の喜びをわかちあった。こうして彼らは女性を誘惑するようになり、一方の彼女は売春婦に成り下がったのである。

結局、ディエゴも〈エル・プリーモ〉もマヌエライに対して誠実ではなかった。また彼女とて気まぐれなところがあったので、おあいことということになった。もしかすると、その後ひっそりと三人は逢い引きをしていたのかもしれないが、とかく真実がどうであれ、このゴシップが世間に広まったことによって、彼らの三角関係が知られるようになったのは事実である。残念なことにベラスケスは美しいマヌエライの肖像画を一枚も描いてはいない。

彼らのほかにも、一五七一年のレパントの海戦で指揮をとったフェリペ二世の異母兄弟ドン・フアン・デ・アウストリア（一五四五または一五四七—七八年）の役を演じている、「ドン・フアン・デ・アウストリア」という渾名の道化——本名はわかっていない——、最初フェルナンド王子に、そしてのちにフェリペ四世に仕え、三九年にこの世を去ったファン・カラバーサス（通称、カラバシーリャス／愛称、ボボ・デ・コリア）、一六三三年に王宮に入り自室を与えられて以来、亡くなる四八年まで宮中に仕えた、芝居好きのパブロ・デ・バリャドリード、一六三四年に宮廷入りをしバルタサール・カルロス王子を楽しませ、四九年に他界したフランシスコ・レスカーノ（別名、バリェーカスの少年）という子供っぽく無邪気な顔つきをした矮人、緋色でトルコ風の衣装を身にまとい、トルコ海軍総督の役を演じたバルバローハなどもいて、宮廷内における彼らの役割は一様に王族を笑わせたり、気分をほぐすことであった。

普通、宮廷内では各廷臣の役割分担がはっきりしていたにもかかわらず、道化たちは好きなときに好きな場所にその姿をあらわし、ときには辛辣な言葉を交えながら、休みなくおしゃべりを続けた。そして町の噂話の真相を冗談や風刺を交えながら国王に話して聞かせ、沈みがちな国王を辛口の談話で元気づけた。体つきに似合わず、彼らの目は浮き世の愚かさを正確にとらえ、その本質を失うことなく、自分たちのお気に入りの表現に加工して提供したのである。彼らは王族の遊び相手のような感覚でみられていたが、決して宮廷での評価は低くなかった。

ベラスケスの描いたおどけ者たちはありのままの姿で描かれていて、まるで一人ひとりの生き様や個性までもが正確に伝わってくるようである。権力と我欲にとり憑かれた一般の宮廷人たちにくらべると肉体的なハンディキャップは否めないが、画面の中から時代を超越してわれわれに静かな視線を送り続けてくる彼らは、画家にとってひょっとするとより人間らしい存在だったのかもしれない。

第3章——フェリペ四世の告白できない告白

おれの向かうところ
道理は踏みにじり
美徳はあざ笑い
正義は愚弄し
おまけに女たちをも裏切った
家畜小屋に足を踏み入れたかと思えば
あちこちの宮殿にも参上した
修道院の塀に梯子をかけ
ありとあらゆるところに
苦々しい形跡を残してきた
——(ホセ・ソリーリャ『ドン・ファン・テノリオ』)

フェリペ四世が王位に就いたとき、まだまるで右も左もわからないもうすぐ一六歳になろうという少年であった。そして性格的には怠惰で、思慮分別がなく、とても意志が弱かった。おまけに早熟で救いがたい色好みときていた。別に能力を欠いていたというわけではないが、まだまだ国家の仕事をこなせるような状態ではなく、骨の折れる日々の執務にはうんざりといった感じであった。

ハプスブルク家に代々伝わる厳格な宮廷の作法にはなかなか馴染めなかったが、決して国王のイメージをぶち壊すような行動をとることはなかった。礼儀作法が要求されるような場所では、嫌々ながらも国王としての厳かな態度を装うすべは少なくとも心得ており、たとえ表面的であったにしろ、最低限規則には従うよう心がけた。

一六五五年にスペインを訪れたフランス人アントワーヌ・ド・ブルネーは、当時の国王の接客態度を興味深い記録として残している。もっともこの頃のフェリペはやや年老いていて、若き日の国王の雰囲気とは多少異なると思われるが、その記録によれば、国王の行動および職務に対する対応がどれも同じ調子であったと述べている。同じような歩調で歩き、来る日も来る日も、すべてが一定のリズムに従って繰り返され、真新しいことは何一つなく、内外の来賓に接見したり、公的書類に署名したり、ミサを聞いたり、あるいは食事をしたりするときも、同じ姿勢を崩さなかったという。人と話をするときの王は決して席を替えたり、姿勢を変えたりせず、ずっと同じ表情で来賓を迎え、話を聞き、それに答えるといった具合であった。その間、体は動かさずに唇と舌だけを動かしていたというのである。これが公式の場に出るときのフェリペ四世の姿であった。

ところが、機械のように語るその表情の裏には、美しい女性たちの虜となってしまう、感受性豊かな人間フェリペの姿があった。女性たちに対し熱烈な想いを寄せ、彼がうつつをぬかした女性の数は計り知れない。そして何件かの恋の冒険は伝説になったほどである。それも国王としてはさほど良心の呵責を感じていなかったのか、欲望の対象となる女性の階級は高貴な女性から娼婦にいたるまで多彩であった。

スキャンダルの始まり

最初のスキャンダルの一つに、チレル伯爵の娘とのロマンスがある。一六二五年、国王二〇歳のときのことで、マドリード中がこの噂で持ちきりとなった。彼はこの娘の美しさに魅了され、ややこしい問題が起こらないようにと、まずは娘の父親にイタリアのガレー船の指揮を命じ、現場から遠ざけることにした。そしてその隙に思いをとげ、二人のあいだに生まれたのがフランシスコ・フェルナンド・デ・アウストリアである。だが、この子は庶子にしては珍しく夭逝し、母親もやがて息子のあとを追うようにしてこの世を去った。彼女の家はのちに修道院となり、国王の手によってカラトラーバ修道会の修道女たちに捧げられることになった。

また、ドルノワ伯爵夫人が一六七九年にスペインに旅したとき、耳に入れた話を記録したエピソードもある。これは国王がある程度の年齢に達してからの失敗談で、相手はアルブルケルケ公爵夫人であった。彼女はマドリードの貴婦人の中でも屈指の美女として名が通っていたため、妻を寝取られないようにと夫は絶えず細心の注意を払った。その公爵夫人に恋慕した国王は、彼女への思いを募らせるが、嫉妬深い夫の警戒が邪魔をしてうまく事を運べなかった。そこで、国王は欲望を満たすために奸策を弄することにした。あるとき、国王が何人かの貴族たちとトランプ遊びに興じていたときのこと、ゲームが山場を迎えた頃に急用を思いだし、その場に居合わせたアルブルケルケ公爵に、自分のかわりに勝負をするように命じた。こうして夫をその場に釘付けにしておいてから、その隙に国王は目的の場所に馳せたのである。しかし公爵は国王の行動に信をおけず、あるいは国王の行動があやしいと誰かに耳打ちされたのか、ひどい激痛を装い、カードを別の者に託してからその場を離れ、急いでわが家にとって返した。国王は彼女の家に着くと、夜陰に乗じて柱のうしろに身を隠した。一方、夫はへたに相手の正体をかぎつけて事を厄介にしてはまずいと思い、わざと明かりを持ち込まずに暗闇を利用して、「この泥棒めが！　おれの四輪馬車を盗みにきやがったな」と叫びながら、まるで泥棒相手に殴りかかるかのように王の背中と臀部をめった打ちにした。こっぴどく殴られた国王は、周囲が騒がしくなったこともあって、這々《ほうほう》の体でその場を逃げ出したという。

この出来事にはいろんな解釈があり、オリバーレスの失脚後にこの事件が起こったとする説や、厄介な事態を招かないよう、国王の正体を暴かれてはなるまいと、あばら骨を棒で殴られたのは国王に随行したオリバーレスだったという説、それに国王とこの寵臣が殴られているという叫び声が聞こえるや、公爵はこれみよがしに以前にもましてより激しく殴打し、邪悪な者たちを非難したという説など、さまざまである。

女優〈ラ・カルデローナ〉との恋の戯れ

フェリペ四世の情欲がもとで多くの伝説が生まれることになったが、その中でも歴史的事実として語り継がれるエピソードに、当時マドリードで名を馳せた女優マリア・イネス・カルデロン、通称〈ラ・カルデローナ〉（図29）との恋の戯れがある。

スペイン歴代の国王は旅芸人の生き様が好きであり、そのため宮廷ではしばしば芝居を演じさせた。フェリペ四世とて例外ではなく、ときどき人目を忍んで町の常設劇場に出かけることもあった。ただし、宮廷の儀礼に従えば、国王が芝居小屋へ出かけるのは公には許されていなかった。

十七世紀前半のマドリードでは、一五七九年に柿落しのあったクルス劇場と、一五八三年に柿落しのあったプリンシペ劇場がおもに人々の人気を集めていた。特に前者は国王お気に入りの場所で、王侯専用の桟敷席が設けられていた。また芝居好きの王妃もときにはお忍びで芝居を観にやってきた。

あるときのこと、国王がクルス劇場で芝居見物をしていると、表現力豊かな美しい一人の女優に目がとまった。名をマリア・イネス・カルデロンといい、まだ一六歳かそこいらの少女だった。フェリペ四世も二〇代前半の恋多き年頃だったこともあって、時をおかず彼女の虜となった。その日、国王は彼女を自分の桟敷席に呼び、二人はその日のうちに恋に落ちたともいわれている。やがて彼らの愛は人々の話題となり、役者たちの溜まり場《メンティデーロ》(11)ではこの話で

図29　女優マリア・イネス・カルデロン？（作者不詳，デスカルサス・レアレス修道院蔵）

持ちきりとなった。また詩や怪文書《コプラ》の格好のテーマにもなった。

二人が知り合ったのは一六二七年のことだが、最初に出会った場所についてはわかっていない。彼女がデビューした日のクルス劇場であるという説や、国王のために旧王宮で上演してもらおうとオリバーレスが結成した一座の中に彼女がいたことで、これが二人を結びつけるきっかけになったという説もあり、意見の分かれるところである。

だが、この若い女優にはパブロ・サルミエントという夫がいて、おまけに心から愛する恋人もいた。メディーナ・デ・ラス・トーレス公爵である。公爵とて国王の熱烈な愛が意味する危険性を充分に認識していた。つまり、身分の高すぎる相手を恋敵とするのは危険だというので、みずから身を引くことを提案し、あとはマリア・イネス・カルデロンを信頼することにした。彼女のほうはもちろん心から公爵を愛していたが、その一方で国王の愛のささやきを無視するわけにもいかなかった。公爵に思いを馳せながら、国王にお追従を言いつつその愛を受け入れなければならないという、双方の板挟みとなって苦しんだ。

彼女にしてみれば苦しい選択だったが、公爵の提案には同意せず、いろいろな不都合や相愛から生じるあらゆる悲しみを克服しようとむしろ公爵との愛を望んだ。王には見せかけの情熱を振りまき、本当に愛している人に対しては真の愛情を捧げることにした。そのため秘密が外部に漏れないよう細心の注意を払い、王に気づかれないように人目を忍んで逢い引きを重ねることにした。

公爵のほうでも国王の目をくらまそうと、アンダルシアへ旅に出かけるふりをした。実際には、彼女の家に滞在していたのだが、数ヵ月後のある日とうとう嘘が発覚する事態となった。細心の注意を払っていたにもかかわらず、フェリペ四世は遠くにいると思っていた公爵を彼女の家の中で発見したのである。怒り心頭に発した国王が剣を片手に公爵に襲いかかると、マリアは涙を流し顔を引きつらせながら二人のあいだに割って入り、なんとか国王の復讐をくい止めようと嘆願した。

王はその場では相手を赦したものの、その裏で公爵の追放を命じた。このエピソードは役者たちの集まる溜まり場の噂話となったが、本当のところは現実離れした話にすぐに夢中になる大衆の作り話だったようである。ただし、公爵の追放は事実であり、これには何らかの理由があったものと思われる。

フェリペ四世は公的な職務と私的な物事とをはっきりとわけて行動した。そのためか外面《そとづら》はよく、妻のイサベルに対してもやさしく愛情を持って接した。彼は妻を敬っていたので、王妃は公的な場では常に王妃としての威厳を保つことができた。ところが時と場合によって、厄介な事態を招くこともあった。マドリードのマヨール広場にて、ある祝祭が執り行われたときのこと、王妃と王の愛人〈ラ・カルデローナ〉が祝祭の場に姿をあらわした。このとき愛人がその身分や家系にふさわしくない席に陣取ったため、いつもは王の不倫を見て見ぬふりをしていた王妃もこのときばかりは堪忍袋の緒が切れて、愛人を直ちにその場から追い出すよう命じた。これを聞いた国王は慌てふためき、愛人にその身分にふさわしいバルコニーの席を用意させることで、とりあえず急場を凌ぐことができた。

マリア・イネス・カルデロンと国王との愛はその後も公然の秘密として続いたが、その一方で、追放の憂き目にあい、遠く離れていた公爵との愛も同様に続いていたようである。やがて一六二九年四月七日、国王とのあいだに一人息子ファン・ホセ・デ・アウストリアが誕生した。この話は人々の噂となり、この赤ん坊はメディーナ・デ・ラス・トーレス公爵の子供だともささやかれた。おまけに、半年後には正妻イサベルとのあいだにも子供が誕生したために、子供がすり替えられたのだという伝説までもが一人歩きするようになった。すなわち噂によれば、嫡子であるバルタサール・カルロス王子——ベラスケスの筆による肖像画（図21　九七頁）が残されており、若くしてこの世を去った——のほうが、女優とのあいだにできた子供だというのである。フェリペ四世が心底マリアを愛しており、彼女とのあいだに生まれた子供を高い地位につけようと努力したことが、どうやら二人の子供の交換話に発展したらしい。もちろん、これはマドリードの噂好きな人々によって勝手に捏造された作り話ではあるが。

〈ラ・カルデローナ〉は王の愛人であった二年間、女優の仕事を続けた。その間にも多くの男たちから言い寄られもしたが、決して国王との関係を穢すようなことはしなかった。しかしその一方で、不倫の恋によって子供をもうけたことで、彼女は後悔の念に苛まれることになった。過去の生き様がいかに軽率で罪深かったかを深く反省し、できることならすべてを忘却の中に封じ込めてしまいたいという思いで胸が一杯になった。そこで国王に余生を神に捧げたい旨を涙ながらに訴えた。彼女を熱愛していた国王は、そうされることによって愛が途絶えては一大事と、彼女の願いを簡単に認めようとはしなかった。しかし再三にわたる涙ながらの懇願がとうとう国王の心を動かし、修道院に入る許可を与えたのである。同時に、ローマ教皇大使からも直々に修道女になることを許された。この大使こそが、のちにベラスケスによって描かれることになる教皇イノケンティウス十世（一五七四―一六五五年。在位、一六四四―五五年）である。

彼女はラ・アルカリア（現在のグアダラハーラ県の中部および南部からクエンカ県の西部に広がる台地）にあるウタンデ渓谷の人里離れたバルフェルモーソ・ベネディクト修道院へ身を寄せることにし、祈りと悔悛の人生に徹することにした。のちに修道院長となり、亡くなるまで俗世で犯した自分の罪を償おうと祈り続け、また国王の犯した罪のためにも祈りを捧げた。

一六四一年にオリバーレスの強い後押しもあって、国王により公に認知された息子ファン・ホセ・デ・アウストリアは、王子という高位に浴し、あらゆる教育を授けられた。のちの章でも触れるように国政にも関与し、重要な任務を任され、戦いにも加わったが、フェリペ四世の晩年に父の反感を買うことになった。

女子修道院に忍び込む

マドリードのサン・プラシド女子修道院にまつわるおもしろいエピソードがある。この修道院は、テレサ・バリエ・デ・ラ・セルダ・イ・アルバラードという女性によって建てられたものである。テレサの兄ペドロはマドリードにあるベネディクト派のサン・マルティン修道院の修道士であった。彼女が結婚適齢期になったとき、両親が結婚相手にふさわしい人物として、アラゴン会議の首席秘書官《プロトノタリオ》――のちにオリバーレスによって国務会議《コンセーホ・デ・エスタード》の秘書官となる――を務めてきたヘロニモ・デ・ビリャヌエバを選んだ。彼はオリバーレスの庇護を受けており、すでに二人の結婚の日取りも決まっていた。ところが、彼女はベネディクト会の創立者である聖ベネディクトゥス（四八〇？―五四三年）の著書を知り、強く感銘を受けたことから、設立当初の厳しい規律が失われてしまい、自堕落な修道生活が習慣になってしまった多くの修道院を改革したいという思いに駆られ、初期の厳しい規律をとりもどしたいと考えるようになった。おそらく彼女の頭のどこかに、カルメル会の偉大な改革者、イエズスの聖テレジア（サンタ・テレサ・デ・ヘスス／一五一五―八二年）のことがよぎったにちがいない。そこで彼女は、兄をはじめ有益な助言を与えてくれそうな人々に相談を持ちかけ、許婚にもこの改革計画のことを打ち明けた。すると、当時宮廷でも傑出した人物であったヘロニモは、恋人の計画に賛同してくれた。

こうして彼女の願いが叶い、彼女の持参金四万エスクードと許婚の二万エスクード、およびその他の資産もあわせて、一六二三年マドリードにベネディクト派の厳しい規律を適用した修道院が建設されることになった。以来、スペイン全土から修道女たちがここに集まってくるようになった。いわば、テレサ・バリェは神の愛のために世俗の愛を捨てた女性ということになる。

この修道院の初代院長《アバデーサ》となったのはアンドレア・ベネディクティーナ・デ・セリスという女性である。彼女はカスティーリャの高貴な家柄の出で、レオン地方のサンタ・クルス・デ・サアグン修道院からやってきた。一六二五年六月一八日にはテレサ・バリェが修道誓願を立てることになった。このとき彼女といっしょに修道誓願を立てた修練者は一二名いた。

その後、サン・ローケ通りにあった、このサン・プラシド修道院に照明派《アルンブラード》（十六世紀スペインのキリスト教異端派）の教義が入り込み、修道女たちが異端思想に染まるという事件が起こった。この思想を広めた人物として、同修道院の礼拝堂付き司祭フランシスコ・ガルシーア・カルデロンが告訴された。異端の影響を受けて悪魔にとり憑かれた修道女たちや、副院長《プリオーラ》テレサ・バリェは、異端の過ちを繰り返さないと誓わされ、他の修道院に移された。テレサ・バリェはトレドのサント・ドミンゴ・エル・レアル修道院へ移され、また礼拝堂付き司祭は別の修道院へと移されたあと、異端審問所の牢獄で無期懲役刑が言い渡された。

一方、国家に暗雲が垂れこめるなか、フェリペ四世はうっとうしいことは避け、狩りや文芸や芝居や踊りや恋愛に明け暮れていた。側近たちは国王から戦争や政治などの重苦しい話題を遠ざけようと、寵臣オリバーレスや、彼の秘書官であったヘロニモ・デ・ビリャヌエバは、国王に魅力的な貴婦人たちを誘惑させたり、アランフエス宮やブエン・レティーロ宮にて開催される祝祭の話などを持ちかけるようにした。

あるとき国王の耳に、過去に異端騒動のあったサン・プラシド修道院にて修道誓願を立てたすこぶるつきの美人がいるという話が届いた。彼女の名前はソル・マルガリータ・デ・ラ・クルスというらしい。この噂の情報源となったのが何を隠そうビリャヌエバである。なぜなら、彼はかつての自分の婚約者であり、かつて副院長を務めていたテレサ・バリエを通じて、サン・プラシドの修道女たちのことをよく知っていたからである。しきりに彼女の優美さを口にできたのもそのためであった。

普通、フェリペ四世のお気に入りの女性といえば、宮廷の淑女や女優たちだったが、修道女というのは初めてだった。それで噂の女性に一目会いたいという思いから、ビリャヌエバに話を持ちかけることにした。彼は面会室の背後から変装して彼女を盗み見ることが可能であることを知っていたので、身分を悟られないよう二人でサン・プラシド修道院へ出かけることにした。結果は大成功だった。旧王宮に戻ったフェリペ四世の頭から、それ以降彼女の美しい姿が消えることはなかった。

当時、恐れを知らない伊達男たちが修練者を拐《かどわ》かすということはあったが、一国の王が大胆不敵にもそれを実行するというのはゆゆしい問題であった。しかしそんなことで諦める国王ではなかった。おのれの欲望を満たそうと、オリバーレスとビリャヌエバに相談を持ちかけると、副院長の買収作戦に出るのがよかろうという話になった。その当時の副院長は、創設者テレサ・バリェの妹であったが、話を聞かされた彼女としては、国王が不埒な欲望を捨ててくれるよう神に祈るしか方法がなかった。

修道院の管理人や召使いなどの中には、この「ドン・フアン」の欲望に手を貸す者がいないわけではなかった。おそらくいくばくかの金が動いたものと思われる。そしてある晩ついに闇夜にまぎれて、この大胆な計画が実行に移されることになった。その方法として、ビリャヌエバの住まいが修道院に隣接していたことに目をつけた彼らは、壁に穴を開けることにした。もちろん修道院側にも、金につられてこの奸計に加担した人物たちがいて、邪魔が入らないように見張っていた。国王はオリバーレスとビリャヌエバをともなって細心の注意を払いながら狭い抜け道をくぐり、まずは修道院の石炭置き場に侵入した。

この恋の冒険はこれまでのものとは違い、国王は特別な罪の意識を抱いた。愛と神への冒瀆が入り混ざったような複雑な感覚であった。三人はビリャヌエバの持つカンテラの明かりを頼りに、狭く暗い地下道を通って中庭にたどり着いた。そのあと院内の禁域に足を踏み入れ、ソル・マルガリータ・デ・ラ・クルスのいる独居房《セルダ》へと向かった。修道女たちがすでに眠りについてしまった時間帯である。ビリャヌエバが独居房のドアを開け、内部を明かりで照らし出したその瞬間、彼が見たものは、四本の大型の蠟燭にとり囲まれた棺に眠っている彼女の姿であった。ソル・マルガリータは青白い顔をして、棺の中で息絶え、胸のあたりに両手を組み合わせ、十字架を握っていたのである。

ビリャヌエバは驚きの声を抑え、恐怖におののきながら自分の見た光景を二人に伝えると、国王とオリバーレスはろくに十字も切れないまま、その場をあとにし、壁穴を通って引き返して行ったのである。三人は口も利けないほど震え上がったが、神の逆鱗に触れたことが原因でこうした事態を招いたのだと理解した。一方、三人が退散したあと、ソル・マルガリータは棺から出てきた。隣の独居房で事の顚末をじっと見守っていた副院長も安堵の胸をなで下ろしたということである。まるで愛と死をテーマにした芝居の一場面のような話だが、これが実際に起こった出来事なのか、それとも噂好きのマドリードの人たちが想像をたくましくした作り話なのか、実際のところ不明である。

賢夫人イサベル王妃

この種のエピソードには、イサベル王妃も関与することになる。別に彼女が他の男と浮気をしたというわけではないが、王妃に密かに恋心を抱く人物がいたかもしれないという話である。

イサベルは青春時代をフランスの宮廷で笑いと愛情と踊りの音色に包まれて過ごしてきた

だけに、マドリードでの宮廷生活を始めた当初は、とにかく陽気で、明るく振る舞う少女だった。フェリペ王子のほうも、粋な若者で惚れっぽい性格の持ち主だったこともあり、二人は愛し合い、幸せな日々を送っていた。このときまだ王女は若く一定の年齢に達していなかったので、肉体的な交わりは一六二〇年一一月二二日、彼女が一七歳になるまでおあずけとなった。やがてそのときがくると、エル・パルド宮では二人のために祝祭が催された。イサベルは晴れ着姿であらわれ、コルク底の高靴（図30）を履いていた。これはもう子供ではなく、大人になったという証《あかし》であった。

図30　16世紀中頃の女性用高靴（上）と16，17世紀に流行したコルク底の女性用高靴（下）

公式の祝祭が終わって数日が過ぎると、イサベルとフェリペ王子は心から打ち解けあった。当時のスペイン宮廷には一種の純潔の儀式として、夫婦となった者たちが肉体関係を持ったあとに、二人が別々に暮らすというしきたりがあった。そこで、王子はサン・ヘロニモ修道院に身をひそめ、王妃はデスカルサス・レアレス修道院に身をおいた。しかし、一時たりとも王妃から離れられない将来の国王は、毎晩のように妻を訪れたという。マドリード市民は毎日カーテンの引かれた馬車が街路を通りすぎるのを目撃し、誰もが馬車を走らせているのは王室のロマンチックな愛であり、馬車の中に誰が乗っているのかも知っていたのである。

一六二一年三月三一日、国王フェリペ三世が逝去した。イサベルにとっては、ずっとフェリペ三世を第二の父として慕ってきたせいか、人なつこいこの国王の慈愛に包まれて生活していた時期が幸せの絶頂期であった。国王は今際《いまわ》のきわにイサベルに最後の別れを告げようとした。彼女が王の部屋にはいると、聖職者たちは悲しげな聖歌を歌っていた。死に瀕した国王のまわりには痛ましい雰囲気が漂っていた。このとき王女は悲壮な光景をまえにして気を失った。フェリペ三世の死を聞かされたのは、その後自分の寝室でわれに返ったときである。

イサベルは、スペイン王家に嫁いで以来、いつも優しい心遣いで接してくれた善良な国王の死に哀悼の意を表し涙した。フランス大使バソンピエール元帥は、ルイ十三世に次のような書簡を送っている。「この先、妹御の舅であられた国王が（……）生きておられた頃と同じ幸せを陛下の妹御が味わえるかどうか危惧いたしております」。同時に大使は、「王妃となられたことで苦しみも和らぐことでしょう」と慰めの言葉も付け加えている。

事実、彼女が一八歳になったとき元帥の言葉が現実のものとなった。もともと彼女は美しく華やかで、陽気な女性であり、心身ともに溌剌としていたが、それがいかに風紀の乱れたスペイン宮廷の雰囲気と好対照をなしていたかを、マラニョンは次のように述べている。

彼女は魅力たっぷりの女性で、ひときわ美しかった。黒い目は厳めしかった。口もとは官能的で広がりをみせ、全身には意外な気品が漂っていた。生まれ故郷フランスの洗練された精神と、すぐに身につけたスペインの優雅な立ち居振る舞いが混ざりあっていた。彼女の肖像画は、あらゆる冒険や物語にぴったりのヒロイン像そのものであった。しかし、彼女の陽気さも軽率な仕草も許される範囲内のもので、決して限度を超えることはなかった。父親譲りの才能と気立てのよさを持ちあわせてはいたものの、愛の激しい情念は持ちあわせていなかった。彼女の美徳は、放埓三昧に明け暮れるマドリードの社会や、毎日のように愛人を変えて歩く国王の家庭におかれると、まるで泥の中の真珠のようであった。

（グレゴリオ・マラニョン『オリバーレス伯公爵』）

イサベルは慎み深い女性で、夫のフェリペを心から愛していたが、子宝に恵まれるという点では逆運に悩まされ続けた。一六二一年八月一四日、一八歳のときに長女マルガリータを出産したが、この子の生涯は二四時間という非常に短いものだった。また二年後の一六二三年一一月二三日には二番目の子供を授かった。洗礼式は一二月一八日に執り行われ、女の子だったので、夭逝した長女にちなんでマルガリータと名づけたが、このときも四日後の二二日に赤子は天に召される運命となった。一六二五年一一月二一日、三番目の女児が誕生し、マリア・エウヘニアと命名したが、その子も二七年七月二一日に他界した。さらに同年一〇月三〇日には四番目の女児を授かり、イサベルと名づけたが、この子も二四時間ほどでこの世に別れを告げた。こうして一六二九年一〇月一七日に最初の男児バルタサール・カルロスが誕生するまで、国王夫妻は度重なる不幸に悩まされ続けたのである。

この一時の喜びのあとも、王妃は王室の末永き発展を願いつつ出産を続けたが、天は王家に幸運をもたらそうとはしなかった。一六三五年一月一六日、ふたたび女児マリア・アントニアが誕生するが、三七年一二月五日に亡くなった。翌三八年九月二〇日にまたまた女児が誕生し、マリア・テレサと名づけられたが、せっかくの誕生にもかかわらず、国王は世継ぎとなる男児を切に望んだといわれる。

国王夫妻は一時たりとも心休まる暇がなかったが、もともと敬虔で頭のよいイサベルはスペインにきた当初から、宮廷のしきたりをしっかりと学びとり、スペイン宮廷に馴染もうと努力し続けた。持ち前の慈悲深さと信仰心を発揮し、社会的な貢献にも少なからず時間を費やした。修道院の創設に尽力したり、修道院にはいる女性に持参金を持たせたり、修道誓願に立ち会ったりした。必要とあらば不在の国王のかわりに帝国の舵取りもした。また宮廷内では夜会《サラオ》をとり仕切ったり、国王がクルス劇場など市井の劇場にふらふら出かけていかないように王宮内での芝居の上演も企画した。なぜなら、国王は芝居がはねるときまって女優の一人を腕に抱くのが趣味だったからである。

ライバルは「ドン・ファン」――フェリペ四世とビリャメディアーナ伯爵

イサベルが王妃となった頃、スペイン宮廷にその気前よさと寛仁大度、それに気品から人々を魅了する人物があらわれた。ビリャメディアーナ伯爵フアン・デ・タシス・イ・ペラルタである。年の頃はもう四〇になっていたが、大胆に女性を口説き落とすことにかけてはまさしく生きた「ドン・ファン」であった。先のマラニョンによれば、彼は「ルネサンスの高貴なスペイン人で、優れた機知を発揮し、大胆不敵で、人間の持つあらゆる魅力的な要素を備えており、根本的に不死身であった」。同時代の人々は異口同音に、彼の優雅な挙措《きょそ》と美しい肢体を褒め称えた。よほど魅力的だったのか、彼が死んで何年も経ったあとも、フランソワ・ベルトーなど何人かの外国人旅行者たちは、伯爵の女たらしの風説をスペイン中から収集している。その中の一つのエピソードとして、若い頃に彼と知己を得たという、ある身分の高い老女は、伯爵のことを次のように語っていたという。「彼はかつて見たこともないほど、身心ともに完璧なお人でした。あの方の想い出はこれからも恋人たちの心から消えることはないでしょう」。女たちは自分たちの敵のことを、常時こんな風に語るのだそうである。

伯爵の父親はフェリペ三世の宮廷では傑出した人物であり、パリのスペイン大使を務めたこともあった。息子も持ち前の上品な身ごなしからすぐにも頭角をあらわすようになった。巷では高い地位にあった女性たちと恋に落ちたが、すべてが遊びであった。彼は豪華な衣装を身につけては周囲を驚かせたいという自己顕示欲の強い人間で、しばしば優雅な身のこなしで宝石をちらつかせながら人々を驚かせては楽しんでいた。またその大胆な行為や寛容の精神によって、すでに伝説の人物でもあった。彼ほどどこへ行っても勇敢で人目につく人物はいなかった。女たちは彼を讃え、男たちは彼を羨んだ。

あるとき、マドリード市民のあいだに、伯爵がイサベル王妃に恋慕しているという噂が立った。もちろん、この噂は眉唾物である。とかく人々はゴシップや作り話が好きである。王妃と宮廷人との愛は、人々の心をとらえるのに格好の材料となった。

イサベル王妃は子供の頃から芝居が大好きで、まだ母国フランスにいた頃には八歳かそこらで芝居に出演したこともあった。そのとき宮廷の人たちは幼い彼女の魅力、巧みな朗読術に感心させられた。はるか昔の幼少の頃の思い出とはいえ、王妃の心の片隅にはいつも芝居熱が生き続けていた。

二〇年代の初めといえば、マドリードの演劇界ではロペ・デ・ベーガやティルソ・デ・モリーナが活躍していた頃であった。のちにバロック演劇の頂点に立つことになるカルデロンはまだ二〇代の若者にすぎなかった。カルデロンの処女作『愛、名誉、権力』がフアン・アカシオ・ベルナール一座により王宮で上演されるのは、一六二三年六月二九日のことである。

一六二二年の春、王の一七歳の誕生日を祝い、アランフエス宮の庭園にて芝居が上演されることになった。演目はドン・フアンこと、ビリャメディアーナ伯爵の『ニケアの栄光』という作品で、伯爵みずからがかなりの私財をつぎ込んで祭典の準備をした。季節柄、王宮の庭園は光で満ちていた。出演者の中には当時一九歳の王妃の姿もあった。彼女はこのとき他の宮廷の侍女たちとともに「美の女神」を演じることになっていた。この劇の筋立ては、当世の人気作家が常設劇場で上演するために書く台本にくらべると非常に貧弱であったが、舞台芸術に新たな技巧を導入したという点では画期的であった。

宮廷から貴婦人や伊達男たちが続々とアランフエス宮に到着した。話題はこれから上演されることになる劇の豪華な舞台装置のことで持ちきりだった。舞台のおもな見所は、王妃がその中で演じるということにあった。彼女は、ピンク色に光った雲上の輝かしい玉座に姿をあらわした。宮廷の他の貴婦人たちも王妃と一緒に舞台に参加した。フェリペ四世の妹マリア王女――「ニケア」役を演じた――のほかにも、宮廷の侍女マルガリータ・デ・タバーラやフランシスカ・デ・タバーラなどが出演していた。噂によると、このときフランシスカはどうやら国王とただならぬ関係にあったらしい。

かくして、アランフエス庭園の香しい環境の中で、思い出深い祝宴が始まった。最初の詩が朗読されると、観客である宮廷人たちはじっと耳を澄まして聞き入った。するとどこからともなく、祝祭の主催者ビリャメディアーナ伯爵が王妃に惚れているのではないかという噂が立ち始めた。それで人々は、豪勢に演じられた芝居は彼女の美しさが充分に異彩を放つための口実であり、だからこそ「美の女神」は彼女が演じなければならなかった、と信じていたようである。

そうこうするうちに舞台を照らしていた数多くの蠟燭のうち一本の小さな蠟燭が揺れ動いて、倒れた。その際に火が近くにあった布や木に燃え移り、あっという間に舞台が火の海となった。人々は叫びながら逃げまわった。ビリャメディアーナ伯爵は王妃に近づき、火の中から王妃を助け出そうと、彼女を両腕に抱きかかえ、走りながら燃えさかる舞台から離れた。

やがて火は消え、危機を脱すると、伯爵が恋のために準備した豪華な装飾のすべてが失われていた。その後、宮廷ではアランフエスの火事をめぐって、伯爵のドン・ファン伝説に加え、新たな噂が広がっていった。それは伯爵自身が故意に火を放ったのではないかという内容のものである。イサベル王妃を両腕にしっかと抱きしめんがためだったというのがその理由であった。

このエピソードが事実なのか、それとも単なる風説なのかこれまた真相がはっきりしない。いずれにしても、宮廷で長い間人々の噂の種となったこのエピソードは、「ドン・ファアン」の異名をとるビリャメディアーナ伯爵にふさわしいものであったことだけは確かである。それと、王妃は伯爵の愛人ではなかったことと、王妃には愛人など一人もいなかったことも言い添えておく必要がある。

＊

アランフエスの火事があった年に、マドリードの守護聖人である農夫サン・イシドロの列聖式が執り行われた。一六二二年夏のことである。マドリードの人たちは歓声を上げてこの行事を祝った。宗教行列が執り行われたり、詩作コンクールなどが催された。詩人たちは農夫イシドロの謙虚さおよび神聖さを詩で表現した。

宮廷も大衆の歓喜に賛同した。国王はマヨール広場で行われることになっていた闘牛を見に出かけた。豪華な馬車、あでやかな供奉《ぐぶ》の行列、凜々しい騎士たち、光沢のある武器、色とりどりの衣装を身につけた貴婦人たち、それに羽根飾りを身にまとった宮廷人たちが、広場を色彩豊かで活気のある雰囲気に変えていた。

そこに集まった騎馬の人たちの中にはビリャメディアーナ伯爵の姿もあった。彼は「レアル銀貨」と呼ばれる当時の貨幣を刺繍した記章を服につけていて、その同じ服には「私の愛《ソン・ミス・アモーレス》」という文字を入れた刺繍を施し、この両方に二重の意味を含ませて言葉遊びを楽しもうとしていた。この「レアル」という言葉には、銀貨とは別に「王家の《レアレス》」という意味が隠されていたのである。

この伯爵の非常識な行動と自負心はすぐに見物客を驚かせた。明らかに王妃に対する恋慕の情をほのめかしていたからである。これまで内に秘めてきたことが、「私の愛」という言葉に光沢のある新しい貨幣「レアル銀貨」（「王家の」）を添えることにより、誰もが理解できる言葉で公になったのである。つまり、「私の王家にまつわる愛」という意味である。この噂は人々の口から口へと伝わり、その意味が語られた。

伯爵はそれをつけて七月のある午後に槍で牛を突きに登場した。貴賓席に目をやると国王の姿が見えた。またビリャメディアーナの公然の敵である、寵臣オリバーレスの姿も目に入った。その日の午後はそうした劇的な緊張感に包まれていた。祝祭が終わり、国王夫妻が王宮に戻ると、人々の話題はもっぱら節度を越えた伯爵の横柄な振る舞い、すなわち王妃への軽率な告白のことで持ちきりだった。それほど伯爵の落ち着きのない生き様、喧嘩っ早いこと、愛の大胆な冒険は有名だったのである。彼が勇敢で無謀であったこと、また何度も生命を危険にさらしたことなど、人々はすべてを知り尽くしていた。しかしながら今度の大胆な行為は、過去のそれとは比較にならないほど人々を震撼させることになった。誰もがこの先、この向こう見ずな行動が招く不吉な結果を予測できたからである。

実はこの話の裏には、もう一人別の女性がいたことを忘れてはならない。彼女はフランシスカ・デ・タバーラといい、イサベル王妃の侍女を務めていたが、同時にフェリペ四世の愛人でもあった。この彼女こそが伯爵の名句《めいく》が意味するところの本当の源であった。フランシスカはポルトガルの高貴な家柄の出で、すこぶるつきの美人だった。伯爵がマヨール広場での祭典の際に示した名句によって王家の愛を語ったとき、その内容に嘘偽りはなかった。つまり、あのときの「レアル銀貨」と「私の愛」という言葉は、まさに国王と愛人の愛に言及したもので、王妃への愛に関するものではなかった。まさしく人々の誤解であり、それはビリャメディアーナが故意に求めたものであった。なぜなら事が真実と一致しているうえに、人々の誤解も彼のドン・フアン的虚栄心を引き立たせたというのであれば、まさに一石二鳥だったからである。むろん本当のところは国王の愛をうたったものだが、もし人々が伯爵の王妃への恋慕を信じてくれれば、それこそ恋の征服者というイメージに箔がつき、好都合というわけである。

伯爵は、人を攪乱する危険な魅力に包まれた二重の意味を持つ遊びとして、巷説を流れるままにしておいた。そうすることによって「ドン・フアン」が口説いた女たちの数が増えることになり、より磨きがかかるからである。

他方、伯爵は思慮深い詩人であり、夜会などでは彼の詩が読まれ、とり沙汰されることがしばしばあった。機知に富んだ風刺詩や、さまざまな概念や隠喩を巧みに駆使した言葉遊びを含んだ、調和のとれた愛の詩も書いている。実際、詩の何篇かを「フランセリーサ」という女性に捧げているが、はたしてこの「フランセリーサ」という名前が、フランス生まれの王妃を指しているのか、それとも国王の愛人フランシスカのことを指しているのか、ここでもまた読者の頭を悩ませる。

ある夏の日のこと、ビリャメディアーナは馬車で散歩に出かけた。いわくつきの闘牛が行われた数週間後の八月二一日から二二日にかけてのことである。お供をするのは無二の親友ルイス・メンデス・デ・アロ（図33　一八四頁）であった。彼はのちにオリバーレス失脚後にフェリペ四世の寵臣となる人物である。マドリードの厳しい暑さが続く時間帯が過ぎようとしていた夕暮れ時のこと、二人は祝祭や詩の話に余念がなかった。やがてゆっくりと空が赤く染まり、町が暗くなりはじめると、伯爵はマヨール通りの入り口にあった自宅に戻ろうとした。だが、そのとき何者かがペリエヘーロスという名の路地から姿をあらわし、馬車に近づいてきた。馬車の中を覗き伯爵の姿を確認すると、剣ですばやく伯爵を突き刺し、瀕死の重傷を負わせて逃走した（図31）。刺し傷の場所はちょうど心臓の上であった。伯爵は馬車のドアを開け、犯人を追跡しようと剣を抜いて外に出たが、地面に足をつけるやいなや、血を流して倒れそのまま息を引きとった。そのそばにはルイス・メンデス・デ・アロがいた。すぐに他の人たちも駆けつけてきて、伯爵の遺骸をすぐ近くにあった本人の屋敷の門まで運び込んだ。

この劇的なニュースがマドリードを駆けめぐると、宮廷の多くの人々は列を作り伯爵の自宅のまえで追悼の意を表した。町では、半分破廉恥で半分ロマンチックな名声をほしいままにした「ドン・フアン」の死がもっぱらの噂となった。では、いったい下手人は誰なのか？これに関しては憶測ばかりが駆けめぐり、陰では暗殺を企てたとおぼしき人たちの噂が持ち上がった。まず、すぐに思い浮かぶのが、オリバーレスの名前である。彼がビリャメディアーナに敵意を抱いていたことや、彼のフェリペ四世への影響力については周知の事実であっ

図31　ビリャメディアーナ伯爵の死（マヌエル・カステロ作，プラド美術館蔵）

た。もちろんそのほかにも、ビリャメディアーナが自作の詩の中で中傷したと思われる宮廷貴族たちの名前もあがったが、こうした人たちがはたして復讐を企てたかどうかについては依然謎に包まれたままである。しかし、日頃からビリャメディアーナが恋愛詩や風刺詩にも手を染め、こうした中傷が祟《たた》って、一度はマドリードから十数キロ離れた場所へ追放されるという憂き目にもあっていることから、この可能性ものっけから否定するわけにもいかないのだ。

大衆はこれらの可能性だけにとどまらず、もっと身分の高い人物も射程に入れ始めた。すなわちフェリペ四世である。国王の決断が暗殺につながったという考えも浮上した。言い換えれば、国王の嫉妬が暗殺の命令を下したのではないかというもので、大衆はどうしてもビリャメディアーナの暗殺を、つい最近起こったアランフエス宮での芝居中の火事とマヨール広場での闘牛の件と結びつけて考えたがるのだ。

密かに人々の口伝てに聞く非難は徐々に具体的なかたちとなって膾炙《かいしゃ》していった。もちろん下手人が国王自身ではないにしても、暗殺を決意し、他人にそれをやらせた可能性は充分に考えられるからである。ただし確たる証拠はない。マドリードの人々が集まる場所では、次のような十行詩《デシマ》が人々の口から口へと伝えられた。伯爵の庇護を受けていた大詩人ルイス・デ・ゴンゴラのものではないかと言われている。

マドリードのメンティデーロ[11]よ
伯爵を殺害した者を探しても無駄なこと
なぜならその死は明々白々の事実
よく考えてみるがよい。
シッドのように勇敢でなくとも殺せる者はいる
みずみずしく傲慢な人間を。
その思惑は粗野きわまりなく
ごまかしたところで嘘八百。
下手人はベリィードだが
至上権を有する者の衝動によるものだ。

一〇七二年、サモーラ城外でカスティーリャの王サンチョ二世（一〇三八？―七二年。在位、一〇六五―七二年）が暗殺されるという事件があった。言い伝えによると、下手人はベリィード・ドルフォスという男で、サンチョ二世の弟であるアルフォンソが王位に就くことを切に望んでいた妹ウラーカに命じられ手を下したというが、事の真相は明らかではない。

この詩では下手人が誰であろうと、暗殺の衝動に駆られたのは、より高い身分の人間、すなわち至上権を有する国王だというのである。この詩は世の覚えめでたく、男女を問わず、しばしば繰り返し読まれた。特に大衆にとって印象的だったのは、「下手人はベリィードだが／至上権を有する者の衝動によるものだ」という部分であった。サン・フェリペ寺院正面の石段付近は、万人にとって噂話、ゴシップ、流説、悪口などにはもってこいの場所であった。そこには詩人、役者、剣客、ピカロ（社会のアウトサイダー）、宮廷での地位を狙う連中、フランドルやイタリアから到着した兵士など、ありとあらゆる人々が集まってきた。そこは古くから町の溜まり場で、まるで虚言、ちょっとした作り話、愚弄、ほら話、中傷といったものが寄せ集まる鍛冶場のようだった。マドリード市民はみんな非難めいたこの詩を知っており、銘々がその類の詩を口にした。「マドリードのメンティデーロよ／言っておくれ、誰が伯爵を殺したのかを！」。

陰で暗殺者を武装させるこの国王の伝説は、広く世に知れ渡り、国境をも越えた。そして詩人たちや劇作家たちの耳にも届いた。しかし、これはあくまでも歴史的証拠のない単なる作り話であり、人々の誇大妄想なのである。確かにフェリペ四世には、ドン・ファン的な性格、美しい女性の誘惑にすぐに屈してしまうという軽率で意志の弱い部分があったけれど、その反面、彼には善意、まっすぐな良心、真心を込めて深く神と対話をしたいと願う気持ちもあったことから、どうみてもこの国王が罪を犯したとは考えられないという見方のほうが強い。

フェリペ四世は女性に対して大いに情熱を燃やしたが――金銭面では決して気前のよい王とはいえなかった――、もともと信仰深かったこともあって、一連のこうした行動が罰当りなものであることは重々承知していた。そのため個人的な罪意識のほかに、スペイン国王として犯してきた罪が、国家をこうも悲惨な状況に追いやった原因だとして大いに胸を痛めた。神の逆鱗に触れたがために臣民が苦しんでいるのだと考え、国王は心から後悔した。ところが肉体の方が情欲にほだされ、何度も贖罪を繰り返す羽目になったのである。

後年、王家に不幸が重なり始める頃から、精神的に打ちひしがれた国王はアグレダの修道女ソル・マリア（一六〇二―六五年）に助言および慰めを求めるようになった。しかしそれでもまだ国王の女性遍歴は続き、改心できないまま時間だけが過ぎていった。この女癖に終止符が打たれるようになるには、肉体的に限界がくるときまで待たねばならなかった。

いずれにしても、国王がかかわった女性は数多く、階級もさまざまであったが、共通する点はどの女性とも恋愛期間が短かったことである。フェリペ四世にとって肉欲が満たされればそれでよかっただけの話で、一人の女性を相手にひとたび満足すると、もう次の女性を求めて悶々とした。そのため彼がかかわった女たちの中で重要な役割を果たした者は一人もいなかった。彼が助言を求めるとすれば、そうした類の女たちではなく、寵臣および聖人の誉れが高いアグレダの修道院長ソル・マリア一人だけであった。

事実、国王には庶子が数多くいるという噂がマドリード中に流れたが、フェリペが公式なかたちで彼の子供として認知したのは〈ラ・カルデローナ〉の子供ただ一人である。この庶子は父親の承認のもと、その姓を授けられ、ファン・ホセ・デ・アウストリアという名で洗礼を受けた。

世間の噂では庶子の数は二十数人とも、あるいは三十数人ともいわれ、その数は定かではない。当時、こうした子供たちの教育は宮廷の外で行われるのが慣わしであった。一六二六年五月一五日にチレル伯爵の娘と国王とのあいだに生まれた、最初の庶子と思われるフランシスコ・フェルナンドは、生まれてすぐに財務会議の委員であったバルタサール・アラモスの屋敷に移され、乳母の手で四歳になるまで育てられた。しかしその後、オリバーレス伯公爵の計らいで、人々の好奇の目から遠ざけようと、寵臣が信頼できるサラマンカの下級騎士ファン・デ・イサシに託し、ギプスコアの辺鄙な場所に移された。フランシスコ・フェルナンドは衣食住において手厚い保護を受けながら育ったが、八歳のときにこの世を去った。彼の亡骸は密かにエル・エスコリアル宮に運ばれ、国王の息子として王家の霊廟に埋葬された。国王はファン・デ・イサシの仕事ぶりを高く評価し、直ちに彼をバルタサール・カルロス王子の家庭教師に抜擢し、のちにピエ・デ・コンチャ伯爵の称号を与えた。

そのほかの子供たちも何人かは聖職に就いたり、または政界で活躍している。アルフォンソはドミニコ会士となり、のちにマラガの司教になった。フェルナンド・バルデスはナバーラ総督を務め、ミラノでは砲兵隊長を任された。アルフォンソ・アントニオ・デ・サン・マルティンは、オビエドとクエンカの司教を務めた。フアンはアウグスティーノ会士となり、フアン・デル・サクラメントと命名された。また女子では一二歳でエンカルナシオン修道院に入り、若くして修道院長となったが、二六歳で死んだアナ・マルガリータがいる。なかでもとりわけ国王が愛したのは、フアン・ホセも兄弟のようにしてつきあっていたといわれる、マラガの司教アルフォンソであった。

第4章――スペイン帝国の危機と王家の不幸

不都合があるというのなら
じっくり聞かせてもらおうではないか
苦しんでいる民を救うのが
余の役目なのだから
――（ロペ・デ・ベーガ『国王こそ無二の司法官』）

フェリペ四世が本能のおもむくままに放埒な生活を繰り返し、王室の経済情勢が悪化の一途をたどり、カスティーリャの住民が重税と物価の高騰に喘《あえ》いでいるなか、イベリア半島の内外では政局に暗雲が漂い始めていた。戦争は何もこの時代に始まったものではないが、それにつぎ込む戦費は莫大な額に達し、特にカスティーリャの人々の生活に重くのしかかってきた。そのうえ、疫病や天災による人口の減少、新大陸の貿易を含めた経済活動の停滞、財政状況の悪化による四度の国庫の支払い停止宣言《バンカロータ》――フェリペ四世の治世では、一六二七年、四七年、五二年、六二年——が重なり、政府を圧迫し続けたのである。Ａ・ドミンゲス・オルティスの『スペイン史（３）旧体制』の言葉を借りれば、戦争の勝利はイベリア半島を潤したわけではなく、いっそうの貧困をもたらしただけであり、カスティーリャはハプスブルク家にいいように利用されただけであった。

こうしたなか、スペイン帝国が大きな危機を迎えるのは、一つはマントヴァ継承戦争およびオランダとの紛争の時期、もう一つはカタルーニャとポルトガルの独立をめぐる争いに始まり寵臣の失脚にいたるまでの時期である。特にマントヴァ継承戦争は、オリバーレスの対応のまずさによってスペインをさらなる窮地に追い込むかたちとなった。

マントヴァ継承戦争とネーデルラント

スペインがオランダとの戦争に手こずっていたさなか、一六二七年一二月二六日北イタリアにあるマントヴァ公国のヴィンチェンツォ二世が男子の世継ぎのないまま亡くなった。彼はちょうど西側に隣接するミラノ公国の南西に位置するモンフェラートをも同時に所有していた。これらはいずれも神聖ローマ皇帝の領土であり、スペインにとっても戦略上重要な地域であった。もしフランスと縁の深いゴンツァガ家に継承されることにでもなれば、結果的にフランスの支配下に組み込まれることになるので、これだけはどうしても避ける必要があった（図32）。

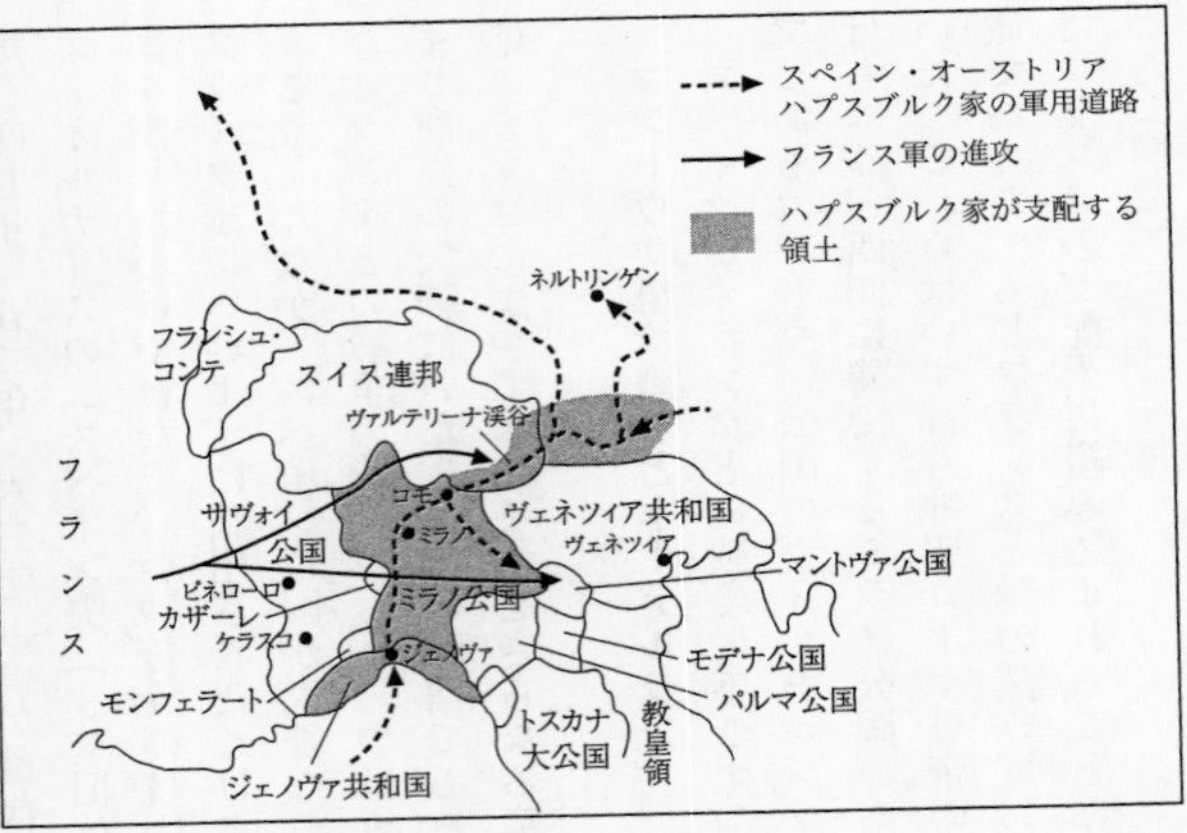

図32　マントヴァ公国

ところが案の定、フランスのヌヴェール公爵は、ヴィンチェンツォの亡くなる数日前に、自分の息子をマントヴァ公にもっとも近い親族である姪のマリアと結婚させ、ヴィンチェンツォの死後すぐに即位させたのである。このことを誰よりも危惧していたのがミラノ総督ゴンサーロ・デ・コルドバであった。彼は北イタリアにおけるスペインの地位が危うくなることを察して、事前に何度かオリバーレスに警戒を呼びかけていたが、フランスの出方を窺う神聖ローマ皇帝フェルディナント二世とのからみもあって、オリバーレスはこれに対する決定的な戦略を立てることができなかった。

翌二八年三月、時宜を逸したオリバーレスの命令により、コルドバは軍隊をモンフェラートに進攻させ、五月には戦略的要衝カザーレの攻城にとりかかった。しかし、カザーレの防衛が強化され、戦線が長期にわたって膠着状態に陥った。

一方、スペインの北イタリア進攻を黙って見過ごすわけにはいかないフランスは、この頃ちょうどラ・ロシェル（フランス西海岸の海港都市）におけるユグノー教徒の武装勢力を壊滅させるための包囲作戦に忙殺されていたために軍事的な余裕はなかったのだが、翌年一月にラ・ロシェルが陥落したことで軍事的にもフランスもイタリアに軍隊を差し向ける余裕ができた。そして二九年二月、ルイ十三世と首席大臣リシュリュー（一五八五―一六四二年）の軍隊は、ハプスブルク王朝の拡張主義に対抗するという名目で――もっともオリバーレスは和平を望んでいたが――、軍事行動に出たのである。フランスにとって隣国のサヴォイ公国は北イタリア進出の際には欠かせない通路であったことから、アルプス山脈を越えて、まずはスペインと同盟関係にあったサヴォイ公国のカルロ・エマヌエーレ一世（一五六二―一六三〇年。在位、一五八〇―一六三〇年）を破った。これによりフランスは軍事的に優位に立ち、コルドバは多勢のフランス軍のまえに独断でカザーレ包囲を解かざるをえなかった。

二九年七月、これまでにオランダ戦線で輝かしい勝利――特にオーステンデの包囲（一六〇四年）やベラスケスの名画《ブレダの開城》（図25　一一五頁）にみられる、ブレダでの包囲（一六二五年）は有名である――をおさめてきたスペインの名将アンブロシオ・スピノラがミラノ総督に抜擢された。というよりも、本当のところはオランダとの戦争をめぐって強硬派のオリバーレスとオランダとの妥協案――財政的にイタリアとオランダの両国で戦争を続ける余裕がなかったため――を提唱するスピノラとの意見が対立したためである。しかし、この軍事作戦に長けた名将スピノラをフランドルから引き揚げさせたことが、オランダ戦線における劣勢および敗北を招き、後々オリバーレスにとってみずからの墓穴を掘ることにもなった。

この頃、神聖ローマ帝国がデンマークとの戦争に勝利を得て、マントヴァに応援部隊を差し向けてきたことから、今度はミラノ総督スピノラの指揮でスペイン軍もふたたびカザーレの包囲にとりかかった。リシュリューもこれに対抗して軍隊を率い、一二月にイタリア戦線に赴いた。翌三〇年三月、フランス軍はサヴォイ公国内のピネローロ要塞を奪い、サヴォイとも敵対することになった。このときフランス国内には、重税に苦しむ大衆の不満を考慮し和平を強く求める国璽尚書《こくじしょうしょ》ミシェル・ド・マリヤックの勢力があったが、あくまでも戦争を選択するリシュリューは、カザーレにふたたび軍隊を送り込んだ。

その後、この城塞の攻防をめぐり九月に一時停戦の協定が結ばれたが、両国ともに一六二九年以来多額の戦費を投入し、おまけに不作、食料の高騰、飢餓、ペストの蔓延にも悩まされ、相当の犠牲を強いられることになった。三年間続いた戦争は、一六三一年四月にスペイン、フランス、神聖ローマ帝国、教皇庁、サヴォイ、ヴェネツィアのあいだで結ばれたケラスコ平和条約をもって終結することになったが、スペイン外交にとってこの戦争は何の利益ももたらさなかった。それに、この平和条約によってスペインとフランスとの問題が解決されたわけでもなかった。この時点でスペインの没落は明らかだったし、両者のあいだには依然火種がくすぶり続け、とうとう一六三五年にフランスが宣戦布告したことで、両国は全面戦争に突入した。

フランスとの戦争は、一六五九年のピレネー条約⑿の講和により終結することになったものの、これによりスペイン帝国の優位は覆され、フランス優位の時代を迎えることとなった。このマントヴァ継承戦争によって、オリバーレスは最初の大きな失態を演じることになったが、J・H・エリオットはそのことを『リシュリューとオリバーレス』の中で、次のように述べている。「マントバへのスペインの介入は、ヨーロッパの世論を敵に回し、教皇庁をフランス陣営に追いやり、ウィーンとマドリッドの関係を殆ど決裂寸前の状態にまで緊張させ、また、一六〇九年よりももっとよい条件でオランダ人との和平を達成するという、オリバーレスの遠大な計画を駄目にしてしまった」（藤田一成訳）。

この北イタリア問題と同じく、厄介だったのがネーデルラントにおける紛争である。ちょうどこの時期にスペインは大変な局面を迎えていた。一六〇九年に結んだ一二年間の休戦協定以来、オランダはこの平和な時期を利用して海外に進出し、ポルトガルの植民地を侵害したり、アジアでの政策を強化したため、一二年の休戦期間があけた一六二一年には両国間にふたたび戦争が起こった。あとは歴史が示すとおり、最初の数年間は二五年のブレダ陥落やブラジル植民地の一部奪回など、スペインの勝利が続いたが、二八年にはキューバのマタンサス港でスペイン艦隊がオランダ軍に拿捕され、新大陸との交易ルートに大きな障害が生じた。また三一年には、スラーク（ゼーラント州とブラバント州の境界）でスペイン艦隊がオランダ軍に敗北し、三七年にはブレダを奪い返されたほか、三九年のダウンズの海戦ではアントニオ・デ・オケンド提督率いるスペイン海軍はトロンプ提督率いるオランダの艦隊に撃破された。スペイン海軍はこの敗北によって海上での望みを絶たれ、逆にオランダ海軍は強力な海軍力を見せつけることになった。そのうえ、四三年のロクロアの戦いでも、カトリック両王時代から無敵を誇ってきたスペイン歩兵部隊が初めて敗北を喫し、ヨーロッパにおける陸軍の優勢を失うことになったのである。

一六四三年のオリバーレスの失脚後、フェリペ四世はこれ以上フランドルで戦いを続け、犠牲者を出し続けるのは理不尽であると考え、オランダとの和平を考えるようになった。四三年一〇月には、フランドルの総督であったフランシスコ・マヌエル・デ・メロもフェリペ四世に「時と条件とを選ばずに、オランダとの和平交渉を開始してくださるように」という嘆願書を送っている。ポルトガル人のメロは、国王の弟である枢機卿フェルナンド王子——一六三四年から亡くなる四一年までフランドルの総督を務めた——のあとを継いで、フランドルの総督を務めた男である。国王はこの上申を聞き入れさっそく和平交渉を開始したが、交渉は長引き、ようやく四八年にミュンスター条約（ウエストファリア条約）の締結により、オランダの独立が承認された。

カタルーニャとポルトガルの反乱

同じく、イベリア半島でもオリバーレスに試練が待ちかまえていた。カタルーニャの体制と中央政府との確執には根深いものがあった。一六二六年にカタルーニャ議会で否決された軍隊統合《ウニオン・デ・アルマス》[13]の計画は国王とオリバーレスを過度にいらだたせた。フェリペ四世とオリバーレスがわざわざアラゴン連合王国に出向き、カスティーリャの法に則ってアラゴン連合王国の三地方に対して兵を徴募したとき、アラゴンとバレンシアからは兵の徴募は拒否されたが、それに代わる上納金を得ることができた。ところが、カタルーニャはそのどちらをも拒否したのである。

一六二七年頃からカスティーリャの経済が急速に悪化し始めたため、オリバーレスは税金や寄付金などのさまざまな方法で財源の獲得に奔走したが、カスティーリャだけでは限界だったことから、半島の中でもとりわけ裕福であったカタルーニャとポルトガルからもそれ相応の資金を拠出させようとした。そこで三二年にも国王と寵臣は、国王の二人の兄弟を連れて再度バレンシアとバルセロナに旅をし議会を召集したが、やはりこのときもカタルーニャからは思った通りの特別上納金や軍事援助は得られず、双方の溝は深まるばかりとなった。

一六三五年、スペイン帝国に対するフランスの宣戦布告によってカタルーニャが戦場となった。これによりますます資金調達が必要不可欠となってきた。三八年、フエンテラビーア（バスク地方のギプスコア県）をフランス軍が包囲したとき、アラゴン連合王国の中でもカタルーニャだけは軍事援助を拒んだが、三九年にフランス軍がサルセス（ヘローナの北方に位置）の要塞を占拠したときには、さすがのカタルーニャも黙ってはいなかった。しかし、オリバーレスが高圧的な態度でカタルーニャに増兵と物資補給を要求し、カタルーニャの副王サンタ・コロマ伯爵も中央政府の言いなりとなって過酷な戦いに人々を駆り立てたために、翌四〇年にふたたびサルセスを奪回したときには、カタルーニャはオリバーレスに恨みを抱くようになっていた。

一六四〇年の二月から三月にかけて、その駐屯場所をめぐりカスティーリャの傭兵部隊とカタルーニャの住民とのあいだにトラブルが起こった。カタルーニャの農民階級や都市住民たちは、兵士の駐屯および税金の支払いに激しく抵抗した。それに軍隊による略奪行為もあって、とうとうヘローナの農民が反乱を起こし、その一部はバルセロナに入った。このとき領主や都市に住む少数の支配階級の人々に対しても反旗を翻したので、もはやサンタ・コロマの手には負えないくらい町から町へとその勢いは増していった。

六月七日の聖体《コルプス・クリスティ》の祝日に、農民を巻き込んだ叛徒たちはついにサンタ・コロマを殺害した。その後、反乱が広がり無政府状態が続いたが、新しく任命された高齢の副王カルドーナ公爵エンリーケ・デ・アラゴンとて、反乱を鎮圧できないまま七月二二日にこの世を去った。時を同じくしてトルトーサでも暴動が起こった。これによりマドリードの政府はもはやカタルーニャとの和解はむずかしいと判断した。

この頃、カタルーニャの自治行政府《ディプタシオ》を率いるウルヘル大聖堂参事会員パウ・クラリス（一五八五—一六四一年）は、裏切り者を追いつめる叛徒の集団を恐れつつ、国王軍の進撃を阻止するためにも、フランスのルイ十三世と手を結び、四一年一月、カタルーニャの特権が守られるという約束のもとにフランス国王に忠誠を誓った。同月、ロス・ベレス侯爵ペドロ・ファハルド・スニガ・イ・レケセンス率いる国王軍はバルセロナを一望のもとに見渡せるモンジュイックの城砦に攻め込んできたが、フランスとカタルーニャの連合軍のまえに敗北を喫し、バルセロナから撤退した。

一六四二年にも、フェリペ四世みずから軍の先頭に立ち、カスティーリャ軍の志気を高めようと、オリバーレスとともにアラゴンの前線に赴いたが、軍人としての能力のない国王と不十分な軍隊では勝てるはずがなかった。オリバーレスの義兄弟であるレガネス侯爵の軍隊はレリダを奪回しようとしたが、フランスとカタルーニャの連合軍に敗北を喫した。その後カタルーニャは、フアン・ホセ・デ・アウストリアによって征服される五二年まで、スペインからの独立を勝ち得ることになった。

カタルーニャの反乱に続いて、一六四〇年一二月にはポルトガルでも反乱が起こった。一五八〇年にスペインに併合されたポルトガルは、一六四〇年以前からオリバーレスのカスティーリャ化政策には同意しなかった。ポルトガルの貴族や聖職者たちは、そのときまで事実上王国に納税する義務を免除されていたが、新たな納税の要求にうんざりし始めていた。ここでもカタルーニャと同様に、オリバーレスはポルトガルの特権を排して制度的にも財政的にもカスティーリャ化をもくろんだ。

一六三四年、マルガリータ・デ・サヴォイ（マントヴァ侯爵夫人／フェリペ二世の孫、一五八九―一六五五年）がポルトガル副王に任命され、ポルトガルの海外領土を回復する名目で戦費をポルトガル人から徴収しようとしたが、人々はこれを認めなかった。そして三七年、エヴォラの町で強引に徴税が行われたことが引き金となって暴動が起こり、またたく間にアレンテージョ、アルガルベ、リバテージョなどに広がった。だがこのとき、ブラガンサ公爵を筆頭とする貴族階級が状況を静観したために、暴動はそれ以上大きくはならず、次第に鎮静化に向かったものの、自分たちに圧力をかけてくるカスティーリャに対して、ポルトガルの不満は募るばかりであった。

先のカタルーニャの反乱はマドリードの宮廷を震撼させた。そのためブラガンサ公爵やポルトガルの上級貴族が国内にいるかぎり、ポルトガルも安泰ではないという認識がスペイン側に芽生え始めた。そこでオリバーレスはポルトガル貴族に対して、カタルーニャへ派遣される軍隊への入隊を命じたが、これが逆に反乱計画を早めることになった。このとき、リシュリューが背後で資金援助をしたと言われている。

一六四〇年一二月、国王軍がカタルーニャ戦線に気をとられている隙に、ポルトガルでは反乱の計画が実行に移された。リスボンの宮廷では歩哨たちが殺され、ポルトガル政府の役人であり、オリバーレスの腹心であったミゲル・デ・バスコンセーロスが暗殺された。ポルトガル副王マルガリータ・デ・サヴォイは捕らえられ、国境まで鄭重に護送された。ポルトガル王国には事実上カスティーリャの軍隊が駐屯していなかったため、反乱者たちはポルトガル全土を支配することに成功し、ジョアン四世（一六〇四—五六年。在位、一六四〇—五六年）としてブラガンサ公爵が王位に就いた。

もちろんスペインはこれに同意したわけではなかったが、フランスとの戦いに気をとられ、一六五九年のピレネー条約締結によるフランスとの和平成立までは本格的な攻勢もままならなかった。一方、ポルトガル国内では、マドリードの政府を支持する貴族や聖職者が多かったり、イエズス会のようにジョアン四世を支持する聖職者がいたりという風に、必ずしも世論は一致していなかった。なお、異端審問所や教皇庁はポルトガルの新政権に反対であった。

独立を維持しようとするジョアン四世の治世には、こうした国内問題のほかにも、オランダやイギリスやフランスとの関係でも大きな不安材料を抱えることとなったが、ペドロ二世（一六四八―一七〇六年。在位、一六八三―一七〇六年）の時代になり、無能な兄王アルフォンソ六世を追放し――一六六七―八三年まで摂政として国政をとった――イギリスの支援を得ると、六八年のリスボン条約をもってようやく完全な独立が認められることになった。このとき、海外の領土もセウタ以外はすべてポルトガル領として認められた。

ほぼ同時期に起こったカタルーニャとポルトガルの反乱は、オリバーレスの政府にかなりの衝撃を与えた。まさに度重なる戦争により疲弊しきったスペイン帝国の政治・経済が崩壊したことを意味する出来事であった。

ポルトガルの反乱のわずか数ヵ月後には、アンダルシアを独立させてメディーナ・シドニア公爵ガスパール・ペレス・デ・グスマンを王位につけるという陰謀が企てられたが事前に発覚し、失敗に終わるという事件も起きている。その後、一六四七年から四八年にかけて、ナポリやシチリアでも暴動が起こった。アラゴンでは四八年にイハル公爵ロドリーゴ・サルミエント・デ・シルバの陰謀が発覚し、四七年から五二年にかけてイベリア半島の南部でも一連の暴動が起こったり、生活必需品をめぐる騒動も相次いだ。

リシュリューのフランスが絶対主義によって自国を統一しつつ、戦闘的な態度で対外政策を断行したのに対し、オリバーレスのスペインでは各王国独自の特権が足枷となり、絶対主義による一つの国家形成を実現することができなかった。特に戦費を要求する段になると、絶対主カタルーニャの抵抗は他の地方以上に頑強であった。この地方にとってはオリバーレスの対外戦略はまさに対岸の火事にすぎなかったのである。

こうした状況下で、この戦争に多額の資金をつぎ込んできたスペインにとって、もはや所期の目的であった王室の財政およびカスティーリャの経済を立て直すどころの騒ぎではなかったし、対外的にも教皇庁をフランス側に追いやり、ウィーンとの関係をもさらに悪化させる結果となってしまった。

寵臣オリバーレスの失脚

オリバーレスがカタルーニャやポルトガルの問題に直面し、そのかたわらで民衆が貧苦に堪えていた頃、彼は同時に民衆の不満の矢面に立たされることになった。オリバーレスの実質的な独裁により政治的かつ私的な理由から不名誉を被った貴族たちは、ついに復讐のときが訪れたのだと察した。聖職者たちは日頃オリバーレスが貫いてきた教会に対する王室の特権《レガリスモ》に業を煮やし、呪術師および異端者であるという世間の悪い噂もあって、この寵臣をあまり評価していなかった。とかく彼の周りには敵が多すぎた。

さらには王妃とて例外ではなかった。夫に数々の愛の冒険を画策し、自分以上に夫の信頼を得、影響力を持ち続けたオリバーレスを快く思うはずがなかった。いやそれどころか、腸《はらわた》が煮えくり返っていたといっても過言ではなかろう。おまけに夫の権力を盾に横柄な態度で接してくる王妃付き女官であるオリバーレス伯公爵夫人（オリバーレス女伯爵）に対しても、憤懣やるかたない思いであった。何年ものあいだ我慢し続けてきた王妃の感情が、これまで表に出ることはなかったものの、ここにきて一気に寵臣の退陣へと向けられることになった。

カタルーニャの反乱を契機に、王妃は国王にみずから軍隊を率いてカタルーニャにのりこむよう強く要請した。オリバーレスは一応これに反対したが、彼をも含めた反対派の理由は、何よりも国王の身の安全を考えてのことだった。しかし反オリバーレス派の人たちの思惑は、国王に悲惨な戦場を見せればもしかして国王が安逸な生活から目を覚ますかもしれないという期待にあった。フェリペは迷った末、ようやく国王らしく威厳ある意思表示をし、寵臣とともにカタルーニャに向けて行軍することにした。出発前には、〈ラ・カルデローナ〉とのあいだに生まれた庶子ファン・ホセ・デ・アウストリアを正式にわが子として認め、また自分の留守のあいだ王妃を摂政として王国の陣頭指揮をとらせることにした。

寵臣は要事のため数日マドリードに残ることになったが、国王は一六四二年四月二六日にマドリードを出発した。途中、徴兵と軍隊編成のための時間を要したが、それ以外にも国王はあちこちの修道院や聖遺物や聖人像が奉られている聖地を訪問したり、狩りを楽しんだりしたので、大本営のあったサラゴサに到着するのが予定以上に遅れた。しかしもっと信じられないのは、戦時下だというのにイサベル王妃に老いらくの恋の気持ちが芽生え、夫が道草していたマドリード近郊のロエチェスやヘタフェまで、こっそりと会いに行ったことである。結局、本格的にサラゴサに向けて進軍したのは五月二三日になってからである。九月のペルピニャン陥落に続いて、一〇月にはレガネス侯爵率いる国王の軍隊がレリダで敗北を喫すると、フェリペ四世はサラゴサから寵臣とともにマドリードに引き返した。ブエン・レティーロ宮では王妃が国王を温かく迎えた。そして国王はその晩に旧王宮へと戻っていった。

国王が不在のあいだイサベル王妃はしっかりと国を治め、国王夫妻のあいだにも再度愛が芽生えたとなると、カストリーリョ伯爵ガルシーア・デ・アロ、次期寵臣となるルイス・メンデス・デ・アロ、それにオリバーレスに敵意を抱く宮廷貴族たちは寵臣の失脚を大いに期待した。この時点ではまだ国王と面識はなかったが、次章で触れることになるソル・マリア・デ・ヘスス・デ・アグレダ修道院長のこの問題に対する忠告も、オリバーレス解任に少なからず影響を与えた。

一方、こういう人たちの中にかつて国王の寵愛を受けた人たちもいた。オリバーレスによって宮廷から追放されたかつての乳母アナ・デ・ゲバーラ、同じく半分追放のかたちでオカーニャに監禁されたかつてのポルトガル副王マルガリータ・デ・サヴォイ、以前国王の養育係でありグラナダの大司教も務めたガルセラン・デ・アルバネル師などである。

アルバネル師はフェリペ四世に、寵臣の政策がいかにスペインに害を与えてきたかを訴える手紙を書いているし、王妃はあるときバルタサール・カルロスの手を引いて夫の私室を訪れ、涙ながらにスペインの一連の不幸は多くの戦争に加担した寵臣の責任であるとして、このまま彼に国家の舵取りを任せるのなら帝国崩壊の危機は避けられないであろうし、またもし王子を世継ぎとし、家臣のことを大切に思い、国のことを本当に憂えるのであれば、直ちに寵臣を解任し、国王みずからが統治すべきだと熱っぽく語ったといわれる。

フェリペ四世がようやくオリバーレスの要求を受け入れ、彼を要職から降ろす決心をしたのは一六四三年一月一七日のことである。この寵臣の解任をめぐっては、一見彼が最後まで頑強に権力の座にしがみついてきたかのように思われるが、辞任を許可しなかったのはむしろ国王のほうで、実はオリバーレスのほうから過去に何度か公職からの引退を願い出ていたのである。したがって寵臣失脚のおもな理由は、大貴族たちのボイコットはあったとしても、反オリバーレス派の逆襲ではなく、レリダでの敗北などによる一連の政治的・軍事的失策に、病気の悪化による衰弱が重なったことによる自発的なものであった。またそれとは別に、宮廷内で王妃が新たに力を持ったこともオリバーレス引退につながる要因の一つであった。

このニュースは翌日にもマドリード中に大きな波紋を投じた。この時を待ち望んでいた人たちにとっては、この先明るい希望の光が射し込むはずであったが、実際のところ事態は一向に改善しなかった。戦争はこれまでどおり続き、同年五月のロクロアの戦いでは、コンデ公率いるフランス軍のまえに、かつては天下にその名を轟かしたスペイン歩兵部隊が破れ、その結果スペイン陸軍が壊滅的な打撃を受け、逆にフランス軍はその威力を確認することになった。

さて、オリバーレスが宮廷を去るのは一六四三年一月二三日のことだが、それまでの数日間は身辺の整理をして日々を過ごした。国王は最後の悲しい別れを避け、二一日に狩猟と称してエル・エスコリアルに出立し、自分の留守のあいだに宮廷を去るよう指示を出した。またオリバーレスが可愛がっていたバルタサール・カルロス王子も、養育係のオリバーレス伯公爵夫人のお供でサルスエラ宮に出かけていて不在であった。

こうして一月二三日、彼は一人の聴罪師と二人の友人を引き連れ、誰にも見つかることのないようこっそりと宮廷をあとにすることになった。なぜこのような隠密裡の行動をとったかというと、国王の庇護のもとにあったとはいえ、いつ何どき民衆が暴徒と化し、責任追及のために追いかけてくるかわからなかったからである。それに大貴族の中にもオリバーレスを憎む者たちがいて、その中心的役割を果たしたのが、王妃を敬愛してやまないカストリーリョ伯爵であった。このように一触即発の状況にあるなか、国王は自分の留守のあいだに宮廷を去るように言いつけたものの、やはり心配になり急遽宮廷にとって返し、盟友に誠心誠意最後の別れを告げることにした。

オリバーレスが宮廷を立ち去る日、群衆は宮廷を出てゆく寵臣を門のまえで待ちかまえていた。そこで、寵臣は椅子に座ったままの姿勢で秘密の出口から外に運ばれ、待ちかまえていた質素な馬車に乗り込んだ。このときお供をしたのが甥であり次期寵臣となるルイス・メンデス・デ・アロ、聴罪師のファン・マルティネス・デ・リパルダ神父など、約四〇名の人たちであった。一行は暴徒を避けるためにわざと脇道を選び、マドリードから東へ二五キロほどのところにある自分の領地ロエチェスという小さな村へと向かった。

一方、群衆は馬車が去ってしまったことを知るや、全員で万歳を叫び、マドリード中が興奮の渦に包まれた。寵臣の失脚により、何人もの身内や親戚が職を失い、逆にこれまで迫害されてきた人々が宮廷に戻ってきた。

オリバーレス伯公爵夫人は、王妃付き女官の職にあったため宮廷にとどまったが、彼女に対する世間の目は冷たかった。また腹違いの息子であるマイレーナ侯爵エンリーケ・フェリペス・デ・グスマンとその嫁ファナ・デ・ベラスコも同じく宮廷に残った。しかしそれも長くは続かず、やがて王の命令により、家族も一一月三日にはマドリードを立ち、すでに病床についていた夫と合流することになる。このとき国王に彼女の退去を強く要請したのは、国王の信任が厚いソル・マリア・デ・アグレダであった。

オリバーレスはひとまずマドリード近郊にあるロエチェスに退いた。ここには彼が一六三七年に着工を命じ、四〇年に完成した修道院や、そのすぐそばには自宅用として使っていた質素な城館もあった。そこでの暮らしは隠遁生活に近かったが快適だった。数人の聖職者と召使いを除けばほかに訪れる者もいなかった。昼間は徒歩または馬車で野を散策し、夜になると決まってマルティネス・デ・リパルダ神父についてロザリオの祈りを唱え、信仰の毎日を過ごした。本当は狩りをしたかったようだが、貸地人が田畑が荒れるという理由でこれに同意しなかったため、その願いは叶えられなかった。時折、宮廷に残っている妻イネス・デ・スニガから便りが届いた。

こうしたなか、翌二月になると、彼が依然マドリード近郊に居を構えていたことで、妻の伯公爵夫人を介して彼が政治を牛耳っているのではないかという根も葉もない噂が立ち始めた。やがて寵臣を誹謗する怪文書も市中に出まわった。もっとも失脚前にもそういう類の文書は少なからず出まわってはいたが、このときの『某元大臣よりフェリペ四世に宛てた覚書』(のちの版では『伯公爵に対する告発文』)と題した印刷物は、アンドレス・デ・メナという者によって書かれたもので、出版の許可も検閲も受けていなかった。

その中身はというと、オリバーレスが一六二一年にオランダとの戦争を再開したことやスペインをマントヴァ継承戦争に巻き込んだことに対する非難、カタルーニャの反乱およびその煽りを受けてポルトガルが独立したことに対する責任追及など、国内問題も含めた政策のまずさに対する一連の非難であった。

これに対して、オリバーレスも拱手傍観するわけにはいかず、セビーリャ時代の親友フランシスコ・デ・リオーハという彼の蔵書管理人の協力を得て、こちらも五月にファン・デ・アウマーダ著として『ニカンドロ、すなわち誹謗に対する解毒剤』という小冊子を出版し、先の告発に反論した。この中でオリバーレスは、これまでの自分の政策――特にカタルーニャとポルトガルに対する戦略――を弁護しつつ、責任逃れの気持ちもあったのか、大貴族たちやフェリペ四世以前の歴代の国王、果てはローマ教皇庁にまで非難の矛先を向けている。そのため教皇大使が介入することになり、異端審問所がこれを発禁本とした。

彼は心の中で今一度、国王の寵愛を得たいという希望を抱いていたようだが、先の小冊子の刊行が災いして、さらに離れたトロという町に退くようにとの国王の命令が下った。事実上の追放であった。この決定は国王の判断というよりも、意志の弱い国王が大貴族たちに唆されてやむなく通告したものである。ここでいう大貴族とは、インファンタード公爵、オスーナ公爵、メディナセリ公爵、レーモス伯爵、イハル公爵などである。アルバ公爵は確かにオリバーレスの敵ではあったが、この陰謀には加担せず、成り行きを静観した。

六月一二日、オリバーレスはロエチェスを発ち、途中ポスエロという村に立ち寄り、そこで甥のルイス・メンデス・デ・アロ、妻のオリバーレス伯公爵夫人、息子のエンリーケと落ち合った。その村でしばらく家族とともに過ごしたあと、二〇日にはトロに到着し、姉イネス・デ・グスマン（アルカニーセス侯爵夫人）の城館に身を寄せた。姉の愛情も心強かったが、この町では幸いにも住民から温かく迎えられた。これを境に、彼は二度と宮廷に足を踏み入れることはなかった。

一六四四年四月、オリバーレスは重い丹毒で病床にあったが、それでも対ポルトガル戦線に向けて軍隊を指揮できたらという、かすかな希望をもっていたらしい。しかし実現することのないまま、翌年七月には容態が急激に悪化した。亡くなる一週間ほど前から精神錯乱状態に陥り、時折「妻よ、妻よ」という言葉を口走った。そして二二日、親類に見守られながら息を引きとった。彼の最期を見とったのはバリャドリードの名医シプリアーノ・デ・マローハであった。死因は動脈硬化と痛風であった。

彼はサラマンカ大学の学生時代が相当懐かしかったのか、最後に口走った言葉が、「かつて私が学長であったとき」だったという。フェリペ四世の年代記作家であった、宿敵マティアス・デ・ノボアは、彼の訃報を聞き、『スペイン国王フェリペ四世の身の上話』の中で皮肉っぽく次のように語った。

大帝国の忌まわしい寵臣もすべてを消耗したあげく、ついに事切れたようだ。彼の死は万人を満足させるものであった。

遺体は本人の遺言書どおり、先立った娘マリアと同じくロエチェスに埋葬された。その後、まるで疫病神がとり憑いたかのように伯公爵一家に一連の不幸が襲いかかった。四六年七月一三日、息子のマイレーナ侯爵エンリーケ・フェリペス・デ・グスマンが結核でこの世を去ったかと思うと、一〇月九日にはオリバーレス夫妻が深い愛情を注ぎ、可愛がってきたバルタサール・カルロス王子が一六歳という若さでこの世を去った。また四七年一〇月一二日には伯公爵夫人が死に、四八年五月一日にはエンリーケ・フェリペス・デ・グスマン夫婦の息子、つまり伯公爵の孫にあたるガスパール・デ・グスマン・イ・ベラスコが夭折した。この時点で伯公爵の子孫が完全に絶えてしまったことになる。さらに、ロエチェスを追われ、トロに都落ちしたときに、物心両面で支えてくれたやさしい姉のイネス・デ・グスマンも五二年に亡き人たちのあとを追った。

フェリペ四世はオリバーレスが死んだ二年後に、ソル・マリアに宛てた手紙の中で、一個人に権力を集中させたことについての反省と、オリバーレスを見限った理由について淡々と述べている。同時に、長年苦楽をともにしてきた寵臣をかばう気持ちも多少読みとれよう。

余が一六歳のときにこれらの王国を継承し、情報の乏しい当時にあって混乱した状況下におかれたことが、〔当時は妥当と思われたのだが〕大臣たちを信頼し、なかでも特定の人物に必要以上の権力を握らせる結果となりました。当初それが間違いだとは思わなかったものの、今考えてみるとあの頃の政策をあれほど継続させたことは誤りだったように思われます。なぜなら、時と経験が余にその不適切さを気づかせてくれたからです。〔遅きに失した感はあるにせよ〕あの大臣と袂を分かつ決心をした理由はそこにあります。その後は前回の轍を踏まないよう、誰にも権力を握らせないよう心がけてきたつもりです。
（一六四七年一月三〇日／マドリード）[14]

ちなみに、オリバーレスと似たような運命をたどったフランスの首席大臣リシュリューが死んだのは一六四二年一二月四日である。この二人はほとんど同じ時期に政権を把握し、たがいに国境を挟んで壮絶な戦いを繰り返した仲であったことは、歴史の偶然なのだろうか。

後継者ルイス・メンデス・デ・アロ

オリバーレスの退陣後、国民の誰もが期待したように、国王は数ヵ月のあいだ国事に奔走した。人々はいたく感銘し、その政治能力を讃えた。これによりいったん離れていた貴族たちも国王のもとに歩み寄ってくるようになった。だが、これも長続きはしなかった。さすがに寵臣という呼び名は避けたものの、オリバーレスの甥であるルイス・メンデス・デ・アロ（姉フランシスカの息子、図33　次頁）を後継者に起用し、政治を任せたのである。国王はこのときの心境をソル・マリアに次のように述べている。

事実、余が子供の頃から生活をともにし、その者の素行や行状にも余への対応にも何ら見

図33　ルイス・メンデス・デ・アロ（作者不詳，モンフォルテ・デ・レモス・聖クララ修道院蔵）

苦しい点がなかったゆえに、ある廷臣には格別の信をおいてきました。その者は常に完璧な生き方をしており、善意の人であると認識していました。それでもやはり過去の不都合を考えると、同じことを繰り返さないためにも大臣《ミニストロ》という類の呼び名は避けるよう配慮してきたのです。

（一六四七年一月三〇日／マドリード）

メンデス・デ・アロが期待に応え、徐々に国王の寵愛に浴するようになるにつれ、国王は次第に国政に背を向けるようになった。彼は叔父の亡きあと、その権力のみならず財産や称号までも継承したが、民意を慮《おもんぱか》ってか、公爵や伯爵などの称号を使おうとはしなかった。唯一彼が使った称号は、父から譲り受けたカルピオ侯爵の称号だけであった。マティアス・デ・ノボアによると、彼は分別があり、常識を心得た人物だったようである。中肉中背で、特に厳格というわけでもなく、陽気な性格というわけでもなかった。また敏捷に行動するわけでもなく、そうかといって特別に鈍いわけでもなかった。一見、中庸を得た人物にみえるが、一六五五年にスペインを訪れた旅行者ブルネーは、この宰相が宮廷で全権を握り、国王は完全に彼に頼り切っているとまで言い切っている。また、五九年にスペインに滞在したフランス人ベルトーも、フランスにおけるルイ十四世の宰相マザラン（ジュリオ・マザリーニ）のごとく、国王は権力の座についたメンデス・デ・アロの考えなくしては何もできない、と同じような見解を述べている。

こうしてみると専横を極めたかのようにみえるが、実際には叔父のように見栄っ張りで傲慢なところは少しもなかった。確かに叔父にそなわっていた聡明さに欠けてはいたが、謙虚であり、和を好む穏健派であった。周囲を刺激することなく賢く振る舞ったので、国王からは全幅の信頼を寄せられ、レルマやオリバーレスに匹敵するほどの権力を手中におさめたのである。ただ叔父の時代と唯一異なっていたのは、国王が、おそらくソル・マリアの執拗な助言なのか、それとも年齢的に宮廷のサロンに入り浸るよりも政務に励むことに目覚めたのか、以前にくらべてより積極的に国政に関与するようになったことである。

この頃の国王は、メンデス・デ・アロを中心とした政治体制のみに頼らず、メディーナ・デ・ラス・トーレス公爵ラミロ・ヌニェス・デ・グスマンにも政治を任せたり、ときには書簡をとおしてソル・マリアにも国家の方針を相談することがあった。しかし一六六一年、フェリペ四世の有能な片腕であったメンデス・デ・アロが亡くなると、国王は一人とり残されたような気持ちになったが、すぐに気をとり直して次のように述べたと、当時の宮廷社会の記録を残したヘロニモ・デ・バリオヌエボは『覚え書き』(一六五四—五八年/「補遺」一六五九—六四年)の中に記している。

余の年齢からして、もうそろそろ迷妄から覚めるべきである。わが王国に必要な政策ともなればそれが何であれ、是非とも余に報告してもらわねばならぬ。細心の注意を払い、それにふさわしい助言を与えてくれる者のもとへ馳せ、これまでとは違う方法で適切に処置せねばならないと考える。(一六六三年九月二二日/マドリード)

このようにフェリペ四世はようやく政務を一人でこなそうと心に決めたのだが、なにぶんにもこのころには右腕と右足が麻痺し、座ったままの生活を余儀なくされていたため、政務も意のままにはならなかった。そこでメディーナ・デ・ラス・トーレス公爵、カストリーリョ伯爵、サンドバール枢機卿が側近として働いた。国王の寵愛を受けようと父ルイス・メンデス・デ・アロの地位を狙っていた息子のエリーチェ(またはリーチェ)侯爵は、自分が側近の一人に選ばれなかったために侮辱されたものと思い、国王暗殺の計画を練った。しかし一六六二年、ブエン・レティーロ宮の劇場に爆薬を仕掛けるというこの陰謀は、共犯者たちの密告によって事前に発覚し、計画は見事失敗に終わった。エリーチェ侯爵は国王に仕えてきた父親の功績に免じて罰を受けることはなかったが、共犯者たちは刑場の露と消えた。

この時期においていかに国王が前半生を反省し、国のために尽力したところで、事すでに遅しの感があった。フェリペ四世の治世後半には否応なしにいくつもの困難な国内問題や対外問題が起こり、なかでも経済の破綻（特に一六四七年、五二年、六二年に破産）は、半島の各王国に大きな打撃を与えた。それに追い打ちをかけるかのように、四二年から五二年にかけてのペストの流行も人口の大幅な減少を招いた。そのうえ、重税、徴兵、それに多大な犠牲を強いられることとなった屈辱的な戦争なども重なって、政府の評判は徐々に地に落ちていった。

イサベル王妃とバルタサール・カルロスの死

これまでに国王は何度も人生の悲哀を味わってきたが、イサベル王妃の死ほどショッキングな出来事はなかった。権力をほしいままにしたオリバーレスは王妃を軽視してきたがために、これまで宮廷内での彼女の存在感は薄かった。国王も彼女の意見をあてにすることはなかった。あるとき王妃がオリバーレスのいるまえで、国王に向かって国政について意見を述べたとき、女嫌いだった伯公爵は、聖職者の任務は祈ることで、女の役目は子供を産むことだと王に向かって言ったことがある。

しかし一六四〇年に国家が危殆《きたい》に瀕して以来、寵臣の権威が地に落ちると、それを契機に宮廷での王妃の役割にも変化がみられるようになった。国王はオリバーレス以外の人の意見にも耳を傾けるようになり、当然その中には王妃も含まれていた。経済危機のとき、軍隊を装備するのに役立てようと、イサベルは宝石類を売り払ったり、名門の貴族や高位聖職者に対して寄付をするよう呼びかけた。彼女の勇気ある精神は、カタルーニャの反乱を鎮圧するため当地に向かう軍隊に王も加わるよう促した。

イサベルはまた、一六四二年、王の留守を守ろうと国家の先頭に立ち、これまで発揮することのなかった才能と美質を披露し、彼女の指導力は瞬く間にマドリード市民の認めるところとなった。

フェリペ四世は不幸にも長年寄り添ってきたこの王妃の才能に気づくのがあまりにも遅かった。だがこの時以来、王は彼女に助言を仰いだり、意見を求めるようになった。一説によれば、オリバーレスの失脚後に、国王が洗足カルメル修道会に足を運んだ際、自分と伯公爵に天啓を与えてくれるよう神に祈ってもらうことにしたが、そのとき新しい寵臣は誰かと修道女の一人に尋ねられた。そこですかさず国王は、伯公爵ではなく王妃であると答えたという。だが、それもそう長くは続かなかった。

オリバーレスが失脚した翌年二月一日から秋にかけて、フェリペ四世はフランス軍に包囲されたレリダの町を救済するために、軍隊の先頭に立ってカタルーニャへと向かった。幸いレリダはポルトガル人のフェリペ・デ・シルバの指揮により八月六日に包囲が解かれた。

王妃が病に倒れたとの知らせが入ったのは、まさに国王がサラゴサに滞在中のときであった。急いで宮廷に引き返したが、途中マランチョンという村にさしかかったとき、王妃逝去の知らせが届いた。王妃の急病に国王があまりにも打ちひしがれていたので、供奉《ぐぶ》の者たちは王に逝去を伝えられないまま旅を続け、マドリードまであと十数キロという地点にさしかかったとき、ようやくその悲しい知らせを告げた。国王は愕然とし、これまで何度も騙し続けてきた妻の遺骸を見るに忍びなかったので、マドリードには入らず直接エル・パルド宮に引き籠もった。

王妃の死は突然の出来事だったが、それまで母国フランスとの戦いを目の当たりにしたり、夫の自堕落な生活に苦しめられたりして、身心ともに疲労困憊していたことは確かである。彼女はこうした苦しい思いをずっと一人で堪え続け、威厳を保ちながら生きてきたのである。

王妃は夫がカタルーニャへ出陣しているあいだは、国家の先頭に立って指揮していたが、九月二八日に高熱をともなった疝痛《せんつう》に襲われ苦しみ始めた。やがて丹毒の症状があらわれ、呼吸器系統がやられた。ジフテリアではないかという医者もいたが、いかんせん治療のしようがなかった。結局、八回も瀉血《しゃけつ》を施したが快復にはいたらなかった。その後病状は悪化し、一〇月四日に終油の秘蹟を受けることになった。この日、旧王宮には農夫サン・イシドロのミイラが運ばれ、奇跡が起きることを願った。また、アトーチャの聖母像を出して宮廷まで行列させることも検討されたが、王妃がそこまでしてもらうには及ばないと言ってこれ

を拒否した。そこで、バルタサール・カルロス王子が聖母の御前に参拝し、母の病が快復す

るよう祈ることになった。

ホセ・ペリィセールの『歴史的報告』（十七世紀の筆跡）によれば、王妃が病に倒れたことを知ったマドリード市民は、彼女の快復を願うために各地の教会に殺到し、熱心に祈り続けたという。だがその願いも虚しく、病魔は刻一刻と彼女を死に近づけていった。すでに死を察知したのか、王妃は一〇月五日には遺言書を作成した。それから王家が礼拝用として所有していた、キリストが磔刑に処せられた十字架の聖遺物の一部を持ち出させることにした。バルタサール・カルロスやマリア・テレサは母に最後の別れを告げようとしたが、病気の感染を怖れて母親に近づくことを許されなかった。やむなく母は距離をおいて子供たちを祝福することにした。翌六日午後四時一五分に王妃は息を引きとった。このときまだ四一歳の誕生日を迎えていなかった。宮廷全体が悲しみに包まれるなか、遺体はフランシスコ会の僧衣を着せられ、防腐処理が施されないまま旧王宮の一室に安置されることになった。

その夜、葬送行列が王妃の亡骸を険しい山道を通ってエル・エスコリアルの霊廟へと運んだ。フェリペ四世が不在のため、悲嘆にくれた王子がかわりに王宮の門で母に別れを告げた。マドリードの人々は王妃の死を大いに悲しみ、心から哀悼の意を表した。当然のことながら、芝居の興行も中止となった。

女好きで浪費家であった国王にとっては、どうにもやりきれない日々だったにちがいな

い。のちに国王はこのときの心情を、悲しみを慰めてくれるアグレダの修道院長ソル・マリアに次のように書き送っている。

神がわが王妃を――どうか天に導かれんことを――お連れになって以来、手紙をしたためようと思っていたのですが、深い悲しみと職務に忙殺されつつ今日にまで至った次第です。一人の人間を失うだけでこの世のすべてを失ったかのようであり、堪えがたい悲しみに身心ともに打ちひしがれてしまいました。（……）もし神の判断が正しく理にかなったものであることを知らなければ、余は今頃どうなっていたかわかりません。神のご意志にすべてを委ねることにしたおかげで、苦痛もこうして和らぐのです。この精神的な痛手から立ち直るためにも、是非とも神の救いが必要です。

（一六四四年一一月一五日／マドリード）

ところが、こうした国王の深い悲しみもいつの間にか薄れ、持ち前の気まぐれがまたもや鎌首をもたげ、また新たな心の拠り所を求めて徘徊するようになった。もちろん年齢とともに国王の情念は徐々に落ち着いてはいたが、愛の冒険は晩年にいたるまでやむことはなかった。

王妃の死後、フェリペ四世は再婚しないと固く心に誓った。その理由として、まず情欲を満たすのに困らなかったことと、すでに世継ぎがいたということが挙げられる。

母が亡くなったとき、バルタサール・カルロス王子は一五歳になろうとしていた。彼は三歳のときに王位継承者としての誓いを立てていたが、決して健康な子供とはいえなかった。むしろ、幼児の困難な時期をなんとかここまで乗り越えてきたという感じであった。

国王は王子が一三歳になったとき、召使いと馬丁と廷臣をあてがった。そしてその一年後には、国政に携わるための準備段階として働かせ、あとは花嫁となる人を探すだけとなった。当時、英国とは交流があり、チャールズ一世——彼がプリンス・オブ・ウェールズだった頃、フェリペ四世の妹との結婚が成就しなかったという苦い経験がある——の娘と結婚させてはどうかという案もあったが、これは徒労に終わった。というのも、マドリードでは元来ハプスブルク家から花嫁を選ぶのを善しとしてきたからである。

一六四六年、バルタサール・カルロスに、フェルディナント三世と王女マリア（フェリペ四世の妹）の娘であるマリアーナとの結婚話が持ち上がった。実現すればこれまた同族結婚ということになり、明らかにその子孫たちは肉体的にも精神的にも退廃の道を歩むことを意味した。まともな人ならば誰もが正気の沙汰とは思えないようなことを、フェリペ四世は平気で考えたのである。この結婚について国王はアグレダのソル・マリアに、スペイン国家とカトリック教会にもたらす大いなる利益とその喜びを書き送っている。

つい先日、王子と神聖ローマ皇帝〔フェルディナント三世〕の娘すなわち余の姪との縁談が成立したということを是非とも知らせておかねばなりません。妹〔王女マリアのこと。一六四六年五月一三日逝去〕がいなくなったとなると、この縁組みによって余と皇帝との類縁を維持する必要があります。余の第一の目的がカトリシズムの高揚であるからには、両家の絆が強ければ強いほどカトリック教は不動の信仰であり続けることでしょう。

（一六四六年七月一一日／サラゴサ）

王子は子供の頃から狩りや乗馬が好きな男の子であった。叔父のフェルナンドはフランドルからおもちゃの軍隊や武器を贈り、王子が軍事に興味を示すように仕向けた。だが、彼が興味を持ったものの中には、猫を去勢するという一風変わった趣味もあった。この異常な遊びを皮肉った次のような十行詩《デシマ》が人々のあいだに広まった。

王子よ、神も信仰心もない
大勢の愚か者が陰口をたたいている
殿下は国王になっても
猫を去勢するだろうと。
そのような虐待を続ければ

この猫の王国で王位についた暁には
怒りに駆られて
猫という猫を去勢し
去勢する猫がいなくなるのが心配だ。

ところが一六四六年の春、フェリペ四世と王子がスペイン北部を旅し、パンプローナでナバーラの議会を召集し、王子を王位継承者として宣言したときのこと、王子は三日熱にかかった。その後、病状が長引いたので二ヵ月間療養したのち、サラゴサに向けて父子は出発した。そこで王子は再度体調の不良を訴えたが、大したことはないと高をくくった。しかし王妃が亡くなってちょうど二年目になろうかという一〇月五日、急に容態が悪化した。医師たちは天然痘と診断し、いつものように瀉血を行ったが、一向に快復の兆しは見えなかった。そこで万が一のことを考えて終油の秘蹟を授けることにした。予感は的中した。一〇月九日夜八時から九時頃にかけてのこと、一七歳の誕生日を迎えることなく王子はこの世を去ったのである。この悲しい出来事は同時に、王家に王位継承者がいなくなったという合図でもあった。

王子の死因についてはいろいろな噂が流れたが、なかでもフランス人の旅行者ブルネーは、亡くなった王子の廷臣ペドロ・デ・アラゴンから聞かされた話として、医者の治療と相俟って、王子の情欲を満たすために彼の寝室に呼ばれた若い売春婦との性的関係が過ぎたためであると記録している。

王子の死について国王は一〇月一〇日付でソル・マリア宛てに、これも神のなせる業《わざ》と受けとりながらも、悲しみの心境を次のように書き綴っている。

息子の健康を祈願する祈りも主の御心を動かすことはできませんでした。今頃は神の栄光に包まれていることでしょう。王子にとっても我々にとってもそのほうがよかったのです。神がもっとも理にかなった、そして正しい判断を下されたのですから。あの子は医師団がこれまでに経験したこともないようなもっとも激しい症状と闘い、力尽きて、昨晩の八時か九時頃に息を引きとりました。非常な苦しみの中、余が大いに励まされたことは、これまでずっと苦痛のあまり逆上していた王子が主と聖母のご配慮なのか、昨日の午前中は一時間以上も落ち着きをとりもどし、気分が穏やかだったことです。そのとき聴罪師に納得のゆくまで罪を告白し、それを三、四回繰り返しました。（……）余は主のご意志に従うのみですが、意志が弱いためにはたして辛抱できるかどうか。そなたにも主への祈りを捧げてもらい、また余が主と聖母マリアに精魂こめて献身できるよう祈ってほしいのです。息子の健康を祈願してくれたことに対し感謝すると同時に、祈りが彼の魂の救済に役立っていることを願います。ソル・マリアよ、どうか親身になって余のために神に祈ってください。わが心が痛むゆえに慰めが必要なのです。

（一六四六年一〇月一〇日／サラゴサ）

イサベル王妃は幸か不幸か息子よりも先に他界したため、この悲しみを味わわずにすんだが、実際には前章で述べたように何度も出産の際に痛嘆を経験している。流産に苦しんだり、生まれてくる子供が幼くして命を落とすという悲しい思いを何度も味わっているのである。そうしたなかで、亡くなったバルタサール・カルロスは待望の王位継承者であった。確かに歴代の国王の中にバルタサールという名の王はいなかったが、東方の三博士（ガスパール、メルチョール、バルタサール）の一人にあやかってその名がつけられた。しかし思えば、王子の死は人々に深い悲しみを与えたとはいえ、彼の一生はこれといった才能を発揮する間もない儚《はかな》いものであった。たとえ運よく生き長らえたとしても、当時の人々の証言にもあるように、父王に似て国政のよき舵取り役には到底なれなかったものと思われる。

イサベルが最後に子を産んだのは三八年九月二〇日で、このときも女児だった。しかし、この女の子マリア・テレサだけは無事成人し、六〇年にはフランスのルイ十四世のもとに嫁いでいる。

こうしてみると、王妃なりに宮廷生活を享受してきたのだろうが、事が子孫の繁栄となると、まるで出産の道具でもあるかのように——もっともこれが王妃の重要な役目だったが

――次から次へと子供を産んでいったのである。生まれてきた子が幼くして昇天するとなると、母親としては相当の心の痛手であったにちがいないと想像するが、王家の存続を優先させなければならないとなると、わが子を失った悲しみに浸りきっている暇がなかったのかもしれない。

一方、妻子を立て続けに失った国王は、悲しみもさることながら、今さら再婚する気にはなれなかった。当時四〇代といえば平均寿命を越えた年齢であり、不埒な生活を繰り返してきた国王には、再婚となると肉体的にもある程度限界があった。たとえ世継ぎをもうけるため周囲から圧力がかかっても、実際に花嫁選びとなると、カトリック世界の君主であることを考えて、プロテスタントの王女をもらうわけにはいかず、そうかといって頼みのフランスとは戦争状態にあった。そこで考えられたのが、またまた同族結婚という方法であった。

跡継ぎが生まれない！――同族結婚の悲劇

フェリペの姪、マリアーナは一六三四年一一月二四日にウィーンで生まれた。父は神聖ローマ皇帝フェルディナント三世、母はフェリペ四世の妹マリア・デ・アウストリアである。もう少し遡ると、彼女の父方の祖父はフェルディナント二世、母方の祖母はマルガリータ・デ・アウストリア（フェリペ三世の妻）で、この二人はまさに兄妹である。また彼女の両親はいとこ同士という関係になる。ということは、どうみても王家の近親結婚の繰り返しということになり、遺伝的にも衰亡の道をたどらざるを得なくなるのは自明の理といえよう。

バルタサール・カルロス王子が生きていた頃、マリアーナとの結婚話が持ち上がったことについてはすでに述べた。しかし王子が亡くなり跡継ぎがいなくなると、四四歳だった国王が弱冠一三歳の姪と結婚することになった。一六四七年一月付のアグレダの修道院長ソル・マリアに宛てた国王の手紙によれば、この結婚を提案したのが神聖ローマ皇帝フェルディナント三世で、フェリペ四世にお悔やみを伝えた際に、娘との結婚をすすめたようである。結婚話はとんとん拍子で進んだが、ウィーンの宮廷にもマドリードの宮廷にも充分な資金がなく、経済的な理由から式を一年延期することになった。スペイン宮廷のしきたりとして、資金がないからといって貧相な式を挙げるわけにはゆかなかったのである。

一六四七年四月二日、二人の結婚をまえに婚姻財産契約が結ばれた。フェルディナント三世は娘の持参金として金貨一〇万エスクードを持たせることを決め、花婿から同額の一〇万エスクードを受けとることになっていたが、実際には双方ともに資金不足であったことから、一エスクードも動くことはなかった。

翌年二月八日、スペイン王の特使ナヘラ公爵が随員の行列を率いて、花嫁に贈呈する花婿の贈り物として八万ドゥカードもする宝石を持ってウィーンを訪れた。十七世紀中頃の労働者の平均賃金とくらべると、とてつもなく大きな金額である。

一一月八日には、代理人を立てて結婚式がウィーンで執り行われた。挙式のあと花嫁の一行は一三日にウィーンを出てスペインに向かった。このとき同行したのがマリアーナの弟でありハンガリー王であったレオポルト一世だが、彼がまた曲者でスペイン側から贈られた姉への贈り物をイタリア北部の町にはいったときにとりあげ、そのままウィーンに持ち帰ってしまった。

一方、花嫁を迎えに出たスペイン側は、豪勢な行列を仕立てて、一一月にマドリードを出発し、四九年五月に花嫁が滞在していたイタリアのトレントに到着した。ここで新婦がスペイン側に引き渡された。ここまでかなりの日数を要したのは、道中ひっきりなしに歓迎の祝典が催されたからである。この費用はすべてスペイン側が賄った。

イタリアからスペインまでの帰り道は船旅となった。当時のカタルーニャが国王に反抗する勢力で危険だったため、船は八月にアリカンテの北に位置するデニアの港に停泊した。花嫁がはじめてフェリペ四世と対面したのはマドリードの南西数十キロのところにあるナバルカルネーロという町である。王は内緒で馬をとばし、これから妻になる若い女性を見に行き、大変気に入った様子だったという。結婚式は一〇月七日にこの静かな田舎町で執り行われ、二人はトレドの大司教から祝福された。その後、夫婦はエル・エスコリアルに向けて出発し、そこで何週間も過ごした。マリアーナ王妃がマドリードに入ったのは一一月一五日であり、市民から温かく迎えられた。

当時のマリアーナはベラスケスの絵にも見られるように（図34）、色白で、髪は金髪、身長は普通よりもやや低め、ハプスブルク家の人たちに特有の下顎前突ではなかったものの、厚い唇をしていた。性格的にはもともとユーモアに溢れた明るい少女であった。国王は、四九年一一月一一日付でソル・マリアに送った書簡から、神がこのような女性を授けてくれたことに対して深い感謝の意を表していたことがわかる。

しかし何年か経つうちに、愛嬌者の彼女も厳しい宮廷のしきたりの中で徐々に明るさを失い、気むずかしく引っ込み思案になっていった。そのきっかけは、彼女の笑いが道化師のそれに似ているというので、あるとき王妃付き女官長メデリィン伯爵夫人が、スペインの王妃は人前では笑わないものと諫《いさ》め、若い彼女を咎めたことにあった。そのとき以来、彼女の陽気な笑いが消え、スペイン人のあいだでは彼女の印象が厳めしく、不人気なものとなっていった。宮廷の暗い雰囲気が彼女をそれほどにまで変えてしまったのである。こうした彼女の表情をうまくキャンバスに描いたのがファン・カレーニョ・デ・ミランダである。人間嫌いの悲しそうな表情をしたマリアーナが、旧王宮内の鏡の間においてある書斎机の椅子に腰かけている絵がそうである（図35）。

最初の数ヵ月間は新しい花嫁に大満足だったフェリペ四世も、イサベルのときと同様にやがて別の女性にちょっかいを出しに行くようになった。これを知った王妃の愛は次第に冷め、徐々に寡黙になっていった。だがそうはいうものの、それと子供を作ることとは別問題であった。結婚以来、五〇年代を通じてソル・マリアに書き送った手紙には、必ずといって

図34　マリアーナ・デ・アウストリア（ベラスケス作，プラド美術館蔵）

図35　マリアーナ・デ・アウストリア（フアン・カレーニョ・デ・ミランダ作，プラド美術館蔵）

よいほど世継ぎの誕生を主と聖母に願う言葉が添えられ、その際に聖女にも祈ってもらいたい旨を付け加えている。

最初の年は姪がまだ若いということもあって、国王はソル・マリアに宛てた手紙の中で時期尚早であることを多少案じているが、二年もすぎた五一年七月一二日には、王妃は一人目の子供を産んだ。女の赤ちゃんでマルガリータ（一六五一―七三年）と名付けられたが、世継ぎを期待していた人たちには落胆の色が見てとれた。その後、宮廷では世継ぎとなる男の子が生まれるようにと願掛けが行われ、国王夫妻も同じように祈願した。マドリードにはこの件を占おうという占い師や幻視家が多く出現した。

やがて王妃は懐妊し、一六五五年一二月七日に二番目の子供マリア・アンブロシア・デ・ラ・コンセプシオンが生まれた。だが、このときも女児で、癲癇《てんかん》だったために一五日間しか生きられなかった。フェリペ四世は愕然となり、周囲も落胆した。国王は毎度のことであるが、自分の罪深い生き様がこんな不幸を招いたのだとおのれを責めた。国王はこのときすでに五〇歳になっていた。最初のお産のときもそうだったが、今回も産後の肥立ちが悪かった。そこでこうした状況を踏まえて、宮廷内ではマリア・テレサ王女に王位を譲ってはどうかという意見も持ち上がったが、フェリペ四世は妻のことを慮ってこれに同意しなかった。そしてふたたび子作りに専念し、努力の甲斐があってか、五六年八月には三番目の子供が生まれた。ところがまたしても女児で、おまけにその日のうちに神のもとに召された。

ようやく待望の男児が誕生したのは五七年一一月二〇日のことである。誕生前には多くの占い師たちが出現し、男児の誕生を予言したらしい。子供はフェリペ・プロスペロと名付けられた。「プロスペロ」とはスペイン語で「繁栄した」という形容詞であることから、王室はまさにハプスブルク家の繁栄を期待し、この名前を付けたのである。フェリペ四世や王妃は大喜びし周囲も祝福したが、生まれつき脆弱な子供で、しばしば癲癇の発作におそわれた。彼は病気に悩まされながら四年間生きたあと、六一年一一月一日に夭折した。このとき国王はわが身の不道徳を悔いて、どうしようもないおのれの弱さを改めようと、いつものようにソル・マリアに主との仲介役を求めている。

はっきりと言えるのは、余がこうも疲労困憊するのは、わが子を失ったからというよりも、むしろ余が神を怒らせたことによる自業自得が明白だからです。唯一の願いは、おのれを改めること、すべてにおいて聖なる神意に添うこと、そして神の怒りを避けることです。そのためには努力を惜しまないつもりですし、身命をなげうってでもそうしたいと考えています。どうか友として、神のもっともな怒りを和らげ、わが息子を死なせはしましたが、王妃を至福の光で包んでもらえるよう主に祈願してもらいたいのです。また王妃の出産を今か今かと待ち望んだ身として、神がお望みとあらば、王妃の身体が快復するよう、また授かった赤子を加護してくださるよう祈願してもらいたいのです。もちろんすべてが神意であればの話ですが。涙もろく、深くキリストに帰依する王妃は、今回の精神的ショックにじっと堪えてきました。まさに天使です。ああ、ソル・マリアよ！　そなたに教えられてきたことをきちんと実行していたならば、こんなことにはならなかったでしょう！　どうか余が迷いから覚め、すべてにおいて神意に添えるよう、主に祈りを捧げてください。

（一六六一年一一月八日／マドリード）

時が多少前後するが、その後も王妃は子供を産み続けた。一六五八年一二月二一日には二人目の男児を産み、フェルナンド・トマスと名付けられた。だが、一年もしないうちに昇天した。父親は年の割には逞しく、母親も多産であったが、いかんせん代々同族結婚を繰り返してきたのが祟《たた》って健康な子供は授からなかった。こうも立て続けに不幸が訪れると宮廷内の片隅では誰からともなくこれは国王の自堕落な生き様が祟ったのだという声がちらほら聞こえ始めた。また巷間でも、姪との結婚がわざわいして正統な世継ぎが生まれてこないのだという風説まで立った。

この頃の国王のやるせない心境がソル・マリアに宛てた書簡に克明に綴られている。自分ではこうした不幸の連続をなす術のないまま、ただ神の御心としてとらえている国王のやるせない気持ちが伝わってくる。

白状すると、あれは血を分けた子、父親として息子の死を悼むと同時に、王妃の悲しむ姿や、必死に立ち直ろうとする姿を見るにつけ、より胸が痛みます。確かに王妃は天使のように精神的ショックにじっと堪えてきました。しかし現況がいかようであろうとも、余は神のご意志に従うつもりであり、この苦しみもあとに残された子供たちも、天意に従った聖断を仰ぐ意味で神に捧げる所存です。(……)もし神がお望みであれば、残された子供たちを庇護してくださるよう、また王国の存続を確かなものにする子孫をもっと増やしてくださるよう、そなたに祈願してもらいたいのです。もっとも子供たちを余から引き離すのが主のご意志であるのなら、天意に従った聖断を仰ぐのみです。神のご意志に逆らうのは余の本意ではありません。

（一六五九年一一月一八日／マドリード）

皮肉なことに嫡子のほうはつぎつぎと早死にする一方で、王の婚外子たちは誰もが元気に育っていることを人々は知っていた。そのよき例が女優〈ラ・カルデローナ〉とのあいだに生まれたフアン・ホセ・デ・アウストリアである。

フェリペ・プロスペロが亡くなった六一年一一月六日に、ふたたび王妃は男児を出産した。国王が五六歳のときである。このとき神に男児の誕生を祈願するのに、多くの聖遺物が妊婦のベッドの周囲を飾った。中にはキリストがかぶった茨の王冠の棘が三本、キリストが磔刑に処せられた十字架の聖遺物、聖ペテロの歯一本、マグダレナの毛布の切れ端、大天使ガブリエルの羽根一本など、ほかにも珍奇な遺品がたくさんおかれていたという。

生まれたばかりの王子――のちのカルロス二世（一六六一―一七〇〇年。在位、一六六五―一七〇〇年、図36）――の容姿に関する公式の記録は、均整のとれた美しい顔立ち、大きな目、丸々と太った健康体というものだったが、これはフランス大使の記録した内容とは異なっていた。後者によれば、彼は虚弱体質で、そのうえ両頰に蜂窩《ほうか》織炎《しきえん》をおこし、頭はかさぶたで覆われ、首が化膿していたという。事実、後者の記述のほうが正しく、フェリペ四世はこの生まれたばかりの赤子をみて恥じ入り、人に見せないよう命令していたのである。しかし宮廷のしきたりにより公開するときがくると、片目と眉毛の一部を除いて全身をすっぽりと覆ったかたちでお披露目されたといわれている。このときの不自然な様子が市民のあいだでも噂となり、次のような詩《コプラ》が生まれた。

脆弱な体質に締まりのない足
みたところ王子はどうやら
王家の御子とは無関係
独りでは立ち上がれない

実際、王子は支えがなければ独りでは歩行が困難であり、三歳になっても一三人の乳母の一人から母乳を与えられていた。また万が一に備えてほかにも一七人の乳母が待機していた。こういう状況のなか、王妃は次第に夫の不実と老化に我慢できなくなっていった。そこで王妃はその不満を唯一の楽しみである食べることで紛らわせようとした。その間、宮廷内では相変わらず各種の祝宴が張られ、芝居が行われていた。

フェリペ四世の死後も、王妃は王妃なりにスペイン・ハプスブルク家の顕著な衰退を憂え続けてきたが、これまでの虚弱な体質のカルロス王子に対する極度の心配に加えて、一六七三年に愛娘マルガリータがウィーンで死去すると、悩みが一気に鬱積したのか表情もかなり険しくなってゆき、同時に宮廷内での内紛にも巻き込まれ、とうとう孤立するかたちとなってしまった。そして七七年にはトレドに移り住むことになったが、それもこれも母親の国王カルロスへの影響を恐れるフアン・ホセ・デ・アウストリアが仕組んだものであった。王妃にとっては息子との書簡のやりとりが唯一の慰みであったものの、この庶子は親子のあいだで交わされる手紙を逐一検閲していたという。

しかし、七九年にフアン・ホセが亡くなると事情は一転し、王妃はふたたびマドリードの宮廷に戻った。心変わりの激しい住民たちは、二年前には憎しみを込めてトレドへ送り出したにもかかわらず、今回はまるで手のひらを返したかのように温かく迎え入れたのである。

図36　カルロス２世（フアン・カレーニョ・デ・ミランダ作，プラド美術館蔵）

このとき、以前反旗を翻した貴族たちまでもが、マリアーナに再度目をかけてもらおうとり入ったが、マリアーナは今回は政治にあまり深入りしないようにし、政治と息子への愛情を分かつことに専念し、ひっそりと暮らす決意をした。

晩年の彼女は子宝に恵まれない息子カルロスを哀れに思いながら、またカルロスの二番目の妻マリアーナ・デ・ネオブルゴとの確執に悩みながら、とうとう胸の癌を患い、相当苦しみながら九六年五月一六日の夜一一時四五分にこの世を去った。彼女の遺体はエル・エスコリアル宮のサン・ロレンソ修道院にある王家の霊廟《パンテオン》に安置された。

「大地の息子」ファン・ホセ・デ・アウストリア以後

すでに言及したように、ファン・ホセ・デ・アウストリア（図37）はフェリペ四世と愛人〈ラ・カルデローナ〉とのあいだに生まれた庶子である。彼は一六二九年四月七日にマドリードのレガニートス地区で誕生し、カラトラーバ騎士団員メルチョール・デ・ベーラとイネス・デ・アヤーラを代父母として四月二一日にサン・フスト・イ・サン・パストール教会で洗礼を受けた。しかし教会の記録には、両親の身元がわからない子供に対する伝統的な記載方法として、「ファン、大地の息子」と記されていたそうである。

ファンはその八日後に、マグダレーナという名の乳母とともにレオンに移り、そこで育てられることになった。思春期を迎えると、今度はトレドの東にあるオカーニャという町に移り住み、その土地で教育を受けた。

一六四二年五月、国王はこの庶子を公式に実子と認めることを宣言し、宮廷の儀礼を事細かに記した規定を発した。それによると、王妃は彼を「わが息子」と呼び、嫡子であるバルタサール・カルロス王子も「兄弟」または「わが友人」と呼ばなければならない、というものだったが、もちろんこれには王妃も王子も不快感を隠せなかった。彼らの最初の対面は不穏な空気に包まれ、王妃も王子も軽蔑的な眼差しでファン・ホセに接することになった。宮廷のしきたりに従えば、たとえ法的に認知されたとしても、宮廷に足を踏み入れることは許されなかったので、ファン・ホセはマドリードの宮廷から少し離れたサルスエラ宮に多くの廷臣たちとともに居を構えることになった。

図37　ファン・ホセ・デ・アウストリア（作者不詳，プラド美術館蔵）

国王が急遽こうした法的手続きをとった背景には、同じく婚外子をもうけた寵臣オリバーレスの思惑が隠されているといわれている。一六四一年に一人娘を失ったオリバーレスにとって、家系を絶やさないためにも、どうしても隠し子フリアン・バルカルセルを実子として正式に承認しておく必要があったのだ。フリアンはのちにエンリーケ・フェリペス・デ・グスマンと改名した。

正統な世継ぎであったバルタサール・カルロス王子が一六四六年に亡くなると、国王や民衆の期待が唯一の後継者であるフアン・ホセに寄せられるようになり、まず四七年に起こったナポリの反乱を鎮圧するという任務を任された。これはナポリとシチリアがスペインからの頻繁な財政的要求に対して副王政府に憤慨し、反旗を翻したものである。このとき彼は大胆かつ迅速に反乱を鎮圧し、独立を企てたギーズ公爵を捕らえることに成功した。その後もカタルーニャ戦線やフランドルなどにおいて活躍するが、六三年にはついにフアン・ホセ・デ・アウストリア率いるスペイン軍は、イギリスとフランスの援助を受けたショーンベルグ将軍率いるポルトガル軍にエストレモスで敗北を喫し、このときフアン・ホセの軍事的才能の欠如が暴露される結果となった。彼は軍の任務を解かれたあと、トレドの大司教の座や異端審問官の地位を提供されたが、どちらも断り、より高い地位を望んだことから、国王との関係に亀裂が生じ始めた。

一六六五年、フェリペ四世がこの世を去ると、新しい王カルロス二世はこのときまだ四歳に満たなかったため、王妃マリアーナが息子が一四歳になるまで摂政としてスペイン帝国を治めることになった。しかしこの間、国家の危機を乗りきる救世主はあらわれなかった。それらしき人物は何人か登場するのだが、救世主となるに充分な資質を持つ者はいなかった。

摂政マリアーナ王妃は当初から政治能力に欠け、よりによって政治を動かす力量のないオーストリア出身のイエズス会士ヨハン・エベラルト・ニタルト[15]を国家の中枢に起用した。本来ならばこの聖職者よりも政治に長けたファン・ホセを国家の舵取り役にすべきだったのに、もともとそりが合わなかったのと、婚外子であるということでこれを避けた。結果的には国家にとって不幸な決断となった。ニタルトは王妃のもとで三年半ほど寵臣役を務めることになったが、いかんせん政治問題には疎く、不幸にも王妃に正しい助言を与えることができなかった。

ニタルトが権力を握ったとき、彼の敵であったファン・ホセは、逮捕を恐れて一六六八年にはアラゴンへ、その後カタルーニャへと逃れた。翌六九年、彼はバルセロナで蜂起し、反乱にサラゴサの部隊も加えて、トレホン・デ・アルドスに到着し、そこから王妃に最後通牒を送った。これに対して王妃はカスティーリャ会議と統治評議会《フンタ・デル・ゴビエルノ》に相談を持ちかけ、ニタルト神父を解任した。神父は二月に更迭され、ローマの大使に任命された。その後、クレメンス十世（一五九〇―一六七六年。在位、一六七〇―七六年）により枢機卿に任命されたあと、八一年一月にローマで息を引きとった。

話を戻すと、ファン・ホセの蜂起は、これまでカスティーリャが周辺地域に干渉してきたのとは性格を異にし、中央政府に対して周辺地域が起こしたクーデターということで別の重要な意味を残した。しかしながら、ファン・ホセも今一つ政治能力に欠け、ここぞというときに一気に政権を奪取する気概を持ちあわせていなかった。

当時、マドリードにはフェルナンド・デ・バレンスエラという野心家がいた。かつてフェリペ四世が健在だったときに政治の手助けをしたり、愛のキューピッドを演じたりしていた男である。王妃はバレンスエラを傍らに呼び、宮廷に渦巻くあらゆる噂話や秘密を聴取させた。そのため彼は「宮廷のドゥエンデ」(「ドゥエンデ」とはいたずら好きな小悪魔のこと)と呼ばれるようになった。バレンスエラは王妃によってまずサンティアーゴ騎士団員に任命され、その後は外国大使の先導者《イントロドゥクトール・デ・エンバハドーレス》、王室付き馬丁頭を任された。また王妃はこの男に対して四六時中自由な出入りを許可したので、宮廷内では二人の関係を怪しむ者すら出てきたが、二人が不倫関係にあったという証拠はない。

フアン・ホセが去ったあとは、このバレンスエラが権力を握ることになった。ところが、これに不満の大貴族たちは、一六七六年一二月に再度フアン・ホセを呼び戻そうとしたため、彼はサラゴサで蜂起し、翌年一月二三日、一万五〇〇〇人の兵を率いてマドリードに凱旋した。バレンスエラはエル・エスコリアル宮の修道院に逃避したが、フアン・ホセの命令により国家の金を横領した廉で逮捕された。裁判では財産没収と死刑の宣告が言い渡されたが、教会側が庇護権を求め、結局フィリピン追放の刑となった。一方、彼の妻はトレド流刑に処せられることになり、そこからタラベラ・デ・ラ・レイナに送られ、かの地で精神に変調をきたしてこの世を去った。バレンスエラはのちにメキシコに渡り、馬の飼育をして暮らしていたが、そのうちの一頭に足蹴にされて亡くなった。

ファン・ホセ・デ・アウストリアはバレンスエラが逮捕されたあと、一六七七年から不慮の死を遂げる七九年九月一七日――奇しくもフェリペ四世逝去と同じ月日である――まで政権の座についた。この男は、王子《インファンテ》の肩書きを得るためにあらゆる手を尽くしたといわれるほど野心家であった。また、スペインの王位に就く一番の近道を考えて、フェリペ四世と王妃マリアーナの娘、当時一三歳であったマルガリータとの結婚を切望したこともあった。

時代をやや遡るが一六六五年の春、宮廷はいつものようにアランフエスに移動していた。当時オカーニャに滞在していたファン・ホセは父フェリペに謁見を申し入れ、二度謁見が許された。二度目の謁見の際に、彼自身の作品といわれる、ユピテルとユノーの近親相姦をまえに老いたサトゥルヌスが満足げに笑っている姿を描いた細密画《ミニアトゥーラ》を持参し、国王に献上した。ところが、ローマ神話の神々の顔は明らかに国王、マルガリータ王女、ファン・ホセとわかる容姿で描かれていたため、詩の愛好家であり神話を熟知していた国王は即座にファン・ホセの恐るべき策謀を見抜き、背を向けたまま二度と彼の姿を見ようとはしなかった。ただ、遺言書にはこの婚外子の面倒をみて欲しいとの要望が王妃に宛てて綴られていたという。

結局、カルロス二世が結婚した年に、この婚外子はこの世を去った。彼はここぞというときの押しが弱く、ひとたび権力を委ねられても、それを行使する能力に欠けていたため、軍にも教会にも大衆にもそっぽを向かれる結果となった。一六七七年と七八年、スペイン全土が飢餓に襲われ、アンダルシアは疫病により荒廃した。

ファン・ホセの後継者として政権に就いたのがメディナセリ公爵ファン・フランシスコ・トマスだったが、この大臣とて一六八五年に失脚するまでの六年間というもの、無策のまま怠惰な生活を送り、カスティーリャを政治的にも経済的にももっとも悲惨な状況に追いやっただけであった。そのため宮廷内の反対勢力によって退陣を余儀なくされたのである。

そのあとをオロペーサ伯爵マヌエル・ホアキン・アルバレス・デ・トレード・イ・ポルトガルが継ぎ、八五年から九一年まで首席大臣を務める間に、財政問題に真剣に取り組み改善を試みたが、結局は贅沢三昧や浪費に慣れきっていたカルロスの二度目の妻マリアーナ・デ・ネオブルゴをはじめとする人たちの抵抗にあい、解任されてしまった。これは、カルロス二世にとって頼れる大臣がいなくなったこと、すなわちスペインを統治できる政府が存在しなくなったことを意味した。

第5章――世俗を逃れて／恩寵を求めて

アルベルトよ、おのれの罪を洗いざらい
懺悔できる場所まで連れて行ってくれ
海辺の砂の粒や太陽の光線よりも
さらに多い罪の数々を
――（ペドロ・カルデロン・デ・ラ・バルカ『十字架への献身』）

神秘家マリア・コロネル

思いのままに享楽に耽ってきた国王が人生の前半を折り返してみると、すでに見てきたようにそこに待ち受けていたのは相次ぐ凶事の知らせばかりであった。そんなとき、たとえ気休めであったにしろ、フェリペの心に希望の明かりを灯してくれたのがソル・マリア・デ・ヘスス・デ・アグレダ（図38）であった。

マリア・コロネルという洗礼名をもつソル・マリア（「ソル」は修道女の名前につける敬

称）は一六〇二年四月二日、ソリア県にあるアグレダという村で父フランシスコ・コロネル、母カタリーナ・デ・アラーナとのあいだに生まれ、一六六五年に亡くなるまで故郷を出ることはなかった。両親は一一人の子宝に恵まれたが、成人したのは四人だけだった。家庭内では召使いたちも含めて毎日が祈りを中心とする生活になっていたせいか、いがみ合ったり怒鳴り合うようなことはなく、常に穏やかな雰囲気と調和に恵まれていた。彼女の生い立ちについては、本人の著作で没後に刊行された『神の神秘的な町』（一六七〇年）や、彼女の聴罪師であったアンドレス・デ・フエンマヨール師およびホセ・ヒメネス・デ・サマニエゴ師による伝記、それに宗教裁判所の記録から窺い知ることができる。ただ後者を別にして、これら三冊の中には客観的事実よりもむしろ聖人伝を彷彿させるような超日常的な出来事に関する記述も少なからず含まれている。

彼女の両親はさほど豊かな暮らしをしていたわけではないが、二人とも筋目の正しい家柄の出であった。若い頃の父親は貧しかったが、自分と同じように貧しくとも慎ましい家庭で生まれ育ち、敬虔な女性を娶りたいと考え、ヤングアス教会に出かけ聖母に祈ったところ、神のとりなしにより母カタリーナと出会う運命を授かったという。そのとき、カタリーナにはすでに金持ちの男性との結婚話があったにもかかわらず、なぜか彼女の心に聖母マリアに献身しようという強い思いが働いた。まさに聖母マリアが父フランシスコとの縁結びの神になったというわけである。

マリアの母は多少本が読めたので、精神世界に関する書物を読んだり、よく教会に出かけては説教を聞いていた。マリアはいつもその母から信仰の話を聞かされて育ったせいか、物心がつく頃から神への愛を切望するようになった。そして初めての神秘的な体験の中で聖母マリアや幼子イエスの姿を見たのは一六二〇年、彼女が一八歳のときであった。

話はその二年前に遡るが、ある日母カタリーナが神に祈りを捧げていると天のお告げがあった。その内容は家族や財産を犠牲にして自宅を女子修道院に建てかえ、二人の娘とともに誓願を立て、夫フランシスコおよび二人の息子フランシスコとホセはフランシスコ会に入会するようにというお告げであった。そこでこの告知を彼女の聴罪師フアン・デ・トレシーリャ師に伝えたところ、師にも同じようなお告げがあったというのだ。偶然の一致とはいえ、二人に同じような天の啓示があったことで、この聖なる言葉をなんとか実現したいという強い思いが彼女の中で膨らんでいった。

図38　ソル・マリア・デ・ヘスス・デ・アグレダ, 1638年（*El papel de Sor María Jesús de Ágreda en el Barroco español, Soria*: Universidad Internacional Alfonso XIII, 2002.）

話を聞いた父フランシスコは、最初いくつかの理由で計画の実行をためらった。まず年齢的に六〇歳を越えていること、体調が悪く四六時中きりきり痛む胃炎を抱えていること、それに何よりも自分の財産を遥かに上まわる資金が必要であること、などが大きな障壁として目の前に立ちはだかったのである。だが、母と二人の娘のたっての願いということもあり、父は思いきってこの計画に同意することにした。ところが、ここでまたもう一つ別の問題が生じた。それは当時、聖職者の数が増えすぎたがために、これ以上修道院の数を増やしてはならないという法令が定められていたことである。むろん女子修道院とて例外ではなかった。

そのようななか、二人の息子がフランシスコ会で誓願を立てると、法令などどこ吹く風で、不思議とお告げの実現化に向かって事が運び出したのである。当初、夫婦の財産は締めて七〇〇〇ドゥカードで、屋敷や家財道具をあわせても一万ドゥカードにも届かなかったのに、近隣の市町村からの資金援助や個人献金によって一気に計画が実現化に向けて動き出した。一六一八年八月には着工が決まり、一二月八日の聖母受胎の日にはコロネル家の敷地内に慎ましやかな礼拝堂と修道院が完成し、最初のミサをあげることができた。

翌年一月、父フランシスコ・コロネルはサン・アントニオ・デ・ナルダ修道院にて誓願を立てた。マリアの記述によれば、これを境にこれまでどうしても治らなかった父の胃炎が完治したという。

マリアも母と一緒に完成して間もない修道院にて、一六二〇年二月二日に誓願を立てた。マリアはこれまでにもいろいろと逆境に立たされ、神に試されてきたが、このときを契機に次々と神秘的な体験を重ねるようになった。初めて恍惚状態に陥り、幻視したときの霊的体験を彼女は次のように語っている。

やけに潤いのない気持ちに駆られ、祈りにはいると私はこう言いました。「主よ、今こうして祈りを捧げておりますが、どうすればよろしいのでしょうか？」。するとそのとき私は喜びを覚え、大いに慰められました。また、激しい勢いで主の愛が私に注がれたのを覚えています。（これまでにも何度かそうしてきたように）そのときも抵抗したのですが無駄でした。私は自分自身の身体から抜け出し、恍惚状態になってしまったのです。感覚を働かせることができなくなり、内的遊離の状態に陥りました。これが初めての瞑想の体験で、これまでにない驚異的なものでした。私は聖母マリアが幼子イエスを両腕に抱えているのを――あれは土曜日のことでした――見たのです。そのあと主が十字架から降ろされたときには、体中が傷だらけで、マリア様は心を痛めておられました。そして私に向かって「なんと酷いのでしょう？」と言われたので、私は胸が張り裂けんばかりになり、彼女の苦悩を見て大変心が痛みました。マリア様はそんな私にいろいろと慰みの言葉をかけてくださり、美徳を心がけ守るようにと言われました。私はまた主の恩恵にもあずかりました。主は私に手を差しのべてくださり、私の心をとりだしたあと、主ご自身の御心と入れかえてくださったように感じられました。このことが起こっているあいだ、心地よい痛みを感じ、私が私でなくなったようでした。私は自分自身の中で生きていたというよりも、主の中で生かされていたのです。（『神の神秘的な町』）

その後の数年間、彼女は二時間以上ものあいだ身体が宙に浮くような法悦の境地を何度も味わうことになるが、こうした体験を関係者以外の人に見られるのを好まなかったようである。またこうした礼拝や瞑想のかたわら、かつてイエズスの聖テレジアが行ったように教会活動にも積極的に従事した。

一六二三年、アグレダの修道院が改革跣足修道会の本部によって運営されることになり、二七年に修道院長に任命された。それ以来、終生この修道院を拠点として職務に励んだ。彼女の仕事の一環として膨大な数の手紙を書くという作業も含まれており、国王や王家の人々はもちろんのこと、一六二八年からはアラゴンの副王フェルナンド・デ・ボルハ、その息子フランシスコ[16]、イハル公爵、ローマ教皇大使（のちのクレメンス九世）（一六〇〇—六九年。在位、一六六七—六九年）、そのほかにも同じ修道会の修道女たちや自分の家族とも手紙のやりとりをしていた。しかし、彼女の聴罪師フランシスコ・アンドレス・デ・ラ・トーレ師が一六四七年三月二〇日に亡くなってからというものは、手紙の数も幾分減ったが、その一方で聖書の引用が以前にくらべると目立つようになった。

そういえば、マリアの知識に通常では考えられないような不思議な現象が見られることがあった。別に学校に通って学問を修めたわけでもないのに、彼女は多くのことを知っていたのである。それというのも、神から必要な知識を授かったためで、後任の聴罪師アンドレス・デ・フエンマヨール師によれば、至高の境地において天啓を授かったらしく、学問を修めずして哲学、天文学、数学などについて語ることができたという。

「余に天罰を！」――悔悛する国王フェリペ

フェリペ四世の治世は、寵臣オリバーレスが失脚する一六四三年一月を境にして、それ以前とそれ以降の二期に分けられる。前半はオリバーレスがスペイン帝国を強化しようとした時期で、後半はスペインが疲弊と崩壊の真っ直中にあった時期である。ソル・マリアとのあいだで書簡が交わされることになったのはまさにこの激動の後半期であった。

国王が初めて彼女に出会ったのは、アラゴンに旅した一六四三年七月一〇日のことである。当時アグレダ村の修道院長を務めていたソル・マリアのもとを訪れ、彼女に手紙を書いてくれるよう要求して以来、二人のあいだで書簡のやりとりが始まった。

ただし、国王が彼女の情報を最初に耳にした時期については不明である。一説によればオリバーレスが失脚するずっと以前に、すでに彼女の名声は国王の耳に届いていたとも言われているが、これについては憶測の域を出ない。むしろ彼女が若い頃に新大陸で先住民《インディオ》たちに布教したという噂がスペイン中に広まり、フェリペ四世もそのとき彼女の名前を耳にしたという可能性は充分に考えられる。

この布教のエピソードというのは、アグレダの尼僧ソル・マリアとおぼしき一人の修道女が新大陸で先住民たちのまえに姿をあらわし、宣教師たちが到着するまえに伝道したというものである。ただし、これはあくまでも先住民たちが彼女らしき人の姿を見たというだけの話であって、実際に彼女が新大陸へ出かけたわけではない。この辺の事情について後に本人は、おそらく自分の姿をした天使が先住民たちの目の前にあらわれ、彼らに説教したためで、このことについては祈りをとおして主が自分に教えてくださったのだと述べ、このエピソードに対する神意を認めている。こうした出来事や彼女の一連の神秘体験をとおして、彼女の噂がスペイン中に広がり、評判となったのである。

サンティアーゴ騎士団員であった作家ケベードは『サンティアーゴの守護聖人のための覚え書き』(一六二八年)の中で、スペインの守護聖人がサンティアーゴ(聖ヤコブ)であることに何ら異論はないが——一六一七年に聖ヤコブがスペインの唯一の守護神ではなくなった——、イエズスの聖テレジアも強力なパートナーであると明言したあと、ソル・マリア・デ・アグレダもいずれは頭角をあらわしてもおかしくはない人物だと述べている。

またこれとは別に、マドリードの宮廷に住むソル・マリアと親しいアラゴン出身の貴族たちが、国王に彼女のことを吹聴した結果、彼女に興味を示すようになったのではないかという可能性も考えられる。

二人の書簡は一六四三年から彼女が亡くなる六五年までの二二年間続き、そこには公私にわたって事細かに国王の生き様が綴られている。また国家の危機や王家の不幸、それに国王自身の個人的な懊悩も赤裸々に綴られていて、十七世紀のスペイン宮廷に関する諸事情はいうまでもなく、歴史にはあまり表だって書かれることのない国王の素顔が垣間見られるのである。

もともと二人の書簡はあくまでもプライベートなもので、噂の絶えない、野心と欲望が渦巻く宮廷で披露される類のものでは決してなかった。ただ個人的な書簡といえども、万が一内容が漏れたときのために備えてそれなりの用心は必要であった。そのため周囲を気遣うという意味からか、書簡には固有名詞というものがあまり出てこない。

当時の文学界を席巻していた詩人ゴンゴラに代表される文飾主義《クルテラニスモ》やケベードに代表される奇知主義《コンセプティスモ》という、奇を衒った文体とは対照的に、二人が交わした文章には気取りといったものはほとんど感じられない。そこにあるのは複雑な胸中の思いを吐露する国王の素直な感情表現だけである。文学的潮流を意識した文体とは縁遠く、多少冗漫ではあるものの、比較的素朴な文章であるといえよう。最初から他人に公開するつもりはなく、二人だけの意思疎通ということで、国王は彼女を神にもっとも近い仲介役と理解し、告解場で懺悔でもするかのように、神に対する畏怖、悔悛の念、腹蔵のない思いを筆に任せたのである。

最初にソル・マリアに宛てた手紙の文頭には、他人の目に触れることのないようにとの要望、ならびに彼女に対する信頼度の高さを読みとることができる。

書簡箋の半分を空けておきますので、返事をそこに書いていただきたい。手紙の内容については他人に漏らさぬよう願います。そなたに出会ってからというもの、余および君主国の繁栄を慮《おもんぱか》り、神に祈りを捧げてくれるとの温情を知り、随分と勇気づけられたものです。あのとき感じられたそなたの思いやりと愛情から、信頼するに値する人物であることを知り、かつ勇気が湧いてきたというものです。（一六四三年一〇月四日／サラゴサ）

このように国王からの要請で、二人の文面が同じ紙面上に並ぶことになり、非常に都合よく往復書簡が保管されるかたちとなった（図39）。一連の書簡をとおして内容的に共通している点は、国王の自信のなさと決断力のなさ、それに意志薄弱のせいで、絶えず自己との葛藤に苦しみ、おのれを責め続けてきたフェリペ四世が紙面に鎮座していることである。そのため彼女が国王に要求し続けたことは、俗世の出来事に没頭しすぎず神の道を歩むべきであり、国王の役目をまっとうするためにもフェリペ四世が国家の先頭に立ち、寵臣の言いなりになって政治を他人任せにせず、みずからの手で政治を行うべきだということ――もっともこれは宮廷に対する民衆の要望でもあったが――などであった。

ちょうどこの頃、政治の権力を握っていたのはすでに述べたように、ルイス・メンデス・

郵便はがき

料金受取人払郵便

小石川局承認

1125

差出有効期間
2025年4月9
日まで
(切手不要)

112-8731

東京都文京区音羽二丁目
十二番二十一号

講談社
学芸部
学術図書編集 行

ご購読ありがとうございました。今後の出版企画の参考にさせていただきますので、ご意見、ご感想をお聞かせください。

ご住所《フリガナ》　〒□□□-□□□□

お名前《フリガナ》

生年(年齢)
(　　歳)

電話番号

性別　1男性　2女性

ご職業

小社発行の以下のものをご希望の方は、お名前・ご住所をご記入ください。

・学術文庫出版目録　　希望する・しない
・選書メチエ出版目録　　希望する・しない

TY 000045-2302

この本の タイトル	

本書をどこでお知りになりましたか。

1 新聞広告で　2 雑誌広告で　3 書評で　4 実物を見て　5 人にすすめられて
6 目録で　7 車内広告で　8 ネット検索で　9 その他（　　　　　　　　　　　）
＊お買い上げ書店名（　　　　　　　　　　　　　　　　　　　　　　　　　　）

1．本書についてのご意見、ご感想をお聞かせください。

2．今後、出版を希望されるテーマ、著者、ジャンルなどがありましたらお教えください。

3．最近お読みになった本で、面白かったものをお教えください。

ご記入いただいた個人情報は上記目的以外には使用せず、適切に取り扱いいたします。

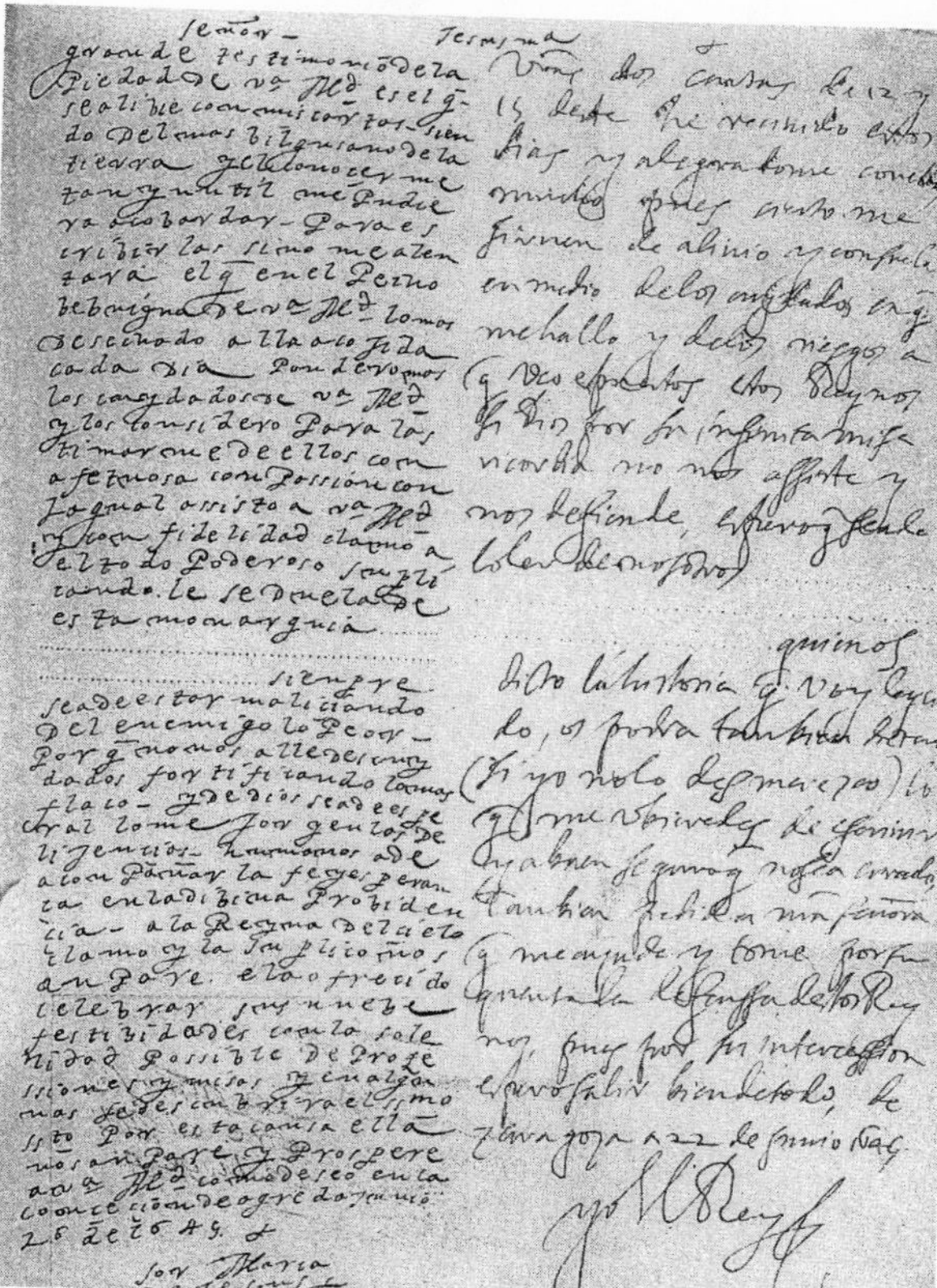

図39　左右に並んだ国王とソル・マリアの往復書簡（右側が国王の手紙，左側がソル・マリアの返事）（*Correspondencia con Felipe IV: Religión y razón de Estado*, Madrid: Castalia, 1991.）

デ・アロであった。しかし幸いにも、彼は叔父オリバーレスの苦い経験をそばでみてきたこともあって、不用意に出しゃばることはせず、むしろ陰で慎重に振る舞い続けたのである。それにしても、国王の書簡からは、悔悛の念とともに国を思う気持ちがひしひしと伝わってくる。

余はイエス・キリストおよび聖母マリアに手を差しのべ、お救いくださるようにと嘆願するものの、おのれに信がおけないのです。余はこれまで少なからず神を冒瀆し続けてきたこともあって、むしろ種々の罰を受け、苦しみを味わうほうが理にかなっていると思うのです。それでも、スペイン国と全キリスト教世界の平安を維持するためにも、余の軍務と軍隊を神がお導きくださるよう、またそなたが神に嘆願してくれるという約束を果たすよう願ってやみません。(……)余が神の慈悲深い御手から受けとることのできる最大の恩寵といえば、わが帝国に下される天罰を余が受けることに他なりません。なぜなら天罰を受けるのは余であり、真の忠実なカトリック教徒であり続ける国民が罰を受けるのはお門違いというものだからです。

(一六四三年一〇月四日/サラゴサ)

一方のソル・マリアとしては、こうした一国の王が抱える大きな悩みを突きつけられ、ためらったり絶望に陥ったことも度々あったが、重大な件については指導者にあたるフランシスコ会士フランシスコ・アンドレス・デ・ラ・トーレ師に相談を持ちかけていた。師が亡くなったあとは、アンドレス・デ・フエンマヨール師がその任務を引き継ぐことになった。言い換えれば、彼女の独断で物事を決められるものではなかったということである。

では、国王は彼女の助言をどう受け止めていたのだろうか。一六四七年の手紙には、もはや単なる助言者ではなくなり、真の友人と見なすほど、信頼をおいていたことがわかる。「よき友として仕事をしてくれるようそなたに求めたい」（傍点は筆者）とあるように、これは家族および宮廷関係者以外の者としては破格の待遇である。国王の手紙には、何度となく彼女から手紙を受けとったときの安堵感や彼女に手紙をしたためる喜びが記されており、そうした一時が一番心の和むときであり、絶望感も薄らいだものと思われる。その証拠に返事が予想以上に遅れると、国王は心を痛め、ましてや彼女が病の床にでも就こうものなら、いつ天に召されるかわからないという恐怖に怯えたのである。なぜなら、国王は何度となく彼女の慈悲深い心に触れることにより、救いの気持ちを味わうことができたからである。

手紙の書き方としては、まず第一にソル・マリアの返答に対する謝辞を述べたあと、彼女の助言に対するコメント、彼女の健康のこと、戦争や疫病など国家に降りかかる禍のことなどが親しみのこもった文章で綴られているが、宮廷生活の詳細や、俗世の楽しみまたは自分自身の性癖についてはあまり語られていない。内容の大半は現実の否定的な面ばかりに集中し、そのため彼女に神へのとりなしを求めるという国王のせっぱ詰まった態度ばかりが目につく。ソル・マリアに宛てた手紙と同じ時期にパレデス・デ・ナーバ伯爵夫人ルイサ・エンリーケス・マンリーケ・デ・ララに宛てた手紙と見くらべてみると、こちらのほうは妹の養育係をしていたうえ、同じような神秘体験によって当時「聖女」の威名を轟かせていたこともあり、同じ出来事を書くにしてもより詳しく綴られている。(17)

手紙の数は、一六四三年と四四年には、わずか数通しか書いていなかったのが、イサベル王妃が亡くなった翌年からはその数が急激に増え、四五年には一九通、四六年には二四通、そして五六年までは平均して一五通から二〇通もの手紙を書き送っている。しかしその後、徐々に手紙の数も減少の一途をたどるが、一六四四年から四九年にかけては、特に国王にとって心身ともに大変な時期であり、神との橋渡しをしてくれるソル・マリアはなくてはならない人となった。

だが、ソル・マリアにしてみれば、一六四八年までは国王に助言を与えることにより、政治的な面でも影響力を及ぼしうるものと思っていたようだが、ボルハ親子に宛てた手紙には、寵臣の件について国王は何ら助言を聞き入れてくれないといったもどかしい思いが記されている。

いずれにしても、彼女の助言の中には幻視をとおして神から授かったアドバイスも多少含まれていた。そして、それにもとづいて政治、宗教、軍事の面で国王に助言を与えていたのである。ときには亡くなったバルタサール・カルロス王子が彼女に神の助言を伝えたということも書かれている。

なお、晩年の彼女の手紙には、世俗的な出来事よりもむしろ国王の改心に関心を寄せていた様子が窺える。

魂の国からのアドバイス――ソル・マリア・デ・アグレダとフェリペ四世の往復書簡

ソル・マリアの忠告はどれも、国王の権力は神聖なものであり、それは神に起因するものであるという考えにもとづいている。これは当時の神学者たちの考えや、世評とも一致するところであった。そのためオリバーレスが失脚したあと、過去の過ちを繰り返さないようにという願いから、寵臣に頼らずに国王の意志により政治を行うよう何度かフェリペ四世に進言している。結果的には、ルイス・メンデス・デ・アロが寵臣となったが、彼女の基本的な考えはまさにこの点にあった。また、痛ましいスペインの現状にも心を痛め、国王と帝国全体の至福およびときにはキリスト教世界全体の至福を願いながら、どう対処すればよいかについても彼女なりの意見を書簡に託している。以下、ソル・マリアの助言を、スペインの対外政策についてのものと、国内の問題についてのものとに分けて、追ってみることにしよう。

◎対外政策について◎

この時代、スペイン帝国はカタルーニャ、ポルトガル、フランス、フランドル、イタリア、トルコなど、解決しなければならない外交問題を数多く抱えていた。また国内経済もどん底の状態にあった。

本来、彼女は神に仕える身であったが、やむにやまれぬ事情によりスペイン帝国の運命と深く関わらざるをえなくなり、国王に適切なアドバイスを送りながらも、修道院の中から王家の幸せとカトリック王国の平和を祈願した。決して私利私欲に走ることなく、いかなる場合にも国王の魂の救済のために尽力を惜しまなかった。意志の弱さからなかなか修正しようとはしない国王に対して、ときには絶望することがあったけれども、忠誠心を失うことはなかった。ソル・マリアの助言は、一朝一夕に功を奏するというわけにはいかなかったが、一進一退を繰り返しながらも、弱気な国王を辛抱強く励まし続けたのである。

国王のソル・マリア宛の手紙には、家族の誕生、結婚、死などといった王室の出来事や内外の政治状況が克明に記されており、全体的にみると慶事よりも忌まわしい出来事や不幸な事件のほうが多い。たとえば、血腥《ちなまぐさ》い戦争が続くフランドルやイタリアでは歩兵部隊《テルシオ》が勇敢に敵と戦う一方で、物資の不足により敵の優れた戦術のまえに太刀打ちできないこと、オランダやイギリスから海上権を脅かされていること、そのオランダやイギリスが新大陸から銀を運んでくるガレー船の到着を阻んでいること、やっかいなカタルーニャやポルトガルの問題に悩まされていること、そしてそれに付随して各地で謀反が起きていることなどが国王の嘆きとともに丹念に書き記されている。今まさに沈没しかけている、昔日の大きな野望を積んだスペイン帝国という船をまえに、心底嘆き悲しんでいる国王の姿が書簡をとおして散見する。

このような弱気な国王に対しソル・マリアは、絶えず信念を持って事に対処するようにとの指示を出すのだが、国王としては彼女の忠告を一つ一つ実行に移すことよりも、自分を理解してくれる「聖女」がこの世に存在するということのほうに深く感動し、心の慰めを見出していたように思われる。

彼女にしてみれば、あくまでもキリスト教道徳に照らしあわせ、助言を繰り返していたわけで、言うならばスペインはトルコなどの異教徒からカトリック教を保護する立場にあり、その国王とは全キリスト教王国の頂点に立つ人でなければならないという考えにもとづいての助言であった。神と教会への愛と国王への忠誠心とが彼女を動かし、そのことが彼女を国王の有益な助言者にならしめたのである。

彼女にとって唯一不可解だったのは、カトリック国であるフランスが同じカトリシズムを信奉するスペインに対して戦闘的であるだけでなく、異教徒であるトルコと和平を結んだという点であった。和平に関するソル・マリアの考えは教皇アレクサンデル七世に宛てた手紙に詳しく示されている。その中でソル・マリアは、あるとき悪魔たちがカトリック教会に対して地獄の洞窟の中で秘密の集会を開き、すべてを破壊したうえで聖なる信仰を貶めようとしている場面を幻視したと述べている。キリスト教の王侯貴顕のあいだに戦争を引き起こし、それによってカトリシズムを弱体化させ、邪教を優位に立たせようというのが悪魔の計画だというのである。というのも、キリスト教徒たちが霊性を失い、神を冒瀆しているかぎり、神の恩寵にあずかることはできず、これこそがまさに天罰だからである。したがって、そうならないためにもフランスとの戦争によって悲惨な状況に追いやられることになるスペイン国民のことを思いやり、将来を憂えながら真剣に教皇に平和のとりなしを求めている。国王宛に出す書簡の内容よりもより切実で、単刀直入である。

事態があまりにも由々しいがゆえに、私はこのところずっと嘆かわしい災厄と不幸を目のあたりにして胸を痛め続け、密かに心の中で涙したものです。私たちを脅かす将来のことを考えますと、たえず心に恐怖の矢が突き刺さっているかのようです。いずれこのような苦しみを味わう時期がくるかもしれないという虫の知らせは感じておりました。キリスト教徒の王国のあいだで戦争が起こり、この世の事物や要塞や王国の所有をめぐって――こんなことはどちらの側が所有しようとほとんど重要ではありませんが――、多くのキリスト教徒たちの血が流され、おびただしい数の人たちが命を失っています。双方の国王は財貨を使い果たす一方で、哀れな家臣たちを重税で苦しめているのです。この地域の村々では雑草と大麦のパンしかなく、住人たちが飢えに苦しみ悲嘆にくれるほど食料が不足しています。必要な物が充分になく、カトリック信仰の子である、この哀れなスペインの王権を防衛するための富がないのです。スペインはそのことを素直に認めております。スペインはキリスト教徒の王国の中でもっとも打ちひしがれ苦しんでおります。カトリックの王国からも、わが国に対し反旗を翻す異端の王国からも脅かされているのです。これには奇蹟または神の特別なお慈悲でもないかぎり、救いようがありません。（……）もはやこの最悪の事態を解決できるのは法王様だけです。俗世の解決方法では用をなさないとなれば、法王様の神業とお力とご加護によってわれらの王国をお守りくださるようお願い申します。

（『往復書簡』「補遺Ｘ」）

またキリスト教世界への貢献というスペインの使命もさることながら、王国の繁栄と国王およびその家族の平安、救済をも心から望んでいる。そのために神を不快にさせていると思われるフランスとの戦争に終止符を打ち、和平を実現させる必要があることを強く訴える。なぜなら、最終的にはいかなる戦争も神の目からすると間違いだからである。

いかなる戦争もキリスト教徒の王侯貴顕のあいだでは防衛を除き正当性を持ちません。防衛というのであれば全力でこれにあたるべきですが、先制攻撃は控えるべきです。カトリック教徒および福音書を伝道する人たちのあいだに戦争が起きることを全能の神は望んでいないということです。慈愛と平安を拠り所とし、私たちがおたがいに愛しあい、自分たちと同様に他人をも愛することを望んでおられます。もしこのことが実行されるのであれば、決して不和や争いは起こらなかったでしょう。（一六五九年四月一一日）

道徳的な観点からすれば、すべてが神の摂理によるものだという考えから、フェリペ四世の君主国にこうも次から次へとただならぬ災難が降りかかってくるのは、国王および民衆の犯した罪に対する神罰かもしれないと仄めかす。そこで何度か国王に、神聖を穢すような人々の自堕落な服装を禁止し、彼らの悪癖を直すべきであるとの要請を出すと同時に、国王みずからが神の道にそった模範的な生き方をするようにと忠告している。

陛下が塗炭《とたん》の苦しみに喘《あえ》いでおられるさなか、わが君主国が受けた痛手を癒す手だてとして、陛下の気苦労も、各諮問会議の妙策も、戦闘準備も、兵士の数も、多額の租税も、時宜を得た警戒や慎重な助言も万能ではありませんでした。こうした試みはどれもみんな徒労に終わり、消散してしまいました。これは明らかに多くの災厄の原因が人間が講じた方策を凌駕しているという証拠です。もし私たちの被った痛手の原因が単に自然に帰すものであれば、いつもの方法でそれを癒やすことができるはずです。また敵の悪意によるのであれば、陛下のお力で敵を制御することもできるでしょう。誠意のない人たちの裏切り行為によるものであれば、正義に訴え安全を確保できるでしょう。スペインのような強力な王国がわずかな時間に手足をもぎ取られ、窮地に立たされたということは、明らかにその原因が自然以外のところにあるという証拠です。陛下、私たちの犯した罪により神の怒りを買うことになったわけですから、政治的な方法による解決ではなく、周知の悔悛による方法に頼るべきではないでしょうか。（一六五六年一一月一五日）

戦争はもちろんのこと、ペストや飢餓などによる禍はすべて神の逆鱗に触れることによって引き起こされるというのである。よって、そうした惨禍から逃れるには、まず一人ひとりが心を入れかえ、神の怒りを鎮めることが大切であると説く。

しかし現実面では、備えあれば憂いなしという諺もあるように武装の準備は入念に行い、必要とあらば防衛だけでなく、こちらから攻撃を仕掛けることも大切であると、狡猾な一面を覗かせるときもある。また物事の迅速な処理ができない王室に対しても、あまりの遅滞によってことを危険にさらすよりも、時間に余裕を持って迅速にとりかかるほうが賢明だということを一言言い添え、臨機応変に対処している。

それでもやはり同じカトリック教徒同士の戦争は彼女にとって堪えがたいものであったのか、一六五九年にフランスとピレネー条約が結ばれ、西仏戦争が終結すると、同じキリスト教徒の王侯は力を合わせて異教徒に対抗するのが筋であるといわんばかりに、この和平を大いに歓迎した。

◎国内問題について◎

十七世紀のスペインでは各王国がそれぞれ独自の特権を有していて、このことが軍事的な統一を困難にしていた。特にカタルーニャの問題は国王にとって最大の気懸かりだったようで、彼女の手紙にも国王の憂慮を察した言葉がしばしば見受けられる。これに対してフェリペ四世も真摯な態度で助言に耳を貸し、なおかつ神にも祈る気持ちで自分の任務をまっとうしようとした。以下の文面から見るかぎり、明らかに国王は神の仲介役としてのソル・マリアに話しかけていることがわかる。

先回の手紙を受けとった直後に、そなたの助言通りに手配し、至急食糧の補給ならびにその他必要なものを向こうで手配するよう指示しました。余は味方を援護するにおいて最善を尽くすつもりでいるが、今のような少数の手勢では、神のご加護がなければ形勢は不利となるでしょう。どうか神にすがっていただきたい。主がわれわれの味方についてくれるならば心強いというものです。そなたの忠告に対し感謝するとともに、そなたの手紙は余の喜びでもあるのだが、内容に関してはどうか他言なさらぬよう願います。（……）それから聖母マリアに救いの手を差しのべてくださるよう、またこれらの王国の保護に留意なさるよう祈願していただきたいのです。

（一六四五年六月二二日／サラゴサ）


ソル・マリアの故郷アグレダ村は一応カスティーリャに属してはいたが、アラゴンと隣接していたため、彼女はアラゴン王国の土地の事情にも通じていた。このアラゴンとて、もしかりにフェリペ四世が相手の特別法《フエロ》を無視し、オリバーレスの政策をそのまま続行していたならば、おそらくカタルーニャの戦火がこの王国にも、あるいはもしかしてバレンシアやナバーラにも飛び火していたかもしれない。そう考えると、たとえ国王は彼女の助言を全面的に受け入れることはなかったとしても、彼女との出会いはスペイン統一に向けての有意義な前進といってもよいだろう。

だが、そうはいうものの、カタルーニャ問題を解決するための兵力や援助をアラゴンから引き出すのに、カスティーリャとは勝手のちがうアラゴンに対しては慎重に焦らず対処すべきであると述べると、これに対してソル・マリアは次のように警鐘を鳴らしている。

陛下のご苦労は大変なものと理解しておりますが、それにつきましてはとても気懸かりです。カスティーリャ王国の忠誠心は認めるといたしましても、アラゴン王国のこととなれば、郷に入れば郷に従えというのが道ではないでしょうか。陛下におきましては彼らの特別法を敬い、上手に手なずければ、首尾よく事が運ぶでしょう。このことは必要不可欠であり、彼らの忠誠心は非常に重要だからです。（一六四五年七月一七日）

どうやら国王は、節度がなく遅鈍なアラゴン人（スペインでは、昔からアラゴン人は石頭のうえ、上記のような人が多いと信じられていた）のことをよく思っていなかったのか、彼女はもっと忍耐強く交渉をすべきであると訴えている。

陛下がご不満に思い、苦しんでおられるアラゴン王国の諸事情につきましては、常に気懸かりなところです。なぜなら今の苦境においてはアラゴン人をより必要とし、不面目を請け戻し、最大の危機を避けるためにも、できうる範囲で彼らの求めに応じるほうが好都合なのではないでしょうか。神の思し召しにより、もし状況が変化すれば、事態を打開し、彼らを今以上に理性ある人間に変えることも可能でしょう。（一六四六年七月二日）

また、当時最大の関心事であったカタルーニャ問題についても、彼女は国王とともに解決の糸口を探ろうとする。バルセロナ奪回に寄せるソル・マリアの関心の高さは書簡にもはっきりとあらわれている。

バルセロナのことが心配です。何日もまえからどういう状況にあるのかわかりませんので、なおさらのこと心配が募ります。私はそのためにもできるかぎりのことをし、全能の神に訴え続け、慈悲をかけてくださるよう祈願しております。（一六五一年一一月一〇日）

バルセロナが窮境に陥っているとのこと、非常に胸が痛みます。私は事態がよくなるようにと全能の神に訴え、敵軍を目のまえにして危険が迫っているなか、わが軍が防備を固め、警戒するようにと願うのみです。（一六五二年三月七日）

そしてついに五二年一〇月一三日、バルセロナが降伏し、カタルーニャの反乱に終止符が打たれると、彼女はそれを大いに讃えると同時に、すべてが神の摂理によるものであることを確認する。この数ヵ月後には、フェリペ四世はカタルーニャの法律と特権を尊重すると約束し、事実上カタルーニャがふたたびスペインに帰属することになった。

繰り返し示唆してきたことですが、わが君主国においてこれまでに成し遂げられた偉業のうち、私がもっとも望んでいた偉業といえば、陛下の軍事力のまえにバルセロナの要塞都市が降伏したことです。今回併発した多くの有益な事態を目のあたりにし、感慨無量といえましょう。よく観察し熟考してみれば、こうした事態は神を喜ばせるもの、神のご意志に添ったものであります。陛下の王国にとりましては非常に有利であり、軍は信望を得、スペインに名誉をもたらし、陛下にとっては喜び、安堵、慰みでありましょう。また共通する幸せであり、バルセロナの人々にとっても同様です。家臣たちは歓喜し、外国人たちは満足するでしょう。なぜなら、ずっと戦況を見守っていたヨーロッパ中が今回の出来事を歓迎しているからです。計画の頓挫と軍事力の消耗から、頑強な敵も敗北し面目を失ったという情報はいずれ伝わることでしょう。（……）主よ、これは神の強力な救いによるものであり、天照らす神の恩寵によるものなのです。神から賜ったものはすべてが完璧です。（一六五二年一〇月二三日）

要するに、スペインとフェリペ四世自身の救済および臣民の平和と福祉を考え、親身になって国王の書簡に返事を書いていた彼女とは対照的に、国王は意志の弱さから思うように国の舵取りができないもどかしさからであろうか、彼女が与えてくれる助言の中でも自分に都合のよい部分のみに反応し、慰められているような印象を受ける。コンセプシオン・バランダの表現を借りるならば、ソル・マリアの助言はスペイン帝国の政治的方針を左右したとは断言できないにしても、フェリペ四世が逆に、衰退の道を歩んでいたスペインの軌道を修正するにはどんな助言も無力であることに気づいていたソル・マリアを利用し、彼女を神の恩寵を受けるための、また意志の弱さによりこれまで犯した罪に対する罪悪感を和らげてくれるための仲介役とみていたのではないだろうか。その証拠に、一連の手紙をとおして国王は何度も自分の罪が軽減されるよう彼女に神へのとりつぎを乞うているし、彼女も毎回のように親身になって国王を勇気づけ、スペインと国王の魂の救済を神に祈り続けている。

＊

晩年の国王の手紙を読んでみると、ポルトガルやイギリスとの問題や国内問題を憂慮する気持ちがあらわれている一方で、国王の一番の関心事はといえば、やはり自分自身が死んだあとの魂の救済にある。ソル・マリアにしてみればそうなるようにと心から願い、神の王国に近づけるよう強い信念をもって罪から逃れるよう国王に忠告するのだが、当の本人はまるで他人事ででもあるかのように、忠告の実行を示唆するにとどまる。本意としては実行したいところなのだろうが、「実行すると約束します」といった不退転の決意は微塵もなく、「実行してはみたいのですが」という婉曲表現になっているか、自分の力ではどうにもできないことを承知のうえで、ソル・マリアに全面的にすがりつつ、そうなるように神に祈ってくれるよう嘆願するばかりである。意志の力だけでは思うとおりにならないことを知り尽くしている国王にとって、神の恩寵だけが頼りなのである。死の数年前あたりから死ぬ直前までほぼ毎回同じような嘆願が手紙文の中で繰り返されるのをみると、最後の最後まで意志の弱さゆえに運命に翻弄され続けることになってしまったフェリペ四世の哀れな姿が浮き彫りにされる。

余は、今日できることを大変いやな思いで明日に延ばしてしまうことを、そなたに白状します。(……)ソル・マリアよ、どうか力を貸してください。おのれの弱さゆえに、善いと思ったこともできなくなるのではないかと心配でなりません。神よ、強くなってご意志に添うことができますよう、どうか力をお与えください。(一六六一年九月二一日)

できることならそなたの教えを実行したいと思うばかりです。特に、今忠告してくれたことを。心底ダビデをまねて神にお慈悲を賜りたいと願っています。お慈悲があってはじめてそなたのいう至福を手にすることができるからです。余としてはできるかぎりのことはするつもりなので、そうなるよう手を差しのべてください。(一六六二年七月一〇日)

そなたの言葉を信じ、実行に踏み切り、また忠告通り信仰にすがってみるつもりです。主よ、どうすればよいのか方法をお教えください。そのために、そなたの祈りで余を助けてくれるようお願いしたいのです。(一六六三年五月二九日)

そなたの教えに敬意を表します。手紙に書かれた教えを逐一実行したのですが、(マリア・〕マグダレーナにくらべると余の愛は見劣りするゆえに、至福を手にするための努力はするつもりですが、それほどの果報が授かるとは思えません。どうか余の力になっていただきたい、善き友人の助けを大いに必要としているのです。（一六六三年九月四日）

余にとって唯一重要であり関心のあるわが魂の救済を、神に願ってくれるそなたの心遣いに対し礼を言います。これからもそなたの尽力を信じ、祈願のほどをお願いします。余としても手紙にあるダビデや聖パウルスにあやかれるようできるだけの努力はするつもりです。（一六六四年五月二八日）

余の魂の救済を案じてくれたことを知り、たいそう心が慰められました。そなたが主にそれを祈願してくれていることや、そのためにそなたが心底から熱意をもって余に忠告してくれることは、実行したいと思っています。魂の救済が実現するよう最大限の努力をするつもりです。そなたのほうでも神が余に特別の恩寵を与えてくださるよう、そしてそれが実現するためにも、これからも熱心に祈り続けてくれるよう頼みます。また、そうなるようにするにはどうすればよいのかも教えていただきたい。今は心の蟠《わだかま》りが解けずに悲痛な思いですが、多幸が授かるのであれば、そのように実行する心の準備はできています。（一六六四年一一月二五日）

死の足音が間近に迫りつつあるのを予感していた国王にしてみれば、脆弱な世継ぎのことも含めてスペイン帝国の前途を憂慮するものの、その一方では自分の魂の救済が目下の急務であったように思われる。しかし、この二つの思いは国王の胸のうちで堂々めぐりを繰り返すだけで、たとえソル・マリアの助言が一時の安堵を得るための処方箋であったとしても、国の舵取りなどは夢のまた夢でしかなかった。

第6章――国王の晩年と黄昏れゆくスペイン

国王の容態が悪く
王子も病で臥《ふせ》っている
王妃は悲しみに沈み
王女の余命いくばくもなし
王家は誰の手に貸し出されるのか？
――（マドリードの民衆詩、十七世紀）

苦悩の晩年と国王の死

フェリペ四世の晩年――。それは、人生のうちでもっとも悲惨な時期であった。王は絶えず自分の犯した罪の重さに打ちのめされ、また日の沈むことのなかったスペイン帝国を、自分のせいで生気を失った国家の形骸に変えてしまったのではないかという思いにも苛まれ続けた。

一六六一年には王子フェリペを失い、数日後には帝国の跡継ぎとなる予定の男児が誕生するという、生と死を一度に体験したこともあった。このとき生まれてきた子供は肉体的に脆弱であったため、数ヵ月持てばよいほうであるとさえ言われた。もし幸運に恵まれたとしても、長生きはできないと誰もが思った。国王の苦悩は当時の書簡を読めば一目瞭然である。若いときからの放蕩生活と自堕落な生き様の結果が、今の悲惨を招いたのだという思いがいたるところに散見する。

この時期、王位継承問題のほかにも、もっと重大な問題が持ち上がっていた。特にポルトガル問題である。一六五九年にフランスとピレネー条約が締結されたとき、フェリペは目をポルトガルに向け、本格的な攻勢を仕掛けた。フアン・ホセが一六六三年にエストレモスでポルトガル軍に敗北を喫したあと、六五年にもカラセーナ侯爵ルイス・ベナビーデス率いるスペイン軍——即席に集められた兵士たちはろくに訓練も受けておらず、飢えに苦しみ、モラルの低下した集団であった——はヴィラ・ヴィソーザ（ポルトガルのエヴォラ近郊）にてショーンベルグ将軍に屈している。国王はこの敗北でかなりの衝撃を受け、体調を崩したまままそれ以後、快復することはなかった。

フェリペとしても、カタルーニャとポルトガルの反乱以来、フランスとの戦争も含めて国家の危機を認識してはいたものの、いかんせんブエン・レティーロ宮での祝祭や恋の冒険に日々身をやつし、精神の堕落もさることながら肉体的にもかなり疲弊していたのである。

かつてオリバーレスがまだ権力の座についていた一六三九年、フランシスコ・デ・ケベードは国王のナプキンのあいだに、「カトリックの神聖な威厳ある国王陛下」という行で始まる詩文を挟み、国王に現実の厳しさと国家が直面している現状をよく見るようにと促したことがあった。国王はこれに対して聞く耳を持たず、結局ケベードは身を寄せていたマドリードのメディナセリ公爵ファン・ルイス・デ・ラ・セルダの邸宅で逮捕され、レオンにあるサン・マルコスの牢獄で監禁生活を余儀なくされるという事件があった。

ナプキンに挟んだ風刺文の件は単なるエピソードにすぎないが、これは実際に起こった謎めいた事件である。一六三九年一二月七日の夜、二人の宮廷の判事が、当時ケベードが客人として身を寄せていたメディナセリ公爵の邸宅にあらわれ、密かにケベードを逮捕し、レオンのサン・マルコス修道院に連行して監禁した。結局、彼の監禁は約三年半もの長きにおよび、晴れて自由の身となったのが一六四三年六月のことである。

最初の二年間は、じめじめした独房に入れられていたが、この間にもオリバーレスの励ましと支援を得つつ、空腹と悲惨な状況を堪え忍んだ。この事件はマドリード市民にも波紋を呼び、人々は想像を逞しくした。ケベードの書いた君主国に対する風刺文がその原因だとする見方や、彼はフランスのスパイだという理由で逮捕されたのだとする見方などが人々の噂として広まった。しかし、真相は明らかにされていない。また、カスティーリャの貧困と悲惨な状況を尻目に、ごますりのとりまき連中を操り、民衆から税金を搾りとっていた寵臣オリバーレスの政治にケベードがかなり落胆し、それを中傷した廉で逮捕されたとも考えられる。ただ不思議なのは、オリバーレスの失脚（四三年一月）後、他の囚人たちが即座に恩赦を与えられ釈放されたにもかかわらず、フェリペ四世はケベードの釈放を許可しなかったことである。六月に釈放されたあとも、国王に謁見を求めたが、苦々しく思った国王はそれを拒否したという。勘ぐればきりがないが、国王が彼の監禁に深く関わっていた可能性も否定できない。その一方で、オリバーレスの政治に見切りをつけたケベードが、フランスの力を借りて、現政府の打倒を試みようとした疑いにより逮捕されたとする見方もまた有効である。

いずれにせよ、この寵臣と詩人の関係は、ケベードがオリバーレスの加護を求めたのが始まりであるといわれている。一六二一年三月三一日、フェリペ三世が他界すると、当時囚われの身であったケベードは四月五日付でオリバーレス宛に手紙を書いた。そのとき書簡と一緒に『神の政治、キリストの政府、悪魔の暴政』という著作を献上している。書簡では寵臣に賛辞を惜しまないと同時に、釈放を求め、その結果晴れて自由の身となった。三二年には国王付き秘書に任命され、その後も三四年または三六年頃まで寵臣との信頼関係が続いていたものと思われるが、この信頼関係もはたして心腹の友といえるようなものだったのか、それとも打算的な結びつきにすぎなかったのか、実のところ誰にもわからない。

オリバーレスの失脚後、しばらくは国王みずからが帝国の陣頭指揮をとっていたものの、やがてすぐにも他人任せにしたのは、根本的には国王が政治よりも祝祭、恋の冒険、芝居見物などの各種催し物の方を好んだからに他ならない。軍隊を率いてカタルーニャに馳せたときにも、長居はせずにすぐにマドリードに引き返し、また享楽的な生活に戻ったといわれている。

おそらく国王は一連の不幸をまえにして人一倍苦しんだものと思われるが、心の片隅のどこかに、この世の苦しみは来世の至福につながる手段であるという、楽天的な思いも抱いていたようである。

この世で苦しむことは来世でくつろぐための偉大なる手段であり、主はのちに天に導こうと望んでいる者たちに、このようなかたちで苦痛をお与えになるのだということを充分認識しています。

（『往復書簡』一六五〇年八月一〇日／マドリード）

そうなると、この世の幸せなどとるに足りないものとなり、結局は理想的な考えに頼り切ったまま刹那主義に逆戻りということになってしまう。

今生《こんじょう》では非常に高くつくものと思われるが、どうか魂の救済を願ってもらいたい。永遠の生にくらべれば、俗世のことなど大した問題ではないのです。
（一六四五年六月二二日／サラゴサ）

神の恩寵がたとえわずかであっても、それにくらべるとこの世の幸福はどれもみな無に等しいもの。われわれには理にかなった幸せをつかむ権利が与えられており、本心から永遠の幸せにあずかろうと願って努力すべきです。（一六五〇年六月一五日／マドリード）

これは、バロック演劇の巨匠といわれるカルデロンの『人生は夢』（一六三五年）に登場する主人公セヒスムンドの台詞(18)と相通じるところだが、フェリペ四世の場合にはご都合主義的な発想でしかない。セヒスムンドは、この世の栄光は夢のように儚《はかな》いがゆえに、永遠なるもの、いわば永劫の名声を求めようと、逆境を追い風に変える努力をするが、フェリペ四世にはその勇気と決断力に欠け、ただただ魂が救われるという理想郷に逃れようともがくだけである。

そんな国王も寄る年波には勝てず、一六六五年、六〇歳の国王の容態が急激に悪化する。この頃六〇歳といえばかなりの老人とみなされていた時代である。おまけに国王の肉体は若い頃からの不摂生が祟《たた》ってぼろぼろであった。そのうえ、ヴィラ・ヴィソーザでのポルトガルとの戦いにおける敗北によってイベリア半島統一の可能性がなくなったことや、脆弱な王位継承者に対する不安、庶子ファン・ホセの問題などがいっしょくたになり、心労が一気に重なって国王の死を早めたものと考えられる。

一六五八年あたりから、それまで寒さの中で頻繁に狩猟をしてきたことが影響して、右腕および右足のリューマチに悩まされ続け、六三年頃には腎疝痛《せんつう》はすでに慢性化していた。また腎疝痛のほか胆石疝痛や痔疾にも悩まされていた。六一年にメンデス・デ・アロが死んだあと、国政を自分の手で行いたいと願ったが、肉体的な衰えから座ったままの生活を余儀なくされ、すべてが思うようにゆかなくなっていた。また、ちょっとした寒さにも我慢できず、大好きな狩猟を断念せざるを得なくなった。

一六六四年、フェリペの容態が芳しくなかったため、毎年秋には恒例となっていた、祖父フェリペ二世が建設したエル・エスコリアル宮で過ごす計画を見送らねばならなかった。実は国王の好みの一つに、エル・エスコリアル宮のサン・ロレンソ修道院にある王家の霊廟に独り閉じこもるというのがあった。その中でも特に興味深いのは、地下の納骨堂に設けられていた、いずれ自分が埋葬されることになっている空の壁穴《ニーチョ》（図14　七二頁）のまえで祈っていたり、すでにミイラとなった皇帝カルロス一世（一五五八年逝去）の亡骸を引き出しては祈りを捧げることだった。そんな一幕がソル・マリア宛の手紙には次のように綴られている。

「先週の水曜日、サン・ロレンソ修道院から戻ってきました。当地では慎ましやかな祈りの中でわが先祖たちの亡骸の移動が行われ、そのときに皇帝カルロス一世の亡骸と対面し、死後九六年経った今でもきちんと保存されているのを見て、カトリック教庇護のために生前尽力された功績に対する主の功徳を見てとることができました」（一六五四年三月二五日／マドリード）。

この年の一二月、不吉な前触れである彗星《ほうきぼし》があらわれたそうである。国王本人はほとんど気にしていなかったそうだが、宮廷の占い師たちはこれを国王の死と結びつけて考えた。

国王はしばしば腎疝痛に苦しんだ。ひどく痛んだが、国王が苦しみ悶えるのは王の尊厳を台なしにするということと、神罰であるという思いから、じっとがまんして痛みに堪えた。六五年八月、ルイ十三世の特使である、エンブルンの大司教は、余命いくばくもないフェリペ四世の容態を、「もはや王自身の影に過ぎない」と書き記している。

九月、国王の疝痛に熱と下痢が加わり、だれもが断末魔の苦痛であると考えた。そこで臨終者に授けられる終油の秘蹟を受けるようすすめることにした。民衆のショックを避けるため、この秘蹟を秘密裏に授ける方がよいという意見もあったが、国王は「余の廷臣は余の死を知り、神にわが身を委ねるように」との思いから、きっぱりとこの意見を退けた。九月一四日、国家の重要人物や貴族の代表者たち、王室付き聴罪師などが召集され、国務会議の中でも一番の古株であるブラスコ・デ・ロヨーラが国王の手から、遺言書を受けとることになった。それは本人が死んだあと、民衆にその内容を知らしめるようにというものであった。

その中にはカルロス王子が弱年であるという理由で、王妃マリアーナに摂政を委ねるという一文もあった。

実はその翌一五日、フアン・ホセ・デ・アウストリアが息も絶え絶えな国王に謁見を申し入れてきたのだが、彼の野心と王妃との確執を考えると、自分の死後に争いが生じることを懸念して、聖ヨハネ騎士修道会の修道院長をしているコンスエグラに戻るよう命じ、謁見を拒否した。

フェリペ四世は死期が近づくにつれ、しきりに神に赦しを乞い、寵臣たちにも最後の力をふりしぼって赦しを求めた。不実な行為を繰り返し、迷惑をかけてきた王妃に対しても赦しを乞うと、彼女も含めまわりの人々の涙を誘った。

国王が今際《いまわ》のきわで苦しんでいる最中、マドリードの民衆のあいだでは次のような詩《コプラ》が流布した。

国王の容態が悪く
王子も病で臥《ふせ》っている
王妃は悲しみに沈み
王女の余命いくばくもなし
王家は誰の手に貸し出されるのか？

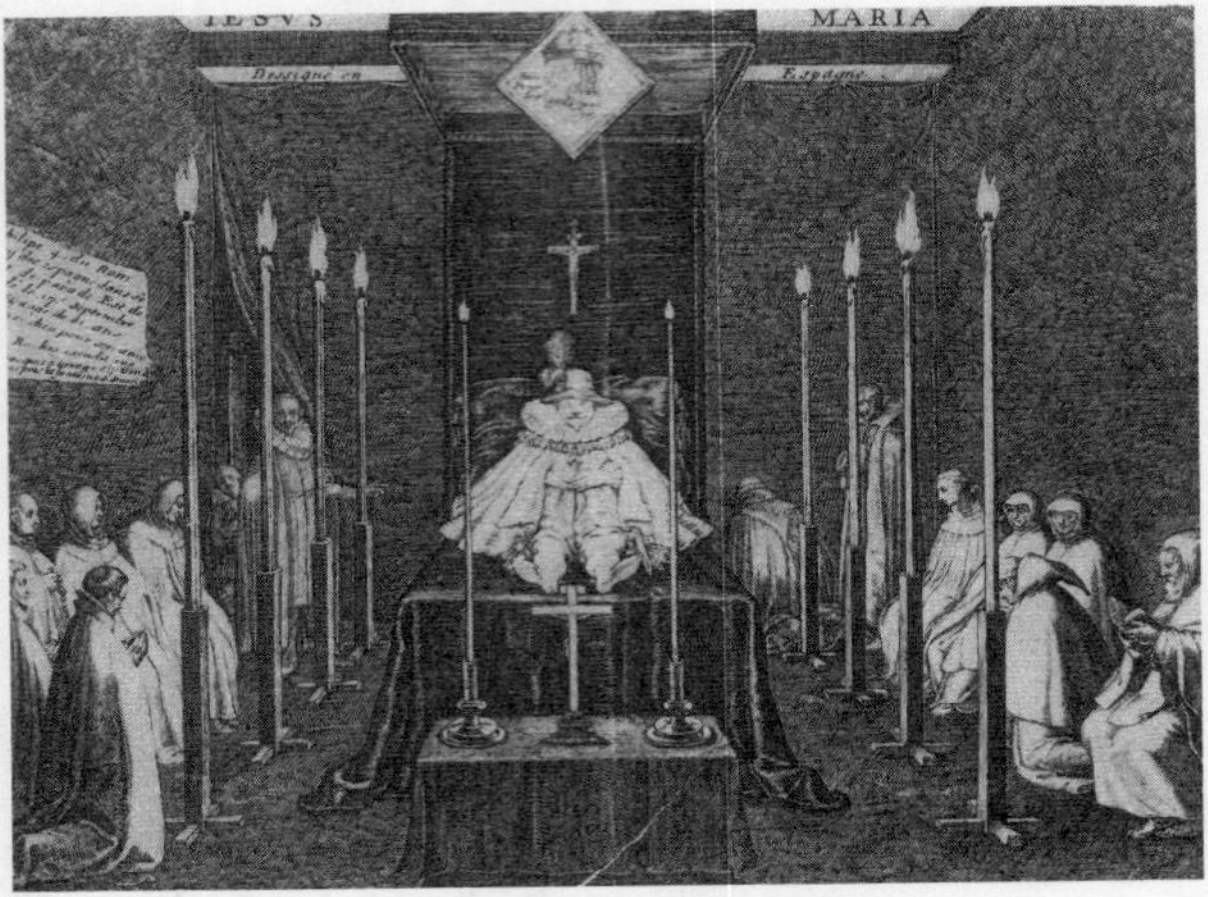

図40　フェリペ４世の死（マドリード市立博物館蔵）

九月一七日木曜日、国王は六〇歳の生涯を終えた（図40）。死後に行われた解剖の結果、脾臓のそばに化膿した状態でくるみ大の石が見つかった。その後、防腐処理が施され、いくつもの窓が開け放たれた大きめの別室に移された。

フェリペ四世が死ぬ何日かまえの様子を生々しく伝える記録として、ヘロニモ・マスカセーニャス司教が九月二一日にメディナセリ公爵に宛てた手紙がある。この書簡は一九一四年にホセ・マリア・カパーロスの手によって公開された。以下は、死を数日後に控えた国王の様子の一部である。

〔九月一五日〕――国王が終油の秘蹟を受けたあと、長いあいだ安静が続いた。その後、王妃と子供たちに別れを告げたいと言い出した。（……）まず天真爛漫な顔をした〔カルロス〕王子が入室すると、国王は別れが辛いのか涙を流しながら王子が接吻できるよう片手を差し出した。国王は息子に一言二言声をかけたが、居合わせた人々はその内容が聞きとれなかった。この光景を見ていた人たちが動揺していたためである。だが、王子を祝福しようとして片手をあげた際に、かけた言葉だけははっきり聞きとることができた。「息子よ、神のご慈悲により余よりも幸せになるように」。そう言い伝えたあと、周囲の人々に御前から引き下がることを許可し、天井をじっと見つめた。この哀れな場面のあと、年相応に遺憾の意を表した王女〔マルガリータ、レオポルト一世と結婚〕が入室し、大粒の涙を流しながら、国王に別れを告げた。国王も少なからず涙を流し、生涯をとおして大いに母上を尊び、信服するよう、また彼女自身の魂を常時神に委ねるよう、ほかにも多くの心温まる言葉をかけながら、娘に忠告した。

〔九月一六日〕――前夜は、発熱と断続的な〔肛門と尿道からの〕出血により、もはや全身が衰弱しきっていて、これまで以上に苦しい夜となった。医師団の願いもかなわず、この日はもはや虫の息であったが、いつものように五感と判断力はしっかりしていた。病状が悪化するにつれ、栄養剤と強壮剤だけが命の支えとなった。断末魔においては聖体拝領という慰みだけが脳裏に浮かんだ。朝の一〇時過ぎのことで、このとき国王の延命をはかるために栄養剤が投与され続けた。国王は大貴族たち、国務会議の委員たち、居合わせた侍徒たちに最後の別れを告げることにした。彼らは一人ひとり、辛い思いで大粒の涙を流し、国王のベッドのまえで跪いた。残された者たちが言葉を失っていると、死に近づきつつあった王は各人に個別に言葉をかけた。陛下はそのときに思い浮かんだ、すべての心配事を脇に追い払い、あらゆる俗世の物事から自己を解放し、神におのれのすべてを委ねた。その際、あの十字架にかけられたイエス・キリストの聖像を持ってくるよう求めた。それは父〔フェリペ三世〕、祖父〔フェリペ二世〕、曽祖父〔カルロス一世〕が亡くなるときに手に握りしめていた聖像である。それから国王はその場で息子にも同じようにするようにとの私的な遺言を残した。

〔九月一七日〕——夜半すぎあたりから同じように断末魔が続いた。国王は王妃の聴罪師の両腕の中に抱かれていた。聴罪師は信仰と希望と神の愛にもとづく真心で、またクレドや教会の祈りを繰り返し唱えたり、危篤状態にある陛下を救ってくださるようにと、聖母マリアや天国の聖人たち、とりわけその手で支えておられた十字架のイエスに優しく語りかけては、常に国王のためになるよう尽くしてきた。こうしたことが繰り返されるなか、午前四時一五分前、国王は昏睡状態に陥った。そしてその状態のまま四時一五分、まわりの人々の祈りに囲まれ、永遠の休息を与えて下さるものと思われる、救い主イエス・キリストの御手に魂を委ねながら息を引きとった。カトリック教徒として立派な死であったと断言してよかろう。

国王の葬儀は一九日から二〇日にかけて盛大に行われ、そのあとサン・ロレンソ修道院にある王家の霊廟に埋葬された。王の魂に安らぎが訪れるようにとミサが一〇万回執り行われた。この回数は驚異的だが、肉体が続くかぎり最後まで悔い改めようとはしなかった国王の犯した罪の数を暗示しているかのようでもあった。

＊

フェリペ四世の遺言書の原本はシマンカスの文書館に保管されているが、多くの手書きのコピーがあちこちの図書館や文書館に存在し、これまでに何度か出版されている。全体的にまず長めの前置きがあって、そのあとに八一の条項が続く。前置きには、なぜ遺言書を書くのかという理由が記されている。

アダムが犯した罪によりわれら人たる者全員が陥ることになる苦悩、すなわち死という運命を避けて通れないことは充分に承知しているがゆえに、あの情け容赦なく訪れる人生の終幕に備え、すべての職務から解放されて、おのれが犯した数々の罪の苦しみに対処し、そして公正な裁きを下されるわれらの主に適切な報告をする心積もりをしておきたい。この遺言書を作成するのもまさにそのためである。主の思し召しにより、まだ自由に物事を判断できるうちに、この文書によってわが最後の意志を整理し、明確にしたいのである。

おもな部分のみを見てみると、最初の条項では、死後の納棺場所（エル・エスコリアル宮のサン・ロレンソ修道院にある王家の霊廟）を指定し、四項目では自分の魂のために一〇万回のミサを行うよう指示を出し、もし神の慈悲により自分にその必要がないとなれば、両親をはじめとする先祖に、そしてこれも必要がないとなれば、スペインのために戦死した人たちの霊を慰めるためにミサを行うよう求めている。

スペイン帝国の継承問題については、自分の後継者となる者がカトリック教徒として信仰を堅守すること、教皇庁に従順であること、神を畏れ教会の教えを守りながら行動すること、邪教がはびこる世の中においては異端審問所を敬い後援すること、スペイン帝国内のの王国においても平等を心がけ、家臣に対しては愛情を持って彼らの幸せと繁栄に気を配ることなどが記されている（六項）が、これまで正統な結婚によって生まれた男児がことごとく早死にするか、不健全な身体で生まれるかして、頑健な世継ぎに恵まれなかったせいか、この王位継承問題に関してはかなり頭を悩ませていたことがわかる。

実際、後継者となる予定のカルロス王子については、一四歳になるまでは最愛の王妃マリアーナが摂政として政治を行えるよう、全権を与えるものとすると書き記している（二一項）。つまり、この政府を支えるのは以下のメンバーで構成される統治評議会《フンタ・デル・ゴビエルノ》であり、国王が一四歳になるまでは王妃に助言する役割を果たす機関ということになっていた。カスティーリャ会議の議長カストリーリョ伯爵を中心に、アラゴン会議の副国璽尚書《こくじしょうしょ》クリストバル・クレスピ・デ・バルダウラ、トレド大司教バルタサール・デ・モスコーソ・イ・サンドバール、異端審問所長官パスクアール・デ・アラゴン、統治評議会の秘書官ブラスコ・デ・ロヨーラ、カタルーニャの大貴族代表アイトーナ侯爵ギリェルモ・ラモン・デ・モンカーダ、外交の手腕に長けたペニャランダ伯爵ガスパール・デ・ブラカモンテ・イ・グスマンが委員となった。

この人たちはそれぞれ異なる地方の出身で、これをみるかぎりではカタルーニャの教訓を活かそうとした国王の配慮が読みとれる。これにより以後、カスティーリャの弱体化にも助けられ、十七世紀のあいだ地方の特権が息を吹き返すことになったのである。なお、メンバーの一人であるパスクアール・デ・アラゴンは王妃から、トレドの司教職と引き換えに異端審問所長官の地位をヨハン・エベラルト・ニタルトに譲るよう圧力をかけられ、すでに見たように一六六六年以降ニタルトがこの評議会を牛耳るようになった。

しかし、こうした遺言をめぐっては公開される以前から人々の噂は絶えなかった。当初、メンバーとして有力だったメディーナ・デ・ラス・トーレス公爵が評議会から閉め出されたのである。彼は国王の個人的な友人でもあり、公共事業にも通じていた知識人であったが、道徳的な面では決して清い生き方をしてこなかったため、特に謹厳を信条にしようと心がけていた晩年の国王にしてみれば、眼鏡にかなうような人物ではなかったのだろう。巷の口の悪い連中にいわせれば、彼こそが国王の最後の恋をとり持った人物ゆえに、王妃としてはこの男がどうしても赦せなかったのだ。

全体的に遺言書は、現状維持を貫き、これまでどおりに帝国を運営せよということを繰り返し強調する。いわば、「わが帝国の政治形態に斬新なものをとり入れてはならない。王妃は現在わが王国に導入されたかたち、すなわち今のままの状態で評議会を維持すべきであると言明しておこう」(三三項)。そして王子が一四歳の誕生日を迎えた暁には、これらの諮問会議をうまく活用し、王妃の助けや評議会の意見をとり入れながら大帝国を統治すればよいとしている。

そのほか遺言書には臣民すべてに対する国王の温かい心遣いがみられる。本来自分としては家臣に対して正当な評価を下し、他人の意志や心を傷つけようなどという気は毛頭なかったが、もしもこれまでに家臣やその他の人々に危害を加えたことがあったとしたら、自分の後継者あるいは王妃などの手によってそれなりの償いをするようにと命ずる文言(五八項)

がある。また一方で、家臣や恵まれない人々や弱者に対する思いやりの気持ちも窺える（六一—六三項）。

国王はこのような遺言書を残すことによって、言い残すことのないよう、すべて心の整理をしたあとに息を引きとったのである。しかしながら、祖父母の代から続いた帝国拡張政策によって半島の経済を破綻させ、臣民の生活をどん底に陥れたその付けは、すべて世継ぎに託されるかたちとなった。それも王家の業をさらすかのように、近親婚の繰り返しによって心身ともに病弱な息子カルロスが、凋落するハプスブルク家を継ぐことになったのである。

ハプスブルク家からブルボン家へ——十八世紀・理性の時代

幼くしてフェリペ四世のあとを継いだカルロス二世は、父と同じように意志が弱く、おまけに理解力にも欠けており、また虚弱体質のためか身体の動きは鈍く、何をするにも不器用であった。王子の哀れな姿はまさにスペイン帝国の威信失墜を暗示しているようであった。

この国王の治世には戦争が頻繁に起こり、それにともなうかたちで講和も結ばれた。政府機構のほとんど機能しない、この極度に弱体化したスペイン帝国はもはやルイ十四世の野望の標的であった。ヨーロッパの覇権を求めるフランスの領土拡張政策により、ヨーロッパは戦火に包まれた。帰属戦争もしくはフランドル戦争（一六六七—六八年）とオランダ戦争（一六七二—七八年）の結果、フランスはスペインからフランシュ・コンテ、カンブレジ、アルトー、フランドルの諸都市を譲り受けた。この二つの戦争はいずれもフランスが仕掛けたものであった。その後のプファルツ戦争（一六八八―九七年）では、フランス軍はカタルーニャに侵攻し、バルセロナを占領した。しかし、九七年のライスワイク条約により、ルイ十四世はスペインの王位継承権をブルボン家が獲得できるようにし、またカルロス二世に好感を与えるためにも奪った領土を返還するという寛大な態度を示した。

カルロス二世は一六七九年に、ルイ十四世の姪にあたるマリア・ルイサ・デ・オルレアン（一六六二―八九年）と結婚したが――王は彼女を心から愛していた――、王妃は王位継承者を残さないまま、八九年二月一二日に不慮の死を遂げたため、その約半年後の八月二八日にはプファルツ選帝侯の娘マリアーナ・デ・ネオブルゴ（一六六七―一七四〇年）を二人目の妻として迎え入れることになった。しかし、国王にとって再婚は茨の道を歩むようなものであった。もともと身体が弱かったこともあって、発作性の痙攣を起こし、気を失いそうになることが度々あった。宮廷では王の虚弱体質を改善しようと、さまざまな強壮剤や煎じ薬が投与されたが、病状は一向によくならなかった。むしろ逆に徐々に健康を害していったのである。

カルロスとマリアーナとのあいだには初めから愛などなかった。彼女はオーストリア・ハプスブルク家のために嫁いできたにすぎず、性格的にも傲慢でわがままであった。物欲は人一倍強く、すべての面において野心家であった。別に賢女の誉れが高いわけでもないのに、国政にまで干渉したがった。自分の意見に反対する者がいるとすぐにかっとなり、冷静に対応ができなかった。たとえ相手が国王であろうとも、平気で悪口を浴びせることもあった。心身ともに貧弱なカルロスは、勝手きままに振る舞う気の強い妻に対し、不快な気分を味わうだけでなす術を知らなかった。

結局、彼女の母親は二四人もの子供を産んだという子沢山であったにもかかわらず、この王妃とのあいだにも世継ぎは授からなかった。その間にも、王の健康は年を追うごとに悪化の一途をたどっていった。

一六九一年、改革の旗手オロペーサ伯爵が新しい王妃によって解任され、事実上スペインには国を統治するうえで強いリーダーシップを発揮する者がいなくなった。九一年から九八年までは、国政はマリアーナ・デ・ネオブルゴの息のかかったドイツ人顧問官や、数名のスペイン人の手に委ねられることになったが、実権を握っていたのはモンタルト公爵などの大貴族たちであった。

九〇年代後半にもなると、宮廷内では王位継承問題がとり沙汰され、なかでもハプスブルク家からはバイエルン公ヨーゼフ・フェルディナントとカール大公、ブルボン家からはアンジュー公フィリップが有力候補として浮上してきた。皇太后マリアーナに支持されたヨーゼフ・フェルディナントはフェリペ四世の娘マルガリータの孫にあたり、もっとも正統な候補者であった。神聖ローマ皇帝レオポルト一世の次男カールは、王妃マリアーナとカスティーリャ提督ファン・トマス・エンリーケス・デ・カブレーラの支持を受けていた。このカスティーリャ提督は、自分の屋敷でしばしば午後のひとときを王妃とともに過ごしていたこともあって、当時周囲では二人の関係を怪しむ噂が流れていた。アンジュー公フィリップは、ルイ十四世の孫にあたるが、ルイがフェリペ四世の娘マリア・テレサと結婚したときに、彼女が継承権を放棄していることから、やや不利な立場にあった。

一六九六年五月、皇太后マリアーナが亡くなると、王位継承をめぐって王妃マリアーナを中心とするハプスブルク家擁立派と、それを阻止しようとするルイス・フェルナンデス・デ・ポルトカレーロ枢機卿を中心とした親フランス派の対立がよりいっそう激しくなった。王妃とその側近たちは宮廷内では依然勢力を保っていたが、宮廷外では嫌われていた。国王は母親の死後、しばらくしてから再度かつて改革の旗手であったオロペーサ伯爵を呼び戻したが、この頃の伯爵にはひところの勢いはなかった。

カルロスの病状は日を追うごとに悪化し、刻一刻と死に近づきつつあった。それでも王妃は、王としての立場上出席を余儀なくされる行事や祝祭があると、足を引きずりながらよろめく国王を無理に連れだし、また謁見を求める外国の大使や大臣がいれば、たとえ王が支離滅裂なことを口走ろうと謁見させたのである。こうしたなか、王はいつ何時毒殺されるかわからないような恐怖にとり憑かれ、怒りっぽい王妃と取り巻きたちを恐れながらも、亡きフランス人の妻マリア・ルイサと過ごした楽しい日々を思い出しては涙したという。

九八年の春にもなると鬱病が激しくなり、食事を片手で口に運ぶことすらできなくなった。もはや日頃国王の心を和ませる宮廷のおどけ者や矮人たちですらお手上げで、周囲で起こることは何もかもが悪魔の仕業だと信じ込んでいる国王を正気に返すことはできなかった。当時、マドリードの人々のあいだでは、国王の治療に悪魔払いの儀式が行われているとの噂が飛び交った。事実、宮廷内に何人もの聴罪師、悪魔払いの祈禱師、占い師などが出入りし、国王に取り憑いている悪魔を追い払おうとしていた。だが逆に、こうした悪魔払いがカルロスの健康を心身ともに急速に損ねていったのである。

この時期、国王の聴罪師を務めていたのが、皮肉にも王妃お気に入りのマティーリャ神父であった。親フランス派にしてみればこのままでは国王をうまく説得できないとあって、ポルトカレーロ枢機卿や、モンテレイ伯爵ファン・ドミンゴ・デ・アロ、レガネス侯爵ディエゴ・フェリペ・デ・グスマンなどの有力な貴族たちは王妃側に気づかれないよう国王に、聴罪師をマンティーリャ神父からフロリアン・ディアス神父にかえさせることで、不意打ちをかけたのである。これに気づいた王妃はそのあとすぐに王に直接抗議をしたが、煙たがられるだけで、あとの祭りであった。

そのような折、九九年二月にはバイエルン公ヨーゼフ・フェルディナントが亡くなり、二ヵ月後の四月にはマドリードで空腹と悲惨な暮らしに絶望した市民が暴動を起こし、不満の矢面に立たされたオロペーサ伯爵はとうとう政権の座を追われることとなった。こうした事態を憂慮した王妃は異端審問所を巻き込んで問題の解決をはかろうとしたものの、異端審問所は王妃の陰謀に加担しようとはしなかった。結局、親フランス派が勢力を得るかたちとなった。

一七〇〇年三月、カルロスの命も風前の灯火となったとき、ロンドンではフランス、イギリス、オランダのあいだで、スペイン帝国が所有する広大な領土を、カール大公とルイ十四世の皇太子ルイ（一六六一—一七一一年）で分割統治する計画が持ち上がったが、神聖ローマ皇帝レオポルト一世はこれに同意しなかった。これによって大使がそれぞれ自国に引き揚げなければならないほど、スペインとイギリスの関係は険悪となった。

それにしても国王の心は、その場に居合わせた人たち次第で、フランス側にもハプスブルク側にも傾き、何度も何度も揺れ動いた。そうこうするうちに、九月にはいると国王はとうとう死の床についた。寝室には足の踏み場もないほど、マドリード中から聖遺物が集められた。一〇月三日、カルロスはアンジュー公フィリップを支持する国務会議の意向を受け入れることにし、その旨を記した遺言書に署名した。二九日、新国王がスペインに到着するまでのあいだ、王妃、ポルトカレーロ、セビーリャの大司教アリアス、モンタルト公爵、異端審問所長官メンドーサおよび数人の伯爵を、統治委員会のメンバーに指名した。

その後、国王は激しい熱に襲われ、今際のきわの苦しみを味わいながら、一七〇〇年一一月一日に三九歳の誕生日を数日後に控えてこの世を去った。こうしてスペイン・ハプスブルク家最後の国王は、疲弊しきった帝国を他のヨーロッパ諸国の餌食としたまま、歴史の舞台から姿を消したのである。

国王が崩御すると、一七歳のアンジュー公フィリップが、スペイン国王フェリペ五世（一六八三―一七四六年。在位、一七〇〇―二四年／一七二四―四六年）として即位し、スペイン・ハプスブルク家の全領土を継承することになった。

翌一七〇一年二月、フェリペがスペインの首都に入ったとき、まだ一七歳の青年であったものの、マドリード市民はまるで帝国の救世主であるかのようにこの新しい国王に期待し歓迎した。肝心の国王には国政を動かす能力は備わっていなかった。性格的にも怠惰で、意志が弱く、公文書を書くことすらままならなかった。そのためフェリペは自国から引き連れてきたジャン・オリーなど、何人ものフランス人顧問官に宮廷の組織改革、軍隊の整備、財政改革などを任せたが、国際情勢や国内事情から思い通りにはならなかった。その一方でルイ十四世は、孫のフェリペやフランス大使などと密に連絡をとりながら、政策上の重要案件についてことごとく干渉するようになっていた。

スペイン・ブルボン王家の誕生は、当然イギリス、オランダ、オーストリアを不安に陥れた。対立候補カールを擁するオーストリア・ハプスブルク家や、スペインとフランスが手を結んだことによって新大陸との交易が脅かされるのを恐れたイギリスとオランダは、ルイ十四世に対抗しようと一七〇二年五月に同盟を結び、フランスとスペインに宣戦布告した。このスペイン王位継承戦争は、一一年にイギリスが和平路線へと転換したことと、カールが兄のヨーゼフ一世（一六七八―一七一一年）の死により神聖ローマ皇帝カール六世（一六八五―一七四〇年。在位、一七〇五―一一年）として即位したことから状況が一転し、一三年のユトレヒト条約の締結へとつながった。つまり、フランスとスペインの結びつきよりも、オーストリアとスペインの統合を恐れたイギリスとオランダは、フェリペ五世がフランスの王位継承を主張しないことを条件に、ブルボン家によるスペイン王位継承を認めるというものであった。

そして翌一四年にはラシュタット条約が結ばれ、長く続いたスペイン王位継承戦争はようやく幕を閉じた。その結果、スペイン帝国はこの二つの条約により、新大陸、フィリピン、グアムを除くすべての海外領土を失ったのである。こうして長年続いたハプスブルク家の拡張政策もようやく終焉のときを迎え、フェリペ五世とフランス人の側近たちによる別の新たな統治が進められることになった。

一方、文化面でも、十七世紀も終わりに近づくにつれ、これまでに輝かしい黄金世紀を作り上げた巨匠たちが次々とこの世を去っていった。バロック演劇の巨匠といわれたカルデロンは一六八一年に、神秘主義に満ちた多くの宗教画を残した画家ムリーリョはその翌年に亡くなり、いずれも優れた後継者を残すことなくバロック芸術の火をほぼ消し去ってしまった。

しかしそれでも十七世紀後半には、比較的交流の深かったイタリア経由で、デカルト、ガッサンディ、パスカルなどのヨーロッパの哲学書がスペインに出まわり始めた。事実、一六四〇年から一七〇七年のあいだ、異端審問所は禁書目録（教会によって検閲されるか、出版禁止となった本のリスト）を作成することなく、書籍の出版に関してはかなり寛容な態度を示した。

そして世紀が変わると、フランス文化の影響もさることながら、イタリア文化もスペインに入ってくるようになった。フェリペ五世は一七一二年マドリードに国立図書館を開設、翌一三年にはスペイン王立アカデミーを創設し、ほかにもイタリア人の芸術家や建築家を擁護した。「よき趣味の会」と称する文学サロンが形成されたのもこの頃である。

最初の四半世紀が過ぎた頃、ベネディクト派の修道士・神学者ベニート・ヘロニモ・フェイホーが、九巻からなる『世相批判の展望』（一七二六―四〇年）、五巻からなる『博識好奇書簡』（一七四二―六〇年）を出版すると、これらが社会に波紋を投ずることとなり、激しい議論を巻き起こした。フェイホーは自書の中で、理性と経験と厳密な科学的方法にもとづき、迷信や無知を拠りどころとする伝統的な考え方に鋭いメスを入れたわけだが、これによって彼は啓蒙主義（従来の教会や神学による支配的文化に対立した、すべての領域にわたる文化的変革）という新たな文化への道づくりをしたのである。

しかしながら、こうした傾向はあくまでも十八世紀ブルボン王朝がもたらした新しい文化の精神であり、スペイン黄金世紀に開花したスペイン独自の文化遺産が枯渇したあとに導入されたものにすぎなかった。

第二部

十七世紀スペインへの望遠鏡《テレスコープ》

ハプスブルク・スペインのかたち

一四六九年、アラゴンのフェルナンド王子とカスティーリャのイサベル王女の結婚により、イベリア半島に新たな歴史の一ページが刻み込まれることになった。もともとアラゴンもカスティーリャもトラスタマラ王家に帰属していたが、このときの結婚による歩み寄りは、カタルーニャの反乱と拡張政策を企てるフランスの脅威に対処するために、アラゴンがカスティーリャの支援を求めて実現したものであり、これはファン二世（一三九八―一四七九年。在位、一四五八―七九年）の悲願でもあった。

アラゴンにとって危惧すべき問題は、イサベル（一四五一―一五〇四年。在位、一四七四―一五〇四年）の異母兄弟にあたるエンリーケ四世（一四二五―七四年。在位、一四五四―七四年）がカスティーリャの王位継承者として彼女を認めたことで、これに付随して彼女の

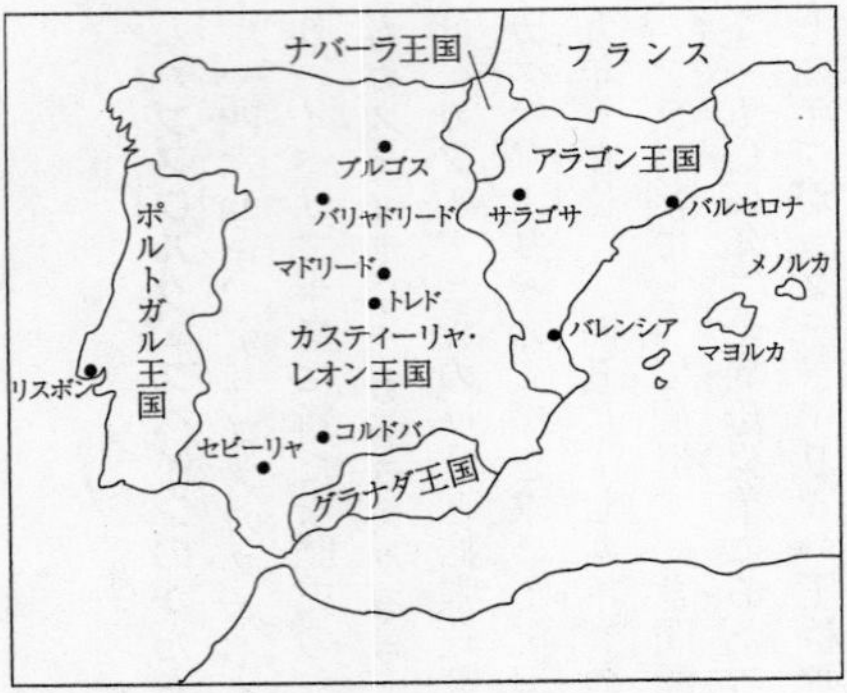

図41　15世紀のイベリア半島

結婚相手となる候補者が三人もいたことである。在先のフェルナンド（一四五二―一五一六年。在位、一四七四―一五〇四年〈カスティーリャ王〉、一四七九―一五一六年〈アラゴン王〉）、フランスのシャルル七世（一四〇三―六一年。在位、一四二二―六一年）の息子、それにポルトガルのアフォンソ五世（一四三二―八一年。在位、一四三八―八一年）である。もしカスティーリャがフランスやポルトガルと結ぶことにでもなれば、アラゴンにとっては政治的にも不利な立場に立たされることになる。だが実際には、アラゴン側がカスティーリャ貴族を買収したり、有力なユダヤ人の助けを借りたりして、アラゴン王子との結婚を働きかけたようだが、それよりも幸いなことにイサベルがみずからの意志でフェルナンドを選択したようである。

一四七四年にはイサベルがエンリーケ四世のあとを継いでカスティーリャ王国を、七九年にはフェルナンドがファン二世のあとを継いでアラゴン連合王国を継承し、ここに両王国の共同統治が始まり、双方ともに相手国の立場を尊重しながら政治的統一に向けて第一歩を踏

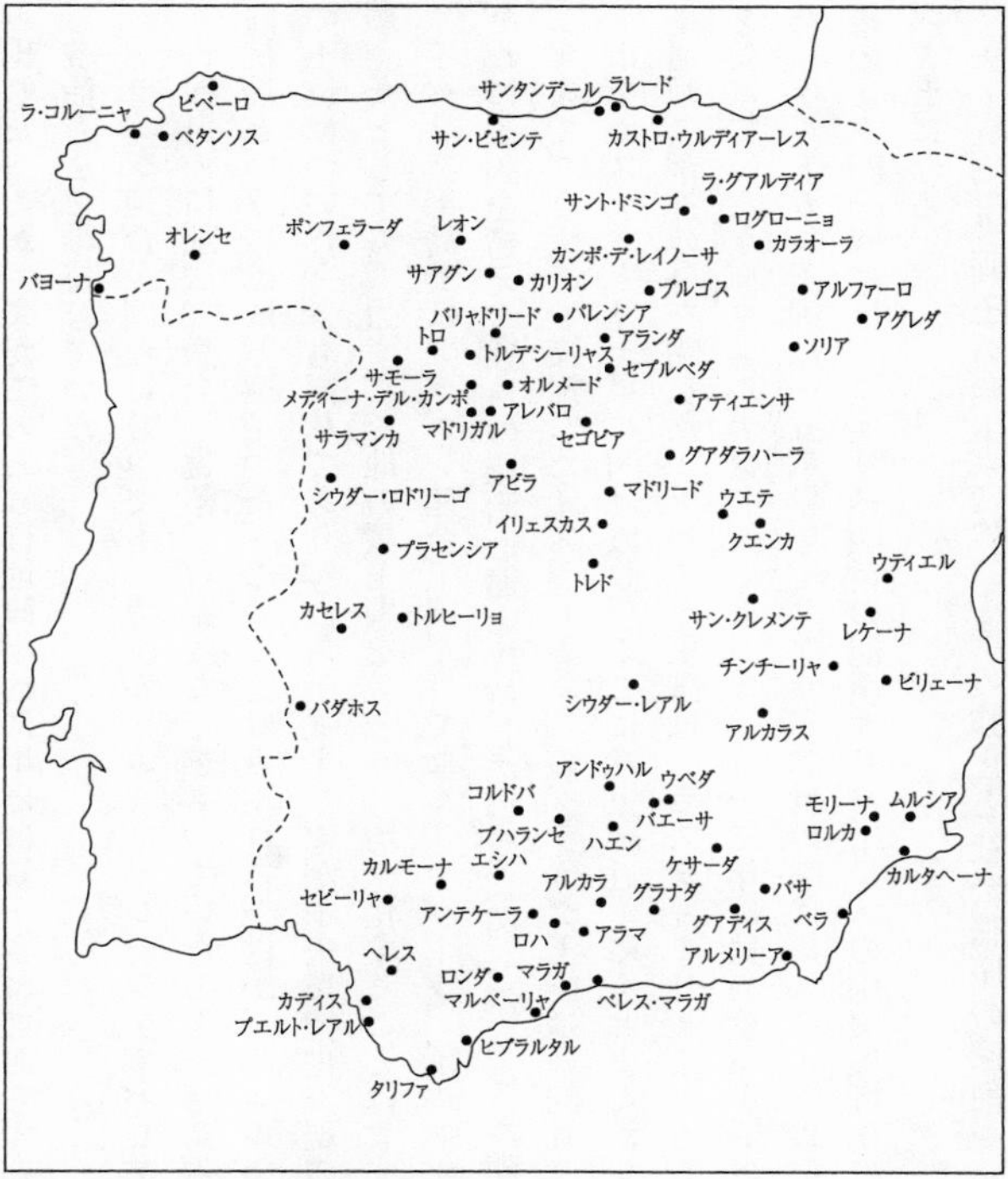

図42　王室代理官が派遣された場所
(B. Bennassar, *La España del Siglo de Oro*, p. 62)

み出した。だが、まだこのときは地政学的に半島は統一されておらず、両国はそれぞれ異なる統治方法を維持していた。

アラゴン連合王国だけをみても、カタルーニャ、バレンシア、バレアーレス諸島が、それぞれ独自の特別法《フエロ》、議会《コルテス》、貨幣、税制度などをもっていたことを考えると、真の意味での共同統治というにはほど遠かった。このことはカルロス一世が、フェルナンド王のあとを継いで王位についたときも同じであり、カスティーリャが中央集権化実現のために、たとえそう願ったとしても、力ずくで他の諸王国を統一し、均一化することはまず不可能であった。

イベリア半島ではアラゴン連合王国だけでなく、ナバーラ、ポルトガル、グラナダもそれぞれに王国を構え、独自の統治形態を維持していた（図41）。ナスル朝（一二三二―一四九二年までグラナダを支配したイスラム王朝）のグラナダ王国は一四九二年一月二日にグラナダ市をカスティーリャ軍に明け渡し、ここに八世紀近くにもおよんだレコンキスタ（国土回復運動）がその幕を閉じた。ナバーラ王国は、カスティーリャよりもむしろフランスの影響を受けていたが、フェルナンド王によって一五一二年に武力攻撃を受け、その支配下に入った。ポルトガル王国は一五八〇年、フェリペ二世の時代にスペインに併合されるが、六〇年後の一六四〇年には、フェリペ四世の寵臣オリバーレスの中央集権化に対抗して反乱を起こすことになる。

カトリック両王の治下では、王権の強化と社会秩序の回復をめざし、主要都市に王室代理官《コレヒドール》（中央政府と地方との仲介役として、行政上・司法上の重責を担っていた王室直属の役人）を派遣し（図42）、各都市における自治の弱体化をはかった。また農村では治安維持のために自警組織《サンタ・エルマンダー》が結成された。政治的には国内外の領土の維持とヨーロッパにおける覇権の確立をめざし、一四九三年にフランスに占領されていたロセリョンとセルダーニャをシャルル八世（一四七〇—九八年。在位、一四八三—九八年）から返還してもらい、一五〇四年にはナポリを手中におさめた。また一五〇九年から一一年にかけて北アフリカのアルジェ、オランなどを征服した。一五一二年には北部のナバーラをカスティーリャに併合した。

国内では上流社会においてユダヤ人の影響力が顕著だったため、キリスト教徒の妬みを買い、とうとう一四九二年にはユダヤ人追放令が出された。他方、モーロ人の多くは手工業または農業に従事していたが、一四九九年の強制改宗に反発し、アルプハーラス（シエラ・ネバーダ山脈南部の山岳地帯）やロンダ（マラガとカディスのほぼ中間あたり）で彼らの起こした反乱がきっかけとなり、一五〇二年には改宗か追放かのどちらか一方を選択するよう迫られた。このとき多くの者が改宗の道を選び、その後はフェリペ二世の時代になるまで彼らにとって比較的安泰な時期が続いた。

フェルナンド王の亡きあと、スペイン帝国を継承したのは、カトリック両王の孫にあたるカルロス一世（一五〇〇—五八年。在位、一五一六—五六年／神聖ローマ皇帝［在位、一五

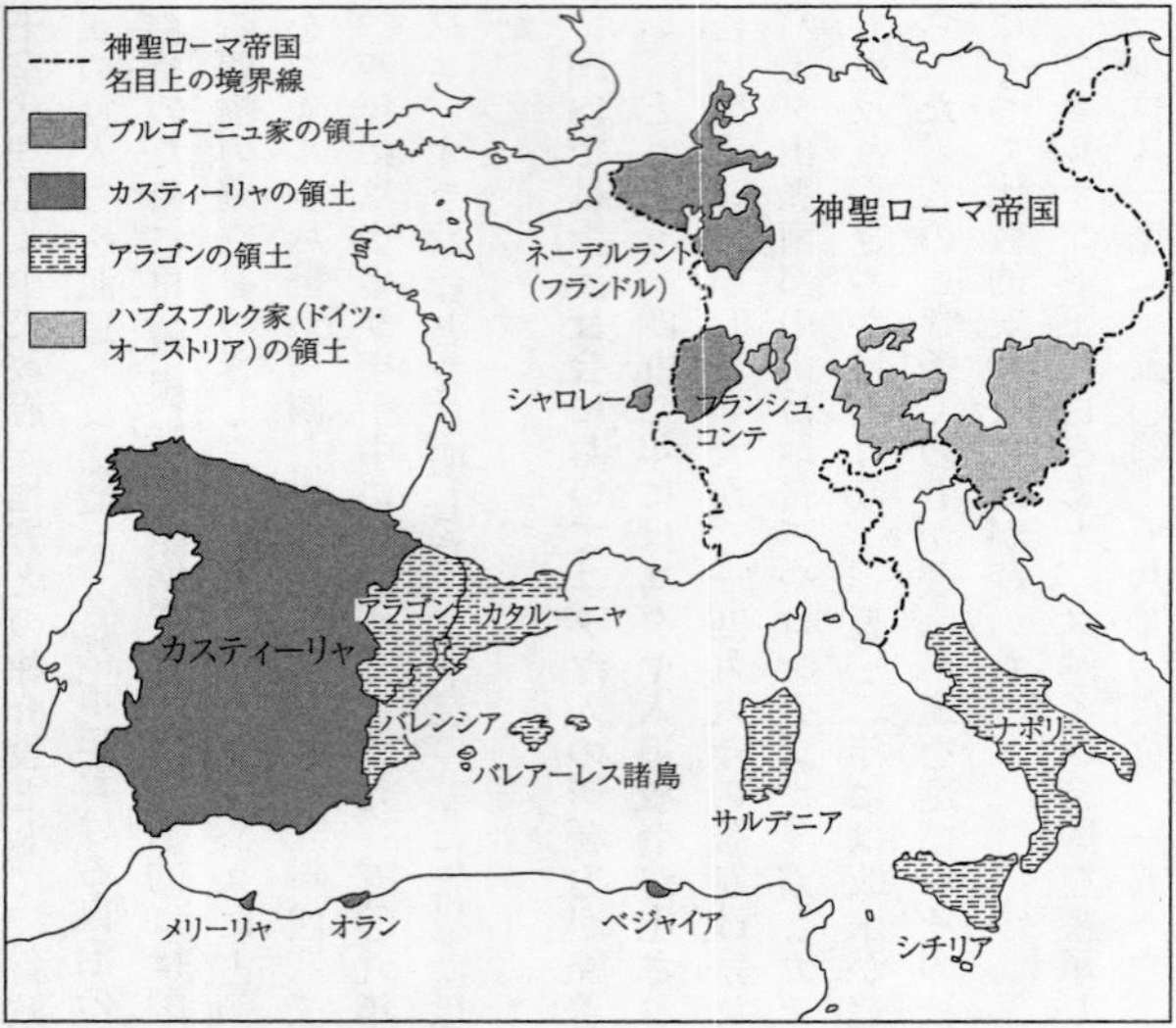

図43　カルロス１世のスペイン帝国

一九―五六年〕）である（図43）。

そもそも両王には四人の娘と一人の王子がいたのだが、娘は四人とも政略結婚というかたちで、ポルトガルやイギリスなどの宮廷に嫁がされ、頼みの綱であった一人息子のファン王子は一九歳の若さでこの世を去った。またポルトガル王マヌエル一世（一四六九―一五二一年。在位、一四九五―一五二一年）に嫁いだ長女イサベルも他界したため、王位継承は必然的に三番目の子供、すなわち神聖ローマ皇帝マクシミリアン一世（一四五九―一五一九年。在位、一五〇八―一五一九年）の息子フィリップと結婚したファナに移ることになった。ところが、夫の浮気から嫉妬のあまり精神に異常をきたしてしまったファナには統治能力がなく、一時はフィリップがフェリペ一世としてカスティーリャとアラゴンの王に君臨したものの、五ヵ月後に急死したため、フェルナンドが娘ファナの摂政となった。

一五一六年一月、フェルナンドが亡くなると、三月にフランドルで養育されたカルロスがブリュッセルでカルロス一世として即位した。父フェリペ一世がオーストリアのハプスブルク家の血筋を引いていることから、このカルロスがスペイン・ハプスブルク家の創始者ということになり、父の死後、ネーデルラント(19)、フランシュ・コンテなどを継承したうえ、アラゴンとカスティーリャをも継承することになった。そして一五一九年には、祖父マクシミリアン一世のあとを承け、神聖ローマ皇帝に選出された。

カルロスも各地方に自治を許しながら統一国家をめざしたが、なにぶん側近たちの多くがフランドル人だったために、彼らによる支配を不服とするカスティーリャ都市住民の抵抗（コムニダーデスの乱）にあった。王権に対して反旗を翻したのである。またバレンシアやマヨルカ島でも、手工業者や農民たちが領主や富裕層に対して立ち上がった（ヘルマニーアスの乱）。いずれの反乱もすぐに鎮圧され、その結果皮肉にも王権がより強大化するかたちとなった。

対外政策の面では、覇権をめぐってフランスのフランソワ一世（一四九四—一五四七年。在位、一五一五—四七年）と何度か干戈《かんか》を交え、ヨーロッパを直接脅かすオスマン・トルコとも戦った。新大陸《インディアス》から入ってくる巨万の富はそのほとんどがそうした戦費に費やされ、それに見合うだけの成果をあげられずに、一五二五年のパヴィーア（ミラノの南にある都市）の戦いにおいてスペインの支配を確立したものの、結局はフランスを制することも、プロテスタントやトルコを牛耳ることもできなかった。また、地中海を脅かすベルベル人の襲撃を阻止することもできなかった。

その子フェリペ二世は、治世の半分以上をスペインの外で過ごした父とは対照的に、ほとんど国外に出ることなく行政組織を統率し、父が試みようとしていた中央集権化の実現と、カトリック教会の信仰にもとづく帝国統治に奔走した。

ジュネーヴでプロテスタンティズムが活発な動きを見せていた頃、スペイン国内でも一五五七年と五八年にプロテスタントの集団が摘発されるという事件が発生し、異端審問所はそうした勢力に対抗しようとより厳しい監視態勢を敷き、弾圧に乗り出した。国王は彼らを一掃するため外国に対しても堅く門戸を閉ざしたため、文化交流の道がほぼ閉ざされるかたちとなってしまった。

一方、国内では別の問題が惹起した。モリスコ（国土回復運動《レコンキスタ》以降、キリスト教に改宗してスペインに残ったイスラム教徒）との衝突である。彼らは改宗したとはいえ実際にはイスラムの教えを信奉していたために、国王はキリスト教化を徹底させようと、アラビア語や独自の生活習慣を禁じた。その結果、グラナダのモリスコの反発を買い、一五六八年アルプハーラスでのモリスコの反乱へとつながった。反乱は七一年には鎮圧され、彼らはカスティーリャの各地方に強制移住させられることになった。

北部のアラゴンでは長年、領主と領民との対立、貴族同士の対立、モリスコと山地に住む古くからのキリスト教徒との衝突、盗賊による治安の悪化など、この地方特有の問題を抱えていた。国王は反カスティーリャ感情が高まるなか、アラゴン問題を解決しようと一五九一年一〇月にサラゴサに向けて軍隊を派遣した。このとき大法官ファン・デ・ラヌーサが自分たちの特権を守るために国王軍に抵抗するよう呼びかけたが、その願いもむなしく大多数のアラゴンの貴族はそれに従わなかった。結局、ラヌーサは捕らえられ斬首の刑に処せられたが、反抗した二名の貴族を含む二二名をのぞき、他の反乱者たちは恩赦に浴する格好となった。その結果、一五九二年六月から一二月にかけてタラソーナでアラゴン会議が開かれ、国王は特別法を王権にとってやや有利なように改変することができたのである。

こうした国内問題を抱える一方で、カルロス一世とフランソワ一世の時代から続いていた数々の戦争は、フェリペ二世とアンリ二世（一五一九―五九年。在位、一五四七―五九年）の世代に持ち越されるかたちとなった。スペイン軍は一五五七年八月フランスに侵攻し、サン・カンタンの戦いで勝利をおさめたあと、翌五八年にはグラヴリーヌの戦いで勝利した。そして五九年のカトー・カンブレジ講和条約の締結をもってようやく一四九四年から続いていたイタリア戦争に終止符が打たれたのである。

他方、地中海沿岸のキリスト教徒の領土を脅かしていたオスマン・トルコに対しては、カルロス一世の庶子フアン・デ・アウストリア（一五四五―七八年）率いるスペイン・ヴェネツィア・教皇庁の連合艦隊が、一五七一年、あの文豪セルバンテスも参戦したレパントの海戦で勝利をおさめ、地中海でのトルコの進出を阻止した。

ポルトガルでは一五八〇年、エンリーケ王（一五一二―八〇年。在位、一五七八―八〇年）が死去すると、フェリペ二世は母親のイサベルがポルトガルの王家出身であることを口実に、王位継承権を主張。翌八一年、スペイン王家はポルトガルを支配下におき、アジア、アフリカ、ブラジルの広大なポルトガル植民地を手にすることになった。

しかしこうした一連の勝利とは反対に、カルヴァンの教義が浸透していたネーデルラントでは、敗戦の憂き目を見ることになる。もともと独立意識の強いこの地方の人々は、外国人による統治を好まなかった。これはカトリシズムを擁護する国王にとって厄介な問題であった。一五六六年、少数のカルヴァン派の者が示威運動を行った際に、教会の聖像を破壊したり、各地の修道院などで略奪をほしいままにしたことが原因で、フェリペ二世はアルバ公爵フェルナンド・アルバレス・デ・トレード・イ・ピメンテール（一五〇七―八二年）率いる軍隊をネーデルラントに派遣し、この地方に対する過酷な弾圧を行った。この事件をきっかけに、政治的意図と宗教的感情がいっしょになり、スペインに対する反感が次第に高まっていった。一五七六年、スペイン兵によるアントワープ略奪を契機に、一気に独立運動の気運が高まり、八一年には南部諸州をのぞく北部プロテスタントの七州が独立を勝ちとることになった。

ネーデルラントと同様、イギリスに対してもスペインは大敗を喫している。エリザベス一世（一五三三―一六〇三年。在位、一五五八―一六〇三年）がネーデルラント独立を支援したり、金銀財宝を積んで新大陸から戻ってくるスペイン船の略奪を奨励したりと、反スペイン政策を打ち出したため、一五八八年にスペインはイギリス本土に向けて「無敵艦隊」を派遣した。だが、イギリス艦隊にくらべてはるかに装備の面で劣るスペイン海軍はドーバー海峡で大敗を喫することとなった。カスティーリャの経済や財政がまさに破綻をきたしていたことが、敵軍にとって幸いしたのである。スペインはこの大敗北によって、以後ずっと対外政策の面で窮地に立たされることになった。一方、フランスにとっては列強の仲間入りを果たす転機となった。

フェリペ二世はカルロス一世から海外の領土を含めた広大な帝国を継ぎ、父と同様ヨーロッパの覇権をめぐって数多くの戦争に莫大な資金をつぎ込んだために、王室の借金が嵩む一方となった。カルロスの治世が終わる頃には、借金の支払いはカスティーリャの収入の約六八％にも達し、一五九八年には年間収入のほぼ八倍にまで膨れ上がった。借金は新大陸からの収入を担保に外国の金融業者フッガー家などから借りたが、その利子が年々高騰したために王室の財政は悪化の一途をたどった。また、王室はアルカバーラ税（国庫に支払う売上税）など種々の租税を徴収して収入増加をはかったが、これが逆に人々に重い負担を強いる結果となった。

十六世紀後半にもなると、これまで発展してきた農業や牧畜業が先細り、羊毛や毛織物の貿易と金融取引で栄えていたメディーナ・デル・カンポの定期市も衰退し始めた。どうやらフェリペ二世の政策の中には、新大陸からもたらされる貴金属が必要なものを常に満たしてくれるという思いはあっても、本当の意味でスペインに繁栄をもたらしてくれる経済発展のシナリオはなかったようである。

フェリペ二世のあとを継いだフェリペ三世は、二〇歳のときに王位に就いた。信仰熱心であるかたわら、この国王の唯一の楽しみは狩りであった。マドリード近郊のエル・パルド、アランフエス、エル・エスコリアル、またときにはバリャドリードやサモーラくんだりまで

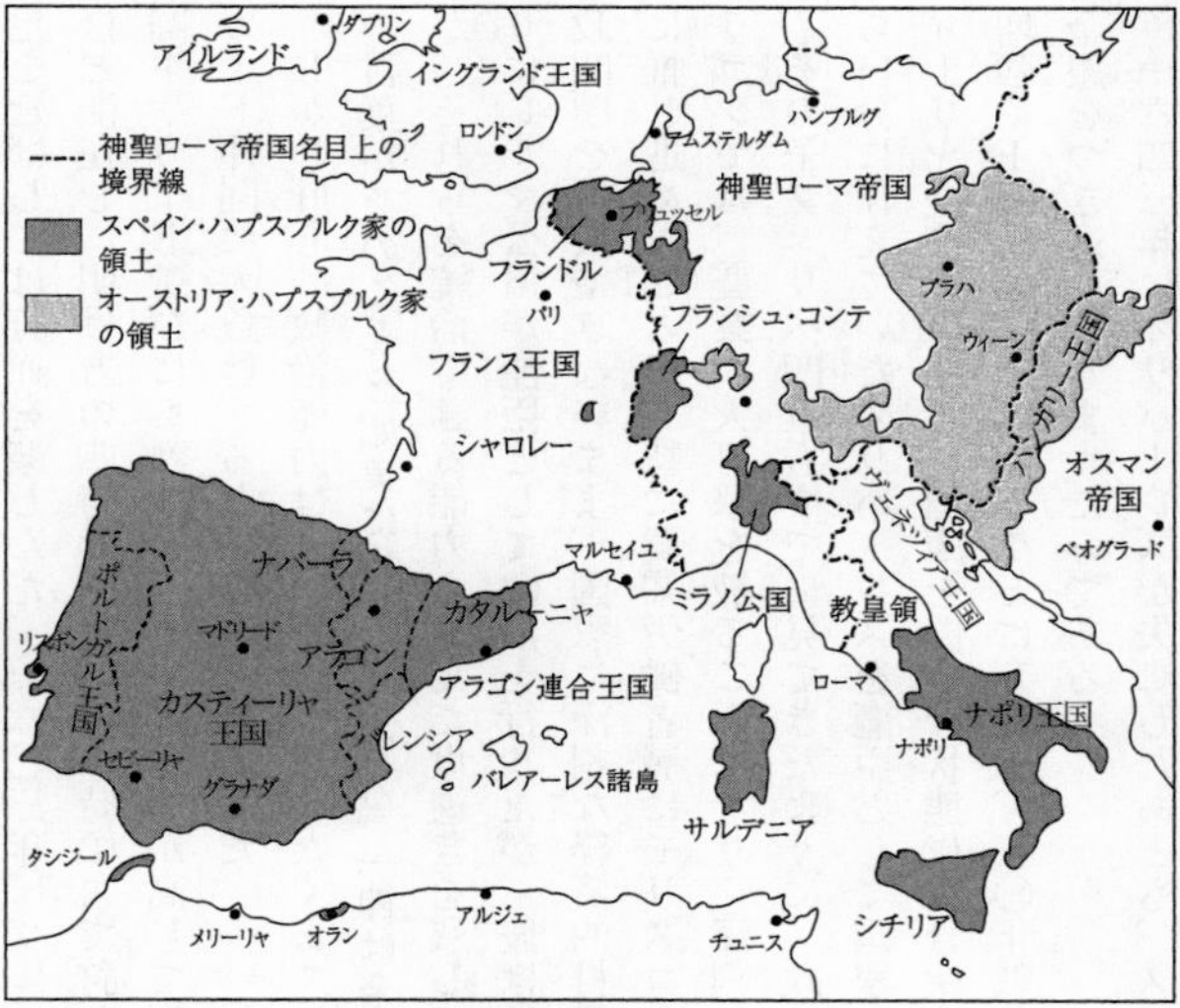

図44　1621年のヨーロッパ

足を延ばしては狩猟を楽しんだ。一六〇三年、ブルゴス近辺のラ・ベントシーリャに二週間ほど滞在し、明け方の四時から夜の一一時頃まで狩りに没頭したこともあったという。また闘牛やカード遊びにも熱中し、カード遊びが高じて寵臣レルマ公爵や裕福なジェノヴァ人のカード仲間に大負けするということもあった。

しかし肝心の政治能力はというと、まったくあてにできなかった。父王フェリペ二世の次の言葉がそのことを如実に物語っている。「神は余にいくつもの王国を残してくださったが、それらを統治できる能力を備えた世継ぎを残してはくださらなかった」と。そこで代わりにレルマ公爵が寵臣として政治を行ったが、彼は私腹を肥やすだけでカスティーリャの財政問題を解決できないまま、国家に深刻な経済的打撃を与えた。モリスコの国外追放を強引に推し進めたことで、特に農業労働者層にモリスコの占める割合が多かったバレンシアやアラゴンでは、農業が大打撃を被ることになり、深刻な経済危機を招く結果となった。

その子フェリペ四世もすでに見てきたように、政治にはほとんど関心がなく、王子の頃から自分に仕えていたオリバーレスを寵臣として国家の政策を任せていた。本来ならばカスティーリャ経済を再建し、国庫を健全な状態に引き戻すべきところを、オリバーレスは軍隊の増強や王権の強化をはかることに奔走し、三〇年戦争（一六一八―四八年）に新大陸からの金銀をつぎ込んでしまったのである。

一六四三年にオリバーレスが失脚したあとも、スペインは四八年のウエストファリア条約でオランダの独立を承認し、五九年にはフランスとのピレネー条約によって、カタルーニャの領土であったロセリョン、セルダーニャ、アルトー、ルクセンブルクなどを失い、ヨーロッパにおける覇権を完全に失うことになった。

一六六五年、フェリペ四世の亡きあと、四歳で即位したカルロス二世の治下では、彼が一四歳になるまで政治は母后マリアーナの手に委ねられることになったが、彼女には摂政としての政治能力がなく、彼女の右腕としてスペイン帝国の舵取りをしてくれそうな人物もいなかったことから、宮廷内では争いが絶えなかった。もはや政治的にも経済的にも疲弊しきっていたハプスブルク王朝のスペインに残された道は、没落の一途をたどる以外になかったのである。

◎スペインの人口◎

では、広大な領土を統治していたスペインは一体どれくらいの人口を抱えていたのだろうか？　帝国を維持する原動力としての構成員を調べてみるのは興味深いが、実際のところ十六、十七世紀におけるスペインの人口を正確にはじき出すのは容易なことではない。統計そのものが不充分ということもあるが、それよりも複数の王国で一斉に人口調査が行われなかったことがその主な原因の一つとみられる。

当時の人口調査は税制上、世帯ごとに数えられていたため、家族全員の数を把握するとなると、どうしても一世帯の人数を推測したうえで、一律に数倍掛けるという計算方法をとらざるをえなかった。その結果、一世帯を五人家族と見積もり、世帯数に五を掛けた場合と、四・四または四・五人あるいは少なく見積もって三・七五人とし、世帯数にその数を掛けた場合とでは、やはり全体の数字に多少なりとも差が生じてくる。そのうえ、どうしても空白の埋まらない地域や正確な数字を得られない地域も出てくる。したがって、以下の数字は歴とした研究者たちによってはじき出されたものだが、あくまでも概算である。

十六世紀のスペイン各地の人口は、いくつかの小規模な村をのぞけば全体的に増加の傾向にあった。なかでもセビーリャやマドリードでは人口が何倍にも膨れ上がった。マドリードの場合、一五六〇年頃の人口が五〇〇〇人から一万人程度であったのが、一五六一年に首都と定められて以来、人口が増え続け、十六世紀末には五万人を突破。一六〇六年から二〇年にかけてほぼ一二万人にまで達し、セビーリャの人口にならんだ。

しかしスペイン全体では、十六世紀最後の四半世紀にもなると、これまでほとんどの市町村でみられた人口の増加現象が飽和状態となり、十六世紀末から十七世紀にかけてスペインの人口は、地域差もあったが減少の一途をたどるようになった。

一五九〇年頃には八四〇万人であったのが、一七一七年には七六〇万人にまで減っている。十七世紀初頭にくらべると、特に同世紀末には人口の減少が著しかった。そのおもな原因として考えられるのが、戦争、疫病、飢餓などである。

スペインの人口推移（1596-1700年）

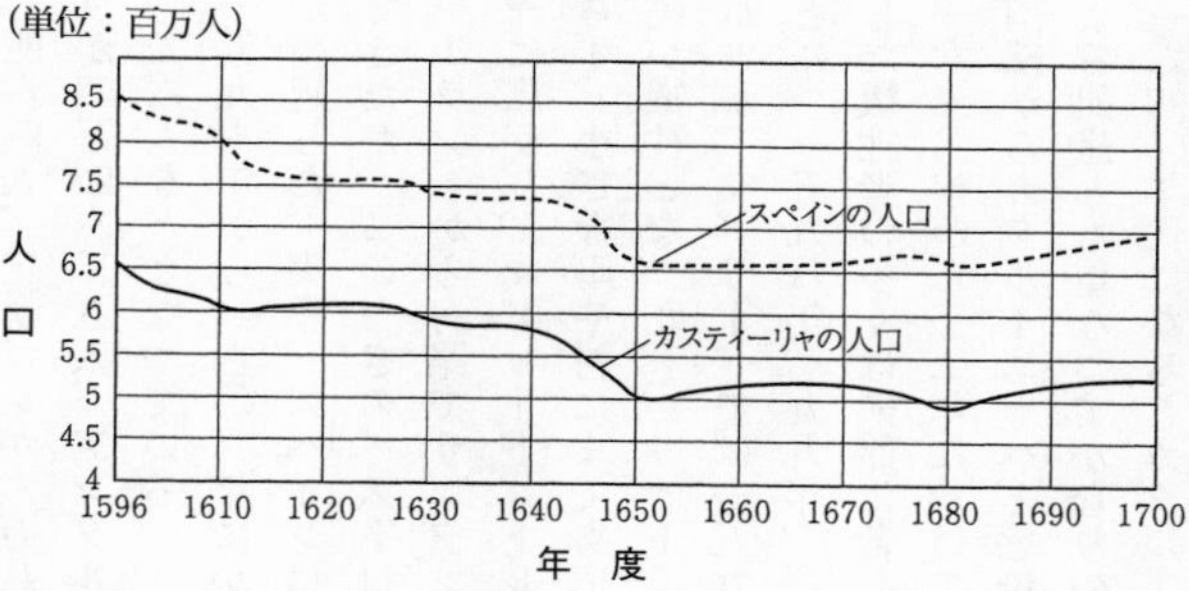

(A. Domínguez Ortiz, *La sociedad española en el siglo XVII*, I, pp. 112-113)

周辺部のガリシア、アストゥリアス、アンダルシア、ムルシアでは、カスティーリャほど人口の減少に悩まされることはなく、地域によってはむしろ増えたところもあったが――ガリシアのモンドニェードでは一五八七年から一六三一年のあいだに一五～二〇％増加し、一六五〇―六九年にも同じく増加の傾向にあった――、カスティーリャでは人口の減少は甚だしかった。とりわけ乾燥した不毛の中央台地《メセタ》やエストレマドゥーラでは減少が著しかった。一五九〇年頃のカスティーリャの人口は六六〇万人であったのが、驚くべきことに一五九一年から一六一四年にかけて、疫病やモリスコの国外追放などによりおよそ一〇％にあたる六〇万人から七〇万人も激減した。アンリ・ラペールというフランス人の研究者によれば、国外追放されたモリスコの数だけでも二七万二一四〇人にのぼるという。その内訳は、バレンシアが一一万七四六四人、アラゴンが六万八一八人、カスティーリャ、ラ・マンチャ、エストレマドゥーラが四万四六二五人、アンダルシア（グラナダ王国以外）が二万九九三九人、グラナダが二〇二六人などとなっている。

一五九六年から一六〇二年にかけて、スペインの中央部と北部そしてアンダルシアにペストが蔓延した。実際、スペインは十五世紀末から十六世紀をとおして頻繁にペストに悩まされてきたが、このときのペストはカスティーリャにおける最初の大規模な疫病となった。ネーデルラントから海路でサンタンデールの港に入り、そこから数年のうちに新旧カスティーリャに広がり、マドリード、トレド、ブルゴス、バリャドリード、セゴビアなどの都市のみならず、小さな町や村にまでも広がった。作物の不作と重なって、いくつかの町では大勢の市民が犠牲となった。バリャドリードでは四ヵ月のあいだに六五〇〇人、すなわち住民の約一八％が、マドリードでは一五九九年の八ヵ月間に三五〇〇人が亡くなった。また運の悪いことに、一五九八年、九九年、一六〇〇年には農作物の不作がそれに追い打ちをかけた。こうした犠牲者の多くは飢餓に苦しむ貧困層の人たちであった。

一六三〇年から三二年にかけても、イタリアのロンバルディアで発生したペストはフランス南部からカタルーニャへと感染していった。その後、カスティーリャにまで広がり、旱魃による飢餓とも重なってかなりの被害が出た。

一六四〇年代になるとカタルーニャにおける内戦や飢餓、それに一六四七年から五二年にかけてのペストの流行によって、またしても人口が著しく減少した。四七年にバレンシアで発生したペストはこの町だけでも三万人の犠牲者を出し、またたくまにアラゴン、カタルーニャ、アンダルシアへと広がり、その後もマヨルカ島、サルデニア島、イタリアへと感染経路を広げていった。アンダルシアの被害も甚大であった。マラガでは四万人が死に、セビーリャでは町全体が麻痺するほどで、周辺の村々も含めるとおそらく一五万人が犠牲になったものと推測される。なお、スペイン全土ではこの疫病により五〇万人の犠牲者が出たとまでいわれ、経済活動は完全に麻痺状態となった。

一六六五年、ようやくカスティーリャの人口が五〇〇万人を超えるようになったが、一六七七年から八三年にかけてまたしてもカスティーリャは疫病と農作物の不作に見舞われ、人口の伸びもやや上向き加減ではあったが足踏み状態となった。

疫病として猛威をふるい、死亡率を高めたのは言うまでもなくペストだったが、ほかにも天然痘やチフスや赤痢によって多くの人々が命を失った。ペスト菌はもともと鼠類の病原菌で、蚤を介して人間に伝染するわけだが、特に農作物の不作により栄養不足で人々の抵抗力がなくなっていたり、あるいは人口が都市部に集中し、そのあおりで市中に貧民街ができて不衛生な環境におかれた場合、より多くの犠牲者が出る結果となった。いわば、犠牲者の多くが貧しい人々や飢えに苦しんでいる人たちであり、権力者や金持ちは疫病がはやるとスペインのどこか安全な場所に移るか、田舎にある自分たちの所有地に避難するかして、害を逃れることができた。

カスティーリャ以外の地方で人口の減少がもっとも顕著だったのはバレンシアである。この町では一六〇九年から一四年にかけてモリスコの国外追放があり人口が激減したが、十七世紀半ばになってもペストの流行などにより減少した人口は埋まらなかった。

バレンシアとアンダルシアは一六七六年と八五年にも同じように疫病に見舞われ、八二年から八三年にかけて農作物の不作も手伝い多くの犠牲者を出した。この十七世紀最後の大規模なペストの流行で、スペイン全土では二五万人もの命が奪われたと推測される。

そのほか、ヨーロッパあるいは新大陸の植民地へ移住する人々や、戦争で命を失う人々の数も人口減少の原因となった。前者に関する公式の数字はスペイン全体の人口からするとさほど驚くような数ではなかったが、非公式の数字となるとかなりの数にのぼったものと思われる。特にカスティーリャ王国の中でも人口の比較的多かったガリシア、バスク、カンタブリア沿岸地方、それにカスティーリャの中部、南部からは多くの人々が新大陸やヨーロッパの他の国々に移住し、逆に比較的人口の少なかったアラゴン連合王国ではフランスからの移民が入ることで人口が膨らんだ。彼らは職人や手工業者や農民としてスペインに入り、スペイン経済を少なからず活性化させた。

一方、西仏戦争の始まった一六三五年から、四〇年のポルトガルおよびカタルーニャの反乱を挟んで五九年のピレネー条約までのあいだにスペインはかなりの戦死者を出した。彼らの中には戦場で命を落とす者だけでなく、非衛生的な環境のなか、劣悪な医療技術や飢餓のせいで落命する者も大勢いた。

◎政府機関◎

すでに触れたように、歴代のハプスブルク王朝のスペイン国王は、スペイン帝国という名のもとにスペインはもちろんのこと、ネーデルラント、フランシュ・コンテ、ナポリ王国、北部イタリア、ドイツ、そして新大陸をも領土として所有し、世界に君臨していた。カスティーリャはその面積と人口からしてアラゴン連合王国よりもずっと規模が大きかった。実際には、ガリシア、アストゥリアス、サンタンデール、バスクなどの北西部や、レオン、エストレマドゥーラ、アンダルシアをも統轄していた。

カルロス一世がスペイン国王であると同時に、神聖ローマ皇帝として、広大な領土を継承したからといっても、各王国には独自の法律と特権がある以上、これらをすべて同一に考えて支配することは不可能であった。むしろそれぞれの王国を尊重し、独立した存在として考えていた。しかしこのことが障壁となり、帝国内における共通の制度や組織を作ることができなかった。同じ帝国内での政治活動が、片方では自国の利益になり、もう片方では理不尽な政策となったのである。たとえばカスティーリャにとって、フランスとの戦争やドイツのプロテスタント諸侯に対する戦争は何の利益にもならないように思われたし、地中海を脅かすオスマン・トルコに対する軍事政策にしても、不当な人的・物的犠牲を強いられているにすぎなかった。

それでも国王は人と資金を戦費につぎ込み、国家を政治的・経済的危機に陥れはしたものの、文化面ではフランドルやイタリアとの接触によって壮大な黄金世紀を開花させたのである。

いくつもの王国に分かれていた帝国では、従来どおりの統治方法では戦費などの調達に十分な対応ができなくなってきたため、既存の異端審問会議（一四八三年）、騎士修道会会議（一四九五年）、十字軍会議（一五〇九年）に加えて、一五二〇年代には新たに国務会議（一五二二年）、財務会議（一五二三年）、インディアス会議（一五二四年）などが組織され、カスティーリャ会議も改善されて、スペイン帝国の行政機構が徐々に整っていった。

その後、カトリック両王やカルロス一世とちがい、その治世の間にほとんど半島を旅しなかったフェリペ二世が王位に就くと、統治機構がほぼマドリードに集中するようになり、スペイン以外の領土も統治する必要上、すでに父王の時代に設立されたイタリア会議（一五五五年）に加えて、ポルトガル会議（一五八二年）、フランドル会議（一五八八年）が設立されるようになった(21)。

また、半島も含めた各地に副王職《ビレイナート》が創設され、国王にかわって副王が統治することになった。半島と新大陸ではその権限の範囲が多少異なっていたが、遠く離れた新大陸では総督として絶大な権威を誇っていた。副王職が設けられていたのは、バルセロナ（カタルーニャ）、バレンシア（バレンシア）、サラゴサ（アラゴン）、パンプローナ（ナバーラ）、グラナダ（グラナダ）、パレルモ（シチリア）、ナポリ（ナポリ）、メキシコ（ヌエバ・エスパーニャ）、リマ（ペルー）の九ヵ所であった。

なお、副王職のほかに司法的な機能を果たす聴訴院《アウディエンシア》が設置された。これら二つの機関が行政および司法の面でそれぞれ互いに機能しながら、本国の中央集権化に貢献したのである。しかしながら、新大陸から出された重要事項を審議するのに副王の意見書が本国に送られ、国王の承認を得てふたたび副王のもとにもどってくるまでにゆうに半年以上はかかったことを考えると、遠隔地に対する本国政府の徹底した統制力とひきかえに、対応の大幅な遅れから問題解決の大きな支障ともなった。いずれにせよ、各王国には独自の統治機関や法規があり、経済も別々に動いていたため、各王国の代表が一堂に会して会議を開くということはなかった。

◎社会の様相◎

十七世紀をとおして、インフレの激化、通貨危機、新大陸からの物資の目減り、何度かの破産宣言などにより、国家は重大な経済危機に見舞われ、ますます弱体化に拍車がかかった。産業は放棄され、牧畜業は手厚く保護されたものの、恩恵を被るのは大貴族だけであった。富の分配にも大きな偏りが生じ、王家に後押しされた少数の特権階級だけが大部分の富を占領し、経済の発展どころの騒ぎではなかった。J・H・エリオットが『スペイン帝国の興亡』の中で述べているように、この両極端の溝を埋める、堅実で力のある中産階級がいなかった。つまり、中産階級の人々は商業や肉体労働に精を出す代わりに、安易な方法で金儲けを画策したり、社会的名誉を求めるあまり、貴族の称号を手に入れることにかまけて、肝心の経済活動を怠ったのである。この時代、一部の特権階級の人々と大部分の庶民とのあいだの貧富の差があまりにも開きすぎていたのは、まさにこの中産階級の欠如によるものであった。それにもかかわらず支配階級の人々はこれらの問題を解決しようとはしなかった。というよりも、その能力すらなかったのである。彼らは日々貧困に苦しむ多くの人々を尻目に、自己の威厳を保ち、権力を誇示せんがために贅沢品の消費に明け暮れる一方で、肝心の投資を怠り、もっとも基本的な経済活動を軽蔑した。

町では人々の貧困や治安の悪化が進み、大勢の人々が日々貧窮に喘《あえ》ぐなか、サンタ・テレサ・デ・ヘスス（イエズスの聖テレジア）やサン・フアン・デ・ラ・クルス（十字架の聖ヨハネ、一五四二―九一年）のように神との一致を求めて神秘主義の世界に身を捧げる人々がいたかと思えば、ピカレスク文学に登場する主人公たちのように狡賢く人生を生き抜こうとする人々もいた。

凋落の一途をたどりつつあったスペイン社会に生きる人々にしてみれば、地上の世界を発見し、そこに美と調和を探求した、かつてのルネサンスの楽天主義や理想主義はもはや幻想でしかなく、目のまえにあるのは厭世観や絶望に満ちた過酷な人生そのものであった。美しい世界の栄光は蒼ざめ、人々のあいだに絶望感や挫折感が漂っていた。都会では日常生活の中に矛盾や葛藤が生じ、日々苦悩や不安や悲愴感に包まれ、人生とは一歩ずつ死に近づくことであるという思いが人々の心を支配するようになった。

フェリペ四世の宮廷では、道徳の欠如や不品行が甚だしく、いつ神罰が下ってもおかしくない状況にあった。それもそのはず、たとえ邪淫の道に走ったとしても、その場で心を入れかえさえすれば赦しという寛大な措置がとられるだけで、本当の意味での改善はみられなかった。スペイン人の信仰はあまりにも形式的で、たとえ罪を犯したとしても、罪滅ぼしとしてミサをあげたり涙を流して神の名を唱えれば、赦されるものと高をくくっていたようである。当時、大衆の人気を一身に集めた劇作家ロペ・デ・ベーガ（一五六二―一六三五年）も、懲りずに何人もの女性をくどき、僧籍に入ってからも肉欲には勝てず、複数の女性とのあいだに何人も子供をもうけている。このように国王を筆頭に宮廷貴族や聖職者の性道徳がいたるところで乱れ、高位の聖職者が愛人を持ったり、若者が修道院の窓に梯子をかけて、うら若き修道女を連れ出したりといった記録も残されている。

◎社会階級◎

国王を頂点としたピラミッド型の社会を大別すると、貴族や聖職者が属する特権階級と、大半の人々が占める平民とに分けられる。

(1)貴族

フェリペ二世の時代には、貴族が揺るぎない権力を持ち、社会の甘い汁を吸っていた。そもそも貴族の優勢は国土回復運動《レコンキスタ》の頃に各王国で明確となりつつあり、カトリック両王の時代に確定的となった。それ以来、王国の傘下に入ったカスティーリャの大貴族たちは、政治的・軍事的に重要な地所を放棄する代わりに、王国の保護を受けるようになった。その後、大貴族同士の結婚はその権力をさらに強化し、カルロス一世の時代になると彼らが国家の富の三分の一を占めるようになった。

十六世紀には依然として国王のために兵役に服したり、官僚の仕事に貢献した人たちに称号が与えられていた。大貴族の富や権力は、土地を所有しそこで農業や牧畜業を営むことによって入ってくる収益に起因し、直接その土地を農民たちに耕作させたり、高い賃貸料をとって土地を貸し出し、その所有地での権限を強めていったのである。

普通、大貴族《グランデ》というと公爵《ドゥーケ》をさし、貴族の中でもっとも位が高く、君主から特別の権限が与えられていた。彼らは広大な土地や財産を所有し、政治的にも重要な発言力を持っていた。公爵の次にくるのが侯爵《マルケス》や伯爵《コンデ》で、彼らも同じように広大な領地を持ち十分な収入があった。

では、数字的にみてどの程度の貴族がいたかというと、出典により記録の誤差は多少あるが、一五二〇年には、公爵、侯爵、伯爵をあわせた数が七〇を超えることはなく、そのうちの二〇が大貴族のカテゴリーに属していたにすぎなかったが、一六〇〇年頃には、公爵が一七、侯爵が四一、伯爵が四二の合計一〇〇に増えている。それが一六一六年にもなるとその数はさらに増え、公爵が一九、侯爵が五五、伯爵が六八の合計一四二となった。そしてフェリペ四世が王位に就くと、さらに一一八の爵位を増やした。

彼らは一向によくならない経済状況などどこ吹く風で、これまでどおり浪費を繰り返していた。その収入の多くが農業または牧畜業によるものだったが、なかにはセビーリャの貴族のように新大陸との貿易に投資することによって利益を得る貴族もいた。一六〇〇年頃の大貴族の中でもっとも金持ちだったのは、年収一七万ドゥカードを誇るメディーナ・シドニア公爵であった。その内訳はというと、年収の三分の一が貿易の中心地サン・ルカル・デ・バラメーダの町をふくむ公爵領からの収入、別の三分の一が侯爵領から、残りがカディスのマグロ漁からの収入であった。

ペドロ・ヌニェス・デ・サルセードという人の一六〇〇年頃の統計（B. Bennassar, pp. 197-200）によれば、概して公爵が五万～一七万ドゥカードの年間収入を得、侯爵、伯爵の場合には、プリエーゴ侯爵やベナベンテ伯爵のように一〇万ドゥカードを超える所得のある者は別として、ほぼ一万〜五万ドゥカードのあいだの数字に収まっている。もちろん中には、カミーナ伯爵のように四〇〇〇ドゥカードという年収の者もいたが、それでもこれらの額は程度の差こそあれ庶民レベルからすると、莫大な数字であったことに変わりはない。一方、大貴族でなくとも「ドン」という敬称をひけらかすことのできる人たちも大勢いた。彼らは爵位を求めて、当時の三大騎士修道会の会員になることを夢見ていた人たちである。一六二六年には、これら三つの騎士修道会の騎士の数がピークに達し、一四五二人にまで膨れ上がった。その内訳は、アルカンタラ騎士修道会が一九七名、カラトラーバ騎士修道会が三〇六名、サンティアーゴ騎士修道会が九四九名であった。しかし、収入につながる恩賞地の数がはるかに少なかったことを考えると、名誉ある肩書きにすぎなかったものと思われる。いずれにしても、大貴族も含めたこうした貴族の大半は都市に住んでいた。郷士《イダルゴ》とよばれる下級貴族は普通小さな町や村に住み、経済的にあまり裕福ではなく、なかには糊口を凌ぐのが精一杯の人たちもいたが、片や裕福な財産を持つ者もいた。サンタンデール、ブルゴス北部、アストゥリアス、レオンなどでは、イダルゴの占める割合は高く、五〇%を超えた。場所によってはほぼ全員がイダルゴということで、貴族と平民の区別のない地域もあった。したがって、農民や商人を含めた貧しいイダルゴは特にこの北部に多かった。

これとは逆に、ガリシア、エストレマドゥーラ、ラ・マンチャ、アンダルシアなどではその割合がかなり低く、中にはイダルゴの数が一割に満たない村さえあった。

概して、彼らは大貴族のように広大な領土を所有したり、従僕を多く抱えているわけではなく、ましてや宮廷で重要な任務を任されているわけでもなかったが、先祖に何らかの偉業を成し遂げた人がいたことで名誉という遺産を受けとった人たちであった。彼らには直接税を免除されるという恩典があり、借金によって投獄されたり、もし死刑を宣告されたとしても、恥さらしとなる絞首刑に処せられたりすることはなかった。

下級貴族の中には、さほど広くはないが自分たちの土地を所有し、小作人を使って農業を営んだり、自ら土地を耕したりして――耕作は身分を貶めるものではなかった――快適な生活を送る者もいた。ただし実際には、こうした優雅な田舎生活を送る下級貴族は稀で、現実はかなり厳しかったようである。エステーバン・ゴンサーレスが自伝風に書いた『エステバニーリョ・ゴンサーレスの生涯と足跡』（一六四六年）の中で、主人公エステバニーリョがそのことを如実に物語っている。

父の不幸は原罪を受け継ぐものとして、子供たちにまで受け継がれました。下級騎士であるということは詩人であるのと同じことです。なぜなら、永遠に変わらぬ貧乏または絶えず襲いかかる空腹から逃れられる者がほとんどいないからです。父はずいぶん昔の貴族証明書を持っていましたが、古すぎて字が読めず、よれよれになった紐やしわくちゃになった羊皮紙に触れて油染みるのがいやで、誰もそれに触ろうとはしませんでした。ネズミさえも不毛の病に苦しみながら死ぬのを恐れて、それをかじりませんでした。

事実、大半の下級貴族は大きな町に流れていき、自分たちの身分を穢すことのないような生活手段を模索したようである。たとえば、身分の高い貴族にとり入って仕えたり、それができなければ『ラサリーリョ・デ・トルメスの生涯』の主人公ラサロが仕えた、見栄っ張りな下級貴族のように、常に空腹を極限までこらえながらの惨めな生活を覚悟しなければならなかった。それでも、彼らの関心事といえば、自分たちの地位にふさわしい身なりを整えることによって、農民、職人、商人などの平民よりも優位な立場に立つことであった。

(2)中産階級

一口に中産階級《ブルゲシーア》といってもまちまちで、普通彼らは都市に住んでいたが、必ずしも商業に従事しているとはかぎらなかった。社会の上層部に属するような人々、とりわけ貿易商人、銀行家、地主、それに医者、弁護士、公証人、その他の官吏といった選り抜きの人々であったり、手工業者や巷間の商売人のような平民《ペチェーロ》であったりして、さまざまな階層の人たちがいた。富を築いた中産階級の人々の共通の願いは、貴族階級の仲間入りを果たすことであった。当時の社会は貴族と平民とに二分されてはいたものの、それが身分を分ける絶対的な境界線ではなかった。

事実、金にものを言わせて貴族の称号を買いとり、由緒ある家柄の貴族の仲間入りを果たした金持ちや、貴族との結婚によって貴族の仲間入りを果たした商人もいた。両者のちがいを明確に線引きするのはむずかしいが、事が名誉や威厳の問題ともなると、豊かな資金による方法では本来の世襲制による相続にくらべて社会的評価にぐらつきが生じることもあった。一六二二年にある騎士修道会が、商人もメンバーに加えることをすでに承認していたにもかかわらず、商業という貴族らしからぬ職種を理由に、貴族と同等の価値があるのかどうかという疑問を抱き、この問題がのちの十八世紀初頭まで尾を引くという例もあった。それでも現実には、小規模な店主や小売商人は別として、海外貿易で富を蓄積した者と貴族との社会的地位の差はほとんどなかった。

バスク地方では公式には全員が貴族に属していたが、職種からすると明らかに中産階級であったり、カタルーニャでも多くの名誉ある市民は貴族でとおっていたが、実際には商業に従事していたというケースもあった。しかしエストレマドゥーラでは、高貴な家柄の騎士であり、町を統治している人々の中にも、経済活動にかかわっていたという理由で、中産階級とみなされた人々もいた。

他方、一家に子供が生まれると、その子供たちが親譲りの経済力でそれぞれに職位を買いとるという例もあった。十六世紀のトレドに住んでいたファン・デ・エレーラという商人の場合、地元の評議員《レヒドール》（行政面を担当する役人）の職位を買いとり、子供たちにもふさわしい職位をあてがった。長子は家督を継ぎ、末っ子は王室財務官の職位を買いとり、別の息子は聖職者の身分に落ち着いた。また五人のうち三人の娘は修道院に入り、また別の娘は改宗ユダヤ人《コンベルソ》（ユダヤ教からキリスト教に改宗したユダヤ人）の血を引く家庭に嫁ぎ、残りの一人は下級貴族と結婚して一子をもうけ、その子はのちにサンティアーゴ騎士修道会に入会を果たした。こうした例は明らかに、階級を超えて血縁関係ができたことの証《あかし》である。当時のカスティーリャでは中産階級に属する商人の多くが改宗ユダヤ人であったことも、こうした結びつきを容易にしたものといえよう。

十六世紀のスペイン人たちは、海外との貿易のためにフランドル、フランス、イタリア、新大陸などに出かけて行き、特に新大陸との貿易によって莫大な富を手にすることができた。事実、多くの人たちが財貨を稼ぎ、それによって貴族の称号を買いとったり、土地に投資したりした。そのためセビーリャでは一五九八年に、商業によって儲けた金の力で貴族の称号や市の職位を買う人たちがいることに対して慨嘆の声が上がった。

しかし、こうした十六世紀におけるスペイン経済の繁栄も十七世紀に近づくにつれ情勢が変化し、外国勢が競争相手としてスペインと新大陸との貿易に加わってきていたために、スペインの中産階級がまともに経済的痛手を受けることになった。そこで彼らは貿易をやめ、国債《フーロ》に資金をつぎ込んで一儲けしようと考えたが、結果的には外国人たちが新大陸との貿易を独占し、この国の資本主義は片隅に追いやられるかたちとなった。

⑶農民

一四八〇年、カトリック両王の時代に発布された法令によれば、カスティーリャの農民は基本的に自由の身であり、封建領主によって縛られることはなかった。カタルーニャでも一四八六年のグアダルーペの裁決により、土地に縛られた農奴が解放されている。アラゴン王国のように一部の地域では依然として封建制度が農民を牛耳っていたところもあったが、半島のほとんどの地域では農民の自由は守られていた。しかしそうはいうものの、農業就業者の大半は、土地や家を持たない日雇い労働者《ホルナレーロ》であり、彼らの生活は貧しく悲惨なものだった。

たとえばカスティーリャでは、地主から土地を借りて小作人として生計を立てている農夫の場合、農業から得られる収益の半分近く、またはそれ以上の収穫量を小作料として地主に、また国王や教会にそれぞれ租税や十分の一税《ディエスモ》（収入の一〇％を教区教会に支払う税で、農産物や家畜などで支払うこともできた）を支払わなければならなかった。むろんカスティーリャといっても地域によっては税制が多少異なり、また旧カスティーリャと新カスティーリャをくらべてみても、前者のほうが比較的小規模な地主が多く、小作人の納める収穫量も少なかったという風に、一律というわけではなかった。

唯一、土地を所有していたのは特定の地域の金持ちの農夫だけで、彼らは農民人口の中でも少数派であり、家屋や土地や農機具や家畜を所有していた。なかには自分の資産のほかに貴族の地所を管理する者もいた。個人の土地所有率は半島の北から南に下るにつれて低くなる傾向にあった。

アストゥリアスやガリシアなど北部地方では、自給自足の生活ができる程度の狭い農地を所有する者もいたが、それも農民の五分の一ほどにすぎなかった。ほかの者たちは他の地域に出かけ、日雇い労働者として生活費を工面しなければならなかった。アンダルシアではごく少数の大貴族が広大な土地を所有し、農地は都市や比較的大きな村落に住む日雇い労働者の手によって耕された。彼らは農繁期になると、大農場の管理者と契約を交わし、わずかばかりの生活費を稼ぐために何週間も農業に携わった。耕作のないときには、自分たちの村で左官、大工、鍛冶屋、靴屋、陶工、織工などとして糊口を凌いだ。

地域によっては、アラゴンの一部やレオンのように、土地のほとんどを共同体《コムニダー》が所有し、特定の個人が所有しないところもあった。こういう地域では、農業だけでなく牧畜業も共同体の管轄下におかれ、毎年家長のあいだで分配されることになっていた。この方法だと土地を持たなくても人々の生活は保護された。だが、いろいろな悪条件による生産高の減少、重い税のとり立てが続くと、こうした保護も役には立たなかった。

十六世紀前半には数年おきに収穫高の減少する年もあったが、これといった大きな被害に見舞われることはなかった。しかし、一五八〇年代から十七世紀中頃にかけて、農業生産が急激に低下し始めると、特にカスティーリャの多くの農村では、中世以来それまで健在だった土地が権力者たちの経済的圧力によって徐々に有産階級または教会の手に渡り、結果的に日雇い労働者の数が大幅に増えることになった。王室もこの頃になると、所有地の一部を有産階級の人々や金持ちの貴族に売り払った。

このように地域差はあったものの、農民の生活は決して楽なものではなかった。天候不順やペストなどの疫病によって多くの者が村を離れた。領主の土地に住む農夫の生活は厳しく、まともな生活ができない者もいた。彼らは農場でとれた産物の一部を領主に納めるだけでなく、納税も強いられた。とりわけカスティーリャでは、フェリペ四世の治世になると税金の徴収額も増え、上納金《セルビシオス》が聖職者や特定の特権階級の人たちをのぞくあらゆる人々を苦しめ、なかでも農民にとってはかなりの重荷となった。おまけに税のとり立てが厳しく、払うものがなければ家の扉や窓や屋根瓦まで持ち去られるケースもあった。どうにもならないときには、夜逃げ同然でその土地を去ってゆく者もいた。

実際、十六世紀末には農村の人口流出が大きな問題となった。その主な原因は戦争、新大陸への移民、自治体の土地の売却、領主が農民に課す租税や、教会や国家に納める税の負担、それに疫病の流行や飢餓などによるもので、多くの村の人口が大幅に減少したり、村全体が荒廃する例もあった。

(4)「ピカロ」と貧しい人々と悪党

スペイン黄金世紀のピカレスク小説に、『ラサリーリョ・デ・トルメスの生涯』(作者不詳、一五五四年)、マテオ・アレマン(一五四七—一六一四年?)の『グスマン・デ・アルファラーチェの生涯』(前篇、一五九九年/後篇、一六〇四年)、アグスティン・デ・ローハス・ビリャンドランド(一五七二—一六三五年?)の『愉快な旅』(一六〇三年)などがある。『ラサリーリョ・デ・トルメスの生涯』の主人公ラサロ少年は社会の下層に属し、何人もの主人に仕えながら、物質主義の世の中でずる賢く生きるすべを学びとり、アレマンの小説の主人公グスマンもやはりラサロと同様に出自が卑しく、食い扶持を求めて家を出、スペインからイタリアへ、そしてまたスペインへとやくざな旅をする。道中、地道に働こうとしないグスマンは、ギャンブル、詐欺行為、物乞い、窃盗、不幸な結婚など苦い経験をしながら、最後には漕手刑に処せられ、その後牢獄に閉じこめられる。

では、文学に登場するこうした「ピカロ」(社会のアウトサイダー)は、果たして当時の社会に実在していたのだろうか？　結論をいえば、フィクションである文学のイメージとは必ずしも一致しないが、ピカロたちの生き様はある意味で社会の歪んだ姿を映し出したものであるといえよう。なぜなら、下層階級にあって違法行為を繰り返す人々、詐欺師、ならず者、盗賊などが、実際にセビーリャやマドリードなどの各都市に徘徊していたからである。したがって、文学と実社会との境界線は存在するとしても、ピカロを単なる文学上の悪役だと決めつけるのは早計に過ぎる。それに、こうしたジャンルを手がけた作者自身が並はずれた放蕩生活を送っており、その実体験から小説が生まれたということも注目に値する。『ラサリーリョ・デ・トルメスの生涯』はさておき、セビーリャ刑務所の外科医の息子であったマテオ・アレマンは、実生活においても貧乏で波乱に富んだ学生生活を体験したあと、イタリアに渡り無法な振る舞いをした廉で投獄されている。アグスティン・デ・ローハスもイタリアで放蕩生活を送り、その後スペインに戻ってからも物乞いや盗みをしながら、ならず者同然の生活を繰り返した。ローハスは旅の一座にも加わったが、アレマンと同じく不法行為を犯した廉で獄中生活を経験している。

事実、この時代のスペイン経済は悪化の一途をたどり、町のあちこちに物乞いの姿が見受けられた。もっとも物乞いといっても、仕事に就きたくないばかりに悪知恵を働かせ物乞いになりすます人と、肉体的な衰えや身体的障害や病気などから物乞いをせざるをえない人がいた。各教区では後者にだけ物乞いの許可が与えられたが、非合法的に物乞いする者があとを絶たなかった。この問題については当時でも、少数派ではあったが、物乞いをする連中すべてに手を差しのべるべきであるとするフランシスコ会の人たちと、本物の物乞いと怠惰からくる見せかけの物乞いを区別すべきであるという人たちとの二手に分かれ、議論が交わされた。

スペインの大都市にはかなりの数の浮浪者、怠け者、失業者がたむろしており、十六世紀末に書かれたクリストバル・ペレス・デ・エレーラ（一五五八？―一六二〇年）の『合法的な物乞いの救済と見せかけの物乞いの削減に関する論考』（一五九八年）によれば、スペイン全土で施しを受けながら生活している人たちの数は推定一五万人で、その大部分が物乞いを装った人たちであった。彼らのやり口は巧妙で、病気を装ったり、身体障害者であるかのように振る舞ったり、ひどい外傷を負ったように見せかけては、人々から施しを乞うたのである。それに死期が近いと思わせるような悲痛な面もちで、埋葬代を通りすがりの人にせがむ者もいた。この不正行為についてセルバンテスも多少なりとも心に掛けていたのか、『ドン・キホーテ』において、バラタリア島の領主に任命されたサンチョ・パンサの口をとおして、次のように述べている。

彼〔サンチョ〕はさらに乞食係の警吏をおくことにしたが、これは乞食たちを取り締まるためではなく、彼らが本物の乞食であるかどうかを調べるためであった。というのも、偽りの不具や、とってつけた傷といった外見の背後に、泥棒の腕やたくましい酔っぱらいが隠れているのが常だったからである。

（後篇、五一章）[22]

しかしその一方で、貧者に手を差しのべようとする慈悲深い人たちもいた。金持ちの貴族、学者、商人、職人、農夫の中には、死に際に貧しい人々のことを思い、財産の一部を救貧院《オスピタール》や信徒会《コフラディーア》などの慈善団体を通じて恵まれない人々や病人や孤児たちに寄付を申し出る者もいた。金額は人によって異なったが、ときには何万ドゥカードという額を捧げる人もいたようである。当時、この種の慈善団体はスペイン各地に数多く設立され、なかには貧しい学生を支援するための資金にあてたり、経済的に恵まれないことを理由に慎ましい娘たちの結婚の持参金にあてる団体もあった。もちろん死に際だけでなく、普段から恵まれない人たちの救済に献身する心底思いやりのある人々がいたことも忘れてはならない。

物乞いとは別に盲人は、人々をいろいろな災難や病気から守るための祈りを捧げる仕事を一手に引き受けたり、官報《ガセータ》や暦を売ったりすることを許されていたが、ここでも盲人を装った不届き者が少なからずいた。ほかにも、キリスト教徒の三大巡礼地の一つであるサンティアゴ・デ・コンポステーラへ巡礼に出かけると称して、通りがかりの町や村の人たちから施しをせしめるあくどい輩《やから》も少なくなかった。俗にピカロとよばれる連中の中には、人に物をねだったり、ちょっとした盗みを働くことで日々の糧をえる者や、裕福な家庭の台所に見習いとして入り、仲間たちまで誘い込んで胃袋を満たすという抜け目ない連中、それに人足や使い走りをしながら配達の荷物の中から気づかれないように品物をかすめとるという大胆な者までいて、その悪事は多岐にわたった。

当時、賭博が盛んに行われ、公営の賭博場も一部にあったが、なかには善良な客をかもにして身ぐるみ剝いでしまう、いかさま賭博師もいた。また、ぐるになって一人の客から金を巻き上げるケースもあった。いかさまが発覚しそうになると、カードをうまく操って客の目をごまかすプロもいた。実際に賭博に興じる人間とは別に、言葉巧みにカード遊びの場に誘い込む係の者もいた。

だが、それよりもっと凶悪だったのは、報酬めあてに殺しの依頼を引き受ける殺し屋や、泥棒を専門にする連中である。特に後者には、スリ、マント泥棒——各時代の流行もあったが、高貴な人々は比較的丈の短いマントを身につけた——、盗賊、縄梯子を掛けて他人の家に忍び込み金品を巻き上げる者、家畜泥棒、教会から高価な聖像を盗み出す泥棒などがいた。

バリャドリード、バレンシア、トレド、マドリード、コルドバなどの比較的大きな町には無頼漢もいたが、悪名の高さにおいてはセビーリャが他よりもぬきん出ていた。カテドラルに隣接したロス・ナランホス修道院やロス・オルモス修道院のあたりは犯罪の温床となっていた。詐欺師や盗賊の首領や殺し屋などがそこにたむろし、夜な夜な犯罪行為を繰り返し、昼になると愛人たちに食事を運んでこさせ、自分たちはカード遊びに興じた。商務館《カサ・デ・コントラタシオン》のあたりやフランコス通りも治安が悪かった。アレナールとよばれるグアダルキビール川両岸あたりには売春宿が建ち並び、風紀が乱れていた。

こうした日陰で生活する人々はセビー

リャ以外の他の都市にも少なからずいた。マドリードではグアダラハーラ門やエラドーレス広場にこの種の人間が多くたむろしていた。このような悲惨な社会に生きる人々にとって、数少ない出世の方法といえば、聖職者になるか、国王に奉公するという意味で軍隊にはいるか、もしくは船乗りになって貿易に従事することであった。

人々の生活とカトリック教会

カトリックの教えが民衆の心に深く根づいたスペインでは、いたるところで神の栄光が讃えられる一方で、異端からカトリシズムの牙城を固守しようと宗教裁判所が目を光らせていた。また、カトリック教会内部でも改革が進められ、新たに修道会が創設されたことによって聖職者の数も増えていった。長子の世襲財産相続により、貴族の次子《セグンドン》が教会に帰属し、そこを足がかりに高い地位をめざそうとする傾向もみられた。

身分の低い者にとっても、聖職に携わることで卑しい身分を帳消しにし、そのうえ教会や国家の高い地位に昇るチャンスもあったことから、農民出身の若者であっても機会があれば大学に通い、千載一遇の好機を待つことができた。女性の場合には独身か未亡人であれば、修道院は食いはぐれのない安住の場であった。しかしこうした考えは、一部で人々を本来の精神修養のかわりに物質的な欲望へと走らせた。

聖職者の数を正確にはじき出すのは困難だが、フェリペ・ルイスの統計によれば、一五九一年のカスティーリャ王国には七万四一五三人の聖職者がいて、その内訳は在俗司祭《クレロ・セクラール》（清貧、貞潔、従順の三つの誓願を立てず、どの修道会にも属しない司祭）が三万三〇八七人、修道司祭《クレロ・レグラール》（清貧、貞潔、従順の三つの誓願を立て、修道会に属する司祭）が二万六九七人、修道女が二万三六九人であった。これがスペイン全土となるとその数字は九万一〇〇〇人にも達した。カスティーリャ王国の人口の比率からすると一〇〇〇人のうち一〇人強が聖職者だったことになる。

この数は十七世紀初頭になると、人口が減りつつあったにもかかわらず、逆に増える傾向にあった。一方、修道院の数は一六二五年の記録によれば、大小あわせた男子修道院がおよそ九〇〇〇、女子修道院もそれに匹敵するくらいの数はあったものと推測される。一六一一年にトレドを訪れたポーランド人ヤコブ・ソビエスキは町全体が宗教色で覆われていたことに驚きを隠せなかったようで、『スペイン王国』（十七世紀）の中で次のように語っている。「町はかなり大きく、人口も多い。また修道院の数や修道士および修道女の数もスペインのどの町よりも多い。いや、キリスト教世界の中でも一番多いといってもよかろう。まるで修道院と教会だけで町が構成されているようだ。（……）カテドラルは美しいだけでなく、その佇まいには威厳がある。その富については、すべての聖遺物箱や高価な石や宝石類をのぞいても、私の思うにこれ以上の財産をもつところは世界中どこを探しても見あたるまい」。

修道司祭の多くは比較的経済的に豊かな都市に集中していたのに対し、在俗司祭は農村地帯に住んでいた。だが、一部の司祭をのぞけば、大半の司祭は経済的な恩恵に浴せんがために聖職の道を選んだというだけで、真剣に精進しようという気構えの者は少なかった。こうした人たちは道徳的にも精神的にも堕落しやすく、犯罪に手を染めたとしてもなんら不思議ではなかった。献策者の一人であるペドロ・フェルナンデス・デ・ナバレーテは、『国家維持論』(一六二六年)の中で、こうした安易な風潮に危惧を抱いている。「修道会の新設をこれ以上許さないよう、また修道院の増加を規制するよう、ローマ法王に請願すべきです。(……)修道会や修道院が多くなれば、労働者の負担が増えるだけですから」。

十六世紀末のカスティーリャ王国には、五つの大司教区《アルソビスパード》(トレド、セビーリャ、サンティアゴ・デ・コンポステーラ、グラナダ、ブルゴス)と、三〇の司教区《オビスパード》があり、アラゴン王国には三つの大司教区(タラゴーナ、バレンシア、サラゴサ)と、バレアーレス諸島やカナリア諸島をふくむ一八の司教区が存在した。一五九七年の統計によると、これらの大司教区と司教区をあわせた収入の総額は一二〇万四〇〇〇ドゥカードで、そのうちのトレド大司教区の収入が二五万ドゥカード、セビーリャ大司教区の収入が一〇万ドゥカードと群を抜いていた。必ずしも平等な配分というわけではなく、トレド、セビーリャ、サンティアゴ・デ・コンポステーラ、バレンシア、サラゴサのように高額が配分されるところもあれば、レリダ、オレンセ、グアディスなどのようにわずかしか配分されないところもあった。全体では一万ドゥカードにも満たない司教区が九つあった。

収入源となるのは主に十分の一税で、これがもっとも効率がよかった。さらに農村または都市に所有する修道院の広大な土地から入ってくる賃貸料とあわせると、かなりの収入になった。ほかにも寄付や若い女性がもたらす持参金、貴族出身の多くの次子たちが宗門に入ることによってもたらされる収入もあった。

この時代には、王室の聖職推挙権[23]により、王家の次子や庶子などは高い職位に就くのが慣例であった。フェリペ四世の弟である枢機卿フェルナンド王子がそのよい例であり、彼は国政にも関与し、三〇年戦争では戦場に赴き功績をあげている。しかし、こういう例はごくまれで、一般的には名門の出である司教たちの多くは、立派な家屋敷に住み、何人もの従僕や馬丁、人によっては道化なども雇い、貴族さながらの生活を送っていた。

一方、地位の低い聖職者たちの中には、模範的な聖職者に混ざって、もともと信仰熱心ではない者が少なからずいた。妾を持ち、子供をこしらえるという不届き者もいた。このような堕落組は在俗司祭よりも、むしろ修道司祭のほうに多かった。

女子修道院にも信仰とかけはなれた目的でやってくる女性たちがいた。身分の高い女性や夫に先立たれた女性はその余生を送ろうと修道院を選んだし、貴族の若い娘たちは親の都合により修道院に入れられた。後者の場合、娘が数人いる家庭では、娘を嫁にやるときの持参金が高額すぎて、やむをえず娘を修道院に入れるというケースもあった。そうなると、強制的に入れられたほうは信仰どころか、俗世にいるのと同じような感覚で修道生活を送ることになり、関心がどうしても快楽のほうに向いてしまう。艶事に憂き身をやつす修道士と修道女を風刺した当時の文学には、こうした当時の世相が大なり小なり反映されており、それなりの根拠があったのである。

庶民の教会への帰依は大概純粋なものであった。人々は心から神や聖母や聖人を敬い、畏怖の念を抱いていた。決闘や不慮の事故で生命が危ぶまれると、真っ先に聴罪司祭をよび懺悔を求めた。そうしなければ永遠に魂が地獄に堕ちると信じていたからである。また、聖母マリアや聖人への崇敬もスペイン人の深い信仰のあらわれであった。

こうした活動を支える原動力となったのが各信徒会《コフラディーア》の存在である。この組織の本来の目的は恵まれない人たちを救済するという慈善事業だったが、自分たちの守護聖人に対する崇敬や、礼拝堂を華々しく飾ろうという気迫も年々高まっていった。なかには宗教的な祝典の際に、たがいに自分たちの行列を美しく装飾し、他の信徒会のそれと競い合う団体まであらわれた。信徒会の数は中世以来少しずつ増え始め、十七世紀半ばには大小あわせてかなりの数の団体が存在したといわれる。その人員構成もさまざまで、商人や職人の同業組合、医者や弁護士などの団体、あるいは同じ守護聖人を奉るために各地で作られた団体などがあった。おもしろいことにスペインに定住する外国人グループによって構成された会もあった。

フェリペ二世の時代は、外面よりも内面的な信仰を重視する傾向にあったが、十七世紀になると教会の行事にも次第に派手さが目立つようになった。聖人の列聖式《カノニサシオン》や列福式《ベアティフィカシオン》には、聖人の像が金銀の刺繍で美しく着飾られたり、何百人もの修道士の行列が加わった。国王夫妻に謁《えつ》を賜るために王宮のまえをパレードし、大貴族の見守るなか、派手な祝賀ムードが大々的に演出された。祝賀会は何日も続き、文芸コンクールも催された。このように魂の内面よりも外面ばかりを飾ることに対して一部の聖職者から批判の声も上がったが、教会側は別段問題にはしなかった。

その反面、宗教的な行事や戒律（ミサや秘蹟の儀式、ロザリオの祈り、断食、説教）となると、かなり厳重に目を光らせた。たとえば、祝日のミサに出席しているかどうかを厳しくチェックした。とりわけ荘厳ミサ《ミサ・マヨール》が執り行われているときには、村の娯楽施設も居酒屋も店を閉めなければならず、違反した者はいくらかの罰金を支払わされた。もしこれに応じなければ、場合によっては修道院長がその者を修道院の一室に投獄することもあった。ただ、平信徒に対するこの処罰は行き過ぎであるとの非難が出たために、教会側は破門という制裁に切りかえた。これには敬虔な信者も従うしかなかったが、大半の破門宣告はこうした純粋な信仰による理由からではなく、十分の一税を支払わなかったり、聖職者を侮辱したり、あるいは教会の威厳を踏みにじるといった、ごく世俗的な理由によるものであった。いざこざが身分の高い人とのあいだに起こると、場合によってはカスティーリャ会議が仲裁にはいることもあった。

説教師は民衆に教えを説くにあたって、ときに芝居と見紛うような大げさな身振りで人々の心に訴えた。信者を罵倒するかと思えば、涙やため息まじりで相手の感情に訴えたり、その大げさな説教ぶりは当時スペインを旅行した外国人たちを驚かせるほどであった。

教会は社会奉仕の一環として、貧しい人々を積極的に救済した。すでに述べたように、貧困が蔓延していた十七世紀のスペイン社会において、日々の食べ物すらままならない人々、特に老齢や病気などで働けない物乞い、仕事のない日雇い労働者、役立たずな兵士、飢えた学生などに、食事を支給する救貧院や養護施設は数多く存在した。毎日正午になると修道院や施設の門が開き、スープの入った大きな鍋やパンの入った籠が持ち出され、多くの飢えた人々に支給された。当然、彼らにとってこれが一日のうちで唯一の食事となったのである。

異端審問と「アウト・デ・フェ」

異端審問所は、もともとカトリック信仰の堅守と強化をめざす目的で発足したが、次第に市民生活にも直接的または間接的に影響を及ぼすようになっていった。十六世紀には異端審問とカトリック信仰を同一視する傾向が顕著になり、これが十八世紀まで尾を引くかたちとなったが、その意味では決して特殊な機関ではなかったのである。

アラゴンではすでに一二三三年にハイメ一世（一二〇八―七六年。在位、一二一三―七六年）の勅令により異端審問所の基礎ができあがっていたが、カスティーリャで異端審問制度が設置されたのは一四七八年のことである。王室の官吏や医者など高い地位に就いていたユダヤ人に対する反感が高まったためで、カトリック両王はこの制度を教会から独立させ、王室主導のもとで組織化し、没収した財産が王室に入るようにした。一四八三年には各諮問会議の中でも一番古い異端審問会議が設立され、異端審問所の初代長官にドミニコ会のトマス・デ・トルケマーダ（一四二〇―九八年）が選ばれた。彼はユダヤ人の血を引いていたにもかかわらず、冷酷無比な判決を下し、多くのユダヤ人を迫害したことで有名であった。

一四九二年、カトリック両王によってモーロ人の最後の砦であったグラナダが征服されると、同年ユダヤ人の国外追放が執行された。このとき改宗を拒んだ約十数万人のユダヤ人が国外に脱出したが、改宗して国内にとどまった人たちもいた(24)。彼らはのちに異端審問の対象となった。もし誰かが処刑されれば、その一家は子々孫々にいたるまで不名誉を被ることになり、財産を没収されたり、官職を追われた。このユダヤ人問題については、宗教裁判所も徹底的に弾圧し続けたので、十六世紀中頃には一部の地域をのぞいて改宗ユダヤ人《コンベルソ》の中枢部（フダイサンテとよばれる隠れユダヤ教徒）はほぼ根絶してしまった。その後、十六世紀後半から十七世紀前半にかけて、スペインの改宗ユダヤ人以上に、自分たちの宗教や文化を固持し続けたポルトガルのコンベルソの存在が、スペインにとって重要な意味を持つことになるが、これについてはジョン・リッチの「ユダヤ人追放後のスペイン」（『スペインのユダヤ人』所収）に詳しいので参照されたい。

一方、モーロ人に対する社会の目は、グラナダが陥落した一四九二年の時点では比較的穏やかであった。彼らはユダヤ人とちがって、農民や職人として社会の片隅にひっそりと暮らしていた。しかし時代が移り、フランシスコ会のフランシスコ・ヒメネス・デ・シスネーロス（一四三六―一五一七年）が一四九九年にカトリック両王に随行し、グラナダにやってきて以来、これまでの穏健派エルナンド・デ・タラベーラ（一四二八―一五〇七年）を退け、強制的に改宗を迫ったため、モーロ人たちの抗議が一段と激しくなり、アルプハーラス地方で一種の暴動が起こった。カトリック両王は一五〇二年、モーロ人に対してキリスト教に改宗するか、国外追放かのどちらかを選択するよう迫ったので、多くは改宗に応じた。

この最初のアルプハーラスの暴動は双方にとって後味の悪いものとなったが、その後の約半世紀間はこれといった大きな衝突はなかった。一五〇八年の勅令では、モーロ人のしきたりや服装が禁じられていたにもかかわらず、強制するようなものではなかったので、モリスコたちはアラビア語を使用し、自分たちの衣装を着用し、習慣を変えることなく生活することができた。

だが、フェリペ二世の即位によりこうした状況が一変した。本格的にモリスコの伝統的な生活習慣を変えざるをえないような勅令――アラビア語の使用禁止、カスティーリャ風の服を身につけることを義務づけるなど――が一五六七年に公布されたことで、ペドロ・デ・デサ（一五二〇―一六〇〇年）がグラナダの聴訴院《アウディエンシア》の最高責任者に任命され、この勅令の施行にあたることになった。これにより一五六八年から七〇年にかけて、アンダルシアではアルプハーラスの第二次反乱が起こった。これはグラナダのモリスコの生活条件が急激に悪化したことによる紛争であった。彼らはトルコの支援をえたり、山岳の地形を利用したゲリラ戦に打って出たが、七〇年秋頃には暴動は鎮圧された。

フェリペ二世はグラナダのモリスコを一地域に定住させるのは危険であるとして、何万人ものモリスコをカスティーリャの町や村に強制的に分散させ、その穴を埋めるために、ガリシアやアストゥリアスなどスペイン北部の町から数万人の人々を強制移住させたのである。しかし、このモリスコの強制移住はグラナダのモリスコ問題をスペイン各地に拡散する結果となった。

次にモリスコが不運にさらされるのは、フェリペ三世の時代においてである。一六〇九年のバレンシアとアンダルシアのモリスコが追放されたのを皮切りに、アラゴンとカスティーリャのモリスコもスペインを追われた。一六〇九年から一四年のあいだに、その数は二七万人にまで達したといわれている。彼らはキリスト教に改宗したとはいえ、トルコのようなイスラム勢力と密接な関係を保っていたため、カトリック側としては信仰上の統一を遂行するうえで、やむをえない手段だったのである。この追放によって、スペインは利益を得るどころか、農業や商業の大切な担い手を失うことになり、経済的に大きな損失を被ることとなった。特にアラゴンとバレンシアは多くの農業従事者を失い、深刻な危機に陥った。

異端審問に話を戻すと、フェルナンドが存命中は、異端審問所も王室の厳しい管理のもとに置かれていたが、一五〇七年にシスネーロスが長官となるや、その権限を拡大し、権力の濫用が問題となった。

一五二〇年代になると、ルター派はもちろんのこと、形式的な儀式よりも内面的な信仰を重んじる照明派《アルンブラード》の異端者たちも処罰の対象となり抑圧された。この頃、エラスムス主義者も迫害にさらされた。エラスムスの学説にはこれといって異端的な要素はなく、宮廷や教会の中にもエラスムスの信奉者がいたにもかかわらず、反宗教改革を支持する保守派からは、照明派やルター派と同等にみなされ非難されたのである。こうしてアルフォンソ・デ・バルデス（一四九〇?―一五三二年）とファン・デ・バルデス（一五〇〇?―四一年）の兄弟、エラスムスの著作を出版していた印刷業者ミゲル・デ・エギーア、スペインの人文主義の指導者ファン・デ・ベルガーラ（一四九三―一五五七年）などが、異端審問所から嫌疑をかけられた。バルデス兄弟は起訴されなかったものの、身の危険を感じてイタリアに逃れた。一方、ベルガーラは一五三五年に照明派およびルター派として告発され、かの有名な「アウト・デ・フェ」と称する宗教裁判にかけられて有罪となり、修道院での一年間の謹慎を言い渡された。そして、このベルガーラの裁判をもって、スペインではエラスムス主義の運動に終止符が打たれることになった。

しかし、その後の一五三〇年から四〇年にかけて、異端審問所は次第に恐怖の宗教組織に変貌していった。宗教の正統性と並行して、十六世紀中頃には人種の単一性を求める風潮がピークに達し、同時にこの二つの問題は一つに結びついていった。そのため、貴族階級も含めて人々は純血の問題に対して怯えるようになった。異端審問所や宗教団体や世俗の高い職位を得る場合には血統の調査が必要とされ、そのため不安に駆られた人々が家系図を偽造する事態も発生した。だが、何世代にも遡って純血を証明できる貴族などめったにいなかったこともあって、事実上、社会の上層部の人たちに純血証明を求めるのは困難であった。騎士修道会では、そこに属している者であれば、その家族は調査の対象外とされた。

スペインが反宗教改革の旗を掲げて、自己の殻に閉じこもるのはフェリペ二世の治世初期の頃である。一五五七年およびその翌年に、セビーリャとバリャドリードの両市では、小規模なプロテスタントの集団が発見されたことにより、外国からの異端を排除するための厳しい措置がとられることになった。五八年、外国の書籍の輸入が禁止され、国内の書籍についてもカスティーリャ会議の認可が義務づけられた。もっともそれ以前にも、国内外の印刷物は国王の認可が必要であるとした一五〇二年の勅令や、一五四五年、五一年の異端審問所による禁書目録はあった。さらに、スペイン人がボローニャ、ローマ、ナポリ、コインブラの四大学以外の外国の大学に留学することも禁じられた。こうした学問の発展の妨げと並行して、半島を訪れる外国の知識人の数もめっきり減少した。

だがその一方では、こうした厳しい情勢下にあっても、自然科学や社会科学の分野で活躍する人たちもいた。数学や工学のほかにも、新大陸の発見によって、航海術、冶金学、地理学、天文学などの著作が刊行された。世界が大幅に広がったことにより、一五六一年にはサラマンカ大学でコペルニクスのテクストが使用されたり、八四年にはコペルニクスの理論は聖書と矛盾するものではないと断言する、アウグスティーノ会士ディエゴ・デ・スニガの『ヨブに関する解釈』という書物が刊行された。

宗教裁判によって何人の人たちが犠牲になったのか、正確な数字を把握するのはむずかしいが、カトリック両王の時代とフェリペ二世の時代をあわせた数字のほうが、十七世紀全体をとおしての数字にくらべると、はるかに多いのは確かである。参考までに初期の頃の異端審問官のときにどれだけの人が刑罰を受けたかをみてみると、初代異端審問所長官トマス・デ・トルケマーダのとき、八八〇〇人が生きたまま火刑に処せられ、六五〇〇人が本人が不在であったかまたは異端審問所の牢獄ですでに死亡したかで出頭できないという理由から、本人に似せて作られた等身大の像が燃やされた。二代目の長官ディエゴ・デ・デサ（一四四三?――一五二三年）になると、火刑に処せられた者が一六六四名、本人に似せた像を焼かれた者が八三二名であった。三代目フランシスコ・ヒメネス・デ・シスネーロスのときには、二五三六人が火あぶりの刑に処せられ、焼かれた像は一三六八であった。その後、何人かの長官の時代には、生きたまま火刑に処せられた人の数は一〇〇〇人を超したが、それ以外のときには一〇〇〇人を下まわっている。

宗教裁判が始まって以来、一八三四年七月一五日にイサベル二世の摂政皇太后マリア・クリスティーナ(一八〇六―七八年。在位、一八二九―三三年/一八三三―四〇年)によって完全に廃止されるまでのおよそ三世紀半のあいだ、概算で一五万から三四万人ほどが裁判にかけられたようだが、この数字も研究者によってまちまちである。その内訳としてユダヤ人が約五〇%、モリスコが約一二%、イデオロギーによる犯罪が約三〇%、あとの約八%はそれ以外の罪によるものであった。各地方によって異なるが、ユダヤ人の多いところでは、異端審問所は市民生活の中にまで立ち入ってきた。思想や出版物だけでなく、個人的な言動にまで口を挟んだのである。一旦嫌疑がかかると、たとえ被告が死罪にならなくとも、投獄されたというだけで、家名に汚点を残すことになり、おまけに財産まで没収された。

異端審問所が一番の重罪とみなしたのは、ユダヤ教、イスラム教、新教などの異端の信奉であった。殊にユダヤ教を崇拝する者については死罪も辞さなかった。しかしその一方で、男色や獣姦についてはある程度厳しく取り締まったものの、同棲、重婚、暴言、聴罪師の堕落などの罪に対しては、公にならないかぎり目くじらを立てるようなことはなかった。当然これら一連の罪も告発されたが、異端の罪にくらべるとさほど多くはなかった。

魔術や妖術や悪魔払いも罪の対象であったが、これも十七世紀の初頭にスペイン北部の一部の地域で迫害があった程度で、さほど重大な罪であるとはみなされなかった。十六世紀半ばから十七世紀半ばにかけてフランス、イギリス、ドイツなどで行われた残忍な魔女迫害にくらべると、寛大な裁きであったといえよう。だが、魔女が黒魔術などを使って悪魔を呼び出したり、接触したりするとなると話は別であった。特に、媚薬や魔術や恋が成就するといわれる飲み薬を使って意中の人を惹きつけ思いのままにしようとしたり、聖なる言葉と呪詛《じゅそ》に満ちた言葉を混ぜて相手に復讐をしようとしたり、病気治療のためにわけのわからない呪術を使ったりすると、すかさず異端審問所が介入した。

取締官《ファミリアール》のように異端者を見出し逮捕する任務にあたっていた人たちもいたが、普通は密告によって異端者を見つけ出した。密告者は基本的に一四歳以上のキリスト教徒でなければならず、買収防止のためにも経済的に恵まれていること、また被告の敵であってはならないことが条件であった。なお、このとき密告者の正体が伏せられたのは、証言の口封じのために被告側から命を狙われるのを避けるためであった。ところがこれをいいことに、個人的な積怨を晴らそうとこの制度を悪用する者も出てきた。ただ、そういったケースはトレドの例でも明らかなように、一五七五年から一六一〇年までに行われた一一七二件の密告のうちわずか八件だけであった。

密告は、何よりも重要な証拠である以上、偽りの告発をする者がいても、普通はさほど重い罰を受けることはなかった。しかし場合によっては見せしめに漕手刑に処せられガレー船に送られたり、むち打ちの刑に処せられることもあった。

次に裁判のプロセスをみてみると、まず予審から判決までを扱う異端審問官《インキシドール》たちが個人の訴えに対して非公式に探りを入れ、そのあと信憑性があるかどうかを複数の神学者からなる審査官《カリフィカドール》が入念に調査した。もし信憑性があると判断されると、検察官《フィスカール》が逮捕状を請求し、被疑者の身柄が拘束された。だが、必ずしもこの手順どおりに事が運ぶとはかぎらなかった。審査官の調査を待たずに、被疑者が逮捕されることもたびたびあったし、ひどいのになると異端審問所の牢獄には告訴されてもいないのに捕らえられている者もいた。いずれにしても、異端審問所によって逮捕されるということになると、直ちにその役人たちによって財産目録が作成され、その者の家財道具および財産が没収された。大型の家具から台所用の鍋やフライパン、テーブルクロス、そして古着にいたるまで公証人の手で事細かに記録された。獄中生活のあいだにかかる費用や裁判の費用は、没収された財産が一つひとつ競売にかけられ、それによって支払われた。

逮捕者は秘密裏に異端審問所の牢獄に入れられ、判決を待つことになっていた。長期の監禁が避けられない者には、特別に「秘密の牢獄《カルセル・セクレータ》」というのがあった。さすがにこの中は厳しかったが、一般の刑務所にくらべればはるかにましであった。大概、異端審問所の獄中は少なくとも身の毛もよだつような恐ろしい場所ではなく、待遇はまずまずであった。もちろんお世辞にも快適な場所とはいえなかったが、被勾留者たちの食事はさほど悪くはなく、本人の費用でパンや肉やワインが支給され、ある程度の栄養のバランスも考慮された。貧しい人たちに対しても、異端審問所がある程度その費用を賄ってくれた。また場合によっては、物を書くために必要な筆記用具も与えられた。そのよき例が詩人フライ・ルイス・デ・レオンであり、彼は四年間過ごしたバリャドリードの牢獄で『キリストの御名について』（一五八三年）を書き上げている。

だが、こうした待遇とは対照的に、不潔な床の上に寝起きさせられたうえ、衣服もろくに与えられず、おまけに日々のパンや水に事欠くような牢獄もあったし、罪人によっては鎖でつながれ、火の気もなく、光すら射し込まない独房に閉じ込められるというケースもあった。獄中で命を落とす人がいたのは決して拷問によるものではなく、こうした非衛生的な環境または精神的な苦痛による病気が原因であった。

異端審問所では拷問も行われたが、拷問そのものが目的ではなかったため、異端審問官は特に残酷な仕打ちによる自白を強要しないよう注意を払った。拷問はあくまでも最後の手段として使われ、普段はめったに使われなかった。もしも拷問が必要とされる場合には、滑車による吊るし落とし、顔に布きれをかぶせ、そのうえから水をかけ、息ができないようにする水責め、手足をきつく紐で締めつける紐責めが一般的であった（図45）。町の刑務所内で行われていた残酷な拷問とちがう点は、もし不当な拷問による自白ということになれば、それに対する被告の訴えが認められたことにある。

一方、残された家族だが、嫌疑をかけられ逮捕された者に子供がいるとなると、問題は深

図45　異端審問所での拷問の様子

刻であった。ほとんどの場合、彼らは日々の生活に困り、路頭に迷い物乞いをするか、下手をすると餓死することもあった。こうした状況を見るに見かねたのか、一五六一年に被告人の財産を残された子供たちの養育費にあてがう旨の訓令が出された。しかし被告人の中には、不実な役人が彼らの財産を流用することを恐れたり、判決の出ないまま拘束される期間が長引くことを恐れて、それに従わない者もいた。

異端審問所の判決を公表する、厳粛な宗教裁判の儀式として有名な「アウト・デ・フェ」は、教会の権威と優勢を誇示する意味から、闘牛や他の祝祭と同じような感覚で市民にも公開された（図46）。なにしろ法的な意味合いだけでなく、儀式的な意味合いも強調されるビッグイベントであっ

図46　1680年6月30日，マドリードのマヨール広場での「アウト・デ・フェ」(フランシスコ・リッシ作，プラド美術館蔵)

た。教会側としては、教権を盾にそこでの裁きが宮廷の官吏や国王の権限のおよばない絶対的なものであっただけに、国王を筆頭にあらゆる階級の人々のまえで、できるだけ派手な演出をする必要があった。したがって、この豪勢な儀式は人々の娯楽感覚を誘うだけでなく、見せしめとしての重要な意味合いも含んでいたのである。むろん場合によっては、一六二一年のフェリペ四世即位のときや、翌二二年のイサベル王妃の聖母マリア清めの祝日《プリフィカシオン》のとき、また三二年のイサベル王妃の産褥期後のように、宮廷の大儀と結びつけて催されることもあった。

　判決はすでに宗教裁判が行われるまえに下されており、罪人はそれぞれの罪によってサンベニートという懺悔用の服を身にまとい牢獄から儀式が執り行われる広場まで行進する

図47　サンベニート（焚刑に処せられる者（左）と，赦しを受け悔悛する者（右）．国立図書館〈マドリード〉蔵）

ことになっていた。トルケマーダの時代には恥の印として、普段着の上から小さめの黒または灰色のサンベニートを胸と背中のほうに垂らし着用した。布地には前と後に赤い十字が描かれていた。一五一四年、シスネーロスの時代になると十字架の印が、斜め十字形の聖アンデレ十字架にかわった。その後、一五六一年の訓令には黄色の布地に、赤色の斜め十字形の聖アンデレ十字架のことが記されている。場所によっては異端を捨てた者に対して、襷《たすき》形ではなく斜めに一本だけ線の入ったサンベニートが使われることもあった。これらは赦しを与えられた者がつけることになっていて、それぞれの手にロウソクとロザリオを持たされた。

　ほかにも、燃えさかる炎がいくつも逆さに描かれた絵柄のサンベニートがあり、これは

図48　焚刑

無罪放免となってふたたびカトリック教会に戻ることを意味した。ここでも手にそれぞれロウソクとロザリオを持たされた。しかし火刑に処せられる運命にある者は、悪魔やヤヌスや燃えさかる火が描かれたサンベニートを着なければならなかった（図47）。

儀式では、もしマドリードであれば国王や王家の人々によってカトリシズムの擁護が宣誓され、つぎに出席者一同がその宣誓を繰り返した。それから一人の説教師が説教台に上がり、罪人たちに犯した罪の懺悔を呼びかけると同時に、見物客に対しても同じような罪を犯さないよう勧告した。それに続いて有罪判決に関する長々とした説明や、罪人への尋問が終わると、ようやく裁判での証言や供述が読み上げられた。これらは数時間にもおよび、被告人の数が多ければ、それだけ裁判が長引くこととなった。

判決が下されると、犯した罪を認めた者にかぎっては、それぞれのレベルによって刑罰が軽くなることもあった。しかし、そうでない者は十字架に両手を縛られ、町の郊外にある処刑場まで連行されて、そこで焚刑に処せられた。もしもここで火をつけられる直前に、罪を認め懺悔するならば、少なくとも直接火に投じられることはなくなり、すぐに斬首の刑に切りかえられた。処刑後の遺体はそのあとで焼却された。このような何とも凄まじい光景を一目見ようと、当時多くの人々が手に薪の束を抱えて、刑場に馳せたのである（図48）。

黄金世紀、百花繚乱

◎教育と学問◎

カトリック教を脅かす不平分子の粛清に怯えながら、大勢の人々が辛い日々の生活を送る一方で、スペイン黄金世紀の文化はその華麗な花を大々的に咲かせることとなった。

十五世紀後半、スペインに印刷技術が導入されて以来、十六、十七世紀をとおして読者の数そのものには大幅な変化は見られなかったものの、出版物の数は徐々に増え続けた。識字率の高低は、身分、性別、地域によって異なり、上流階級の男性のほとんどが読み書きができたのに対し、女性はたとえ貴族であっても全員が読書や署名ができるというわけではなかった。

都市の中流階級の場合、職人や商人の半数が本を読めるといった程度で、日雇い労働者や人足たちのほとんどは読み書きができなかった。特に地方では、字の読めない者が大半を占めていた。女性の場合も、そのほとんどがこうした下層階級の人々と同様に読み書きができなかった。またさらに農村に行くと、女性はほぼ全員がまったく読み書きができなかった。男性は女性にくらべると少しはましな程度だったが、それも五十歩百歩であった。

では、彼らは文芸には不案内だったかというと、必ずしもそうではなかった。字の読める者が周囲にいれば、ほかの者たちはその人のまわりに集まり、本を読んでもらうのが普通であった。また、口承されるロマンセのような伝統歌謡や、説教、格言、歌などからもそれなりの知識を得ることができた。そこには通俗的な側面もあったが、内容によっては古来の文学理論、高尚な哲学、それに科学的な要素も含まれることがあった。

女性の識字率が非常に低いのは、当時の教育に対する偏見のあらわれでもあった。今とちがって女性が学問に身を捧げるとなると、それだけでもう周囲から煙たがられる時代だったのである。文学作品にも、結婚や家庭を持つことに関心のない学問好きのインテリ女性が登場し、辛辣な批判や揶揄の対象として描かれている。これはある意味で当時の女性教育に対する考え方を反映しているといえるのだが、作品によっては男尊女卑の社会を皮肉っているものもある。

ロペ・デ・ベーガの喜劇『愚かなお嬢様』（一六一三年）に登場する女主人公ニーセや、

ペドロ・カルデロン・デ・ラ・バルカの喜劇『愛に愚弄は禁物』（一六三五年頃？）に登場するベアトリスなどがそのよい例であろう。ロペのニーセは美人で才気煥発な女性、カルデロンのベアトリスはラテン語を学びカスティーリャ語で詩作まで手がける才女だが、どちらも喜劇というジャンルからして、結末では学問を放棄し、愛の力に屈するという旧慣を墨守するかたちにおさまる。

いいか、もう学問や詩にのめりこんではならんぞ。また家の中にラテン語の本をおくことも許さん。女にとって当世の言葉で書かれた祈禱書があればそれで充分だ。編物、刺繡、裁縫だけ学べばそれで充分だ。学問などは男にまかせておけばよい。それに驚いちゃいかんが、もしこの先おまえの口から物事を何かにたとえて言い表すような表現を聞きでもしたら、そのときは生かしちゃおかんからな。（『愛に愚弄は禁物』）

これはベアトリスの父ドン・ペドロの台詞であるが、当時の女性教育に対する一般的な考えを代弁しているという点では非常に興味深い。十六、十七世紀の道徳家たちにしてみれば、従順かつ謙虚であり、出しゃばらず羞恥心があり、家庭的で慎ましい女性というのが理想の女性であった。むろん中には、人文主義者ファン・ルイス・ビーベス（一四九二—一五四〇年）や、カルロス一世の年代記作家アントニオ・デ・ゲバーラのように女性の学問に一定の理解を示す人たちもいたが、やはりカルデロンの喜劇に見られるように、女性は結婚し、子供を産み、夫に従順であるというのが一般論のようであった。いわば、女子教育不要論を説いて、真っ向から女子教育に反対する意見のほうが主流だったのである。そして、これがフランシスコ・デ・ケベードの手にかかろうものなら、『ラテン語を話す閨秀《けいしゅう》』（一六二八年）にもあるようにいっそう過激な表現となり、知的な女性は厳しい非難の矢面に立たされるのである。ロペやカルデロンでは、たとえ深読みしたところで、女性蔑視の風潮を皮肉る程度だが、ケベードの場合にはあくまでも辛辣である。

当時、子供たちは五、六歳になると読み書きやカトリック要理の暗記や簡単な計算を習い始めた。裕福で高貴な家柄の子息は、家庭教師から個人的に授業を受けることができた。家庭教師は生徒の家に住み込んで、学問のみならず身のまわりのことや道徳も指導した。しかし、この職をめぐる競合がそれほど激しくなかったことから、ときには授業が怠慢になることもあった。

個人教授のほかには各修道会による教育があり、ここでは読み書きと同時に当初からカトリックの教えをたたき込まれた。ただ問題は、生徒数が一〇〇人を超えた場合、教師が一人に助手が二人といった割合で対応しなければならず、思いどおりにコントロールできないことであった。場合によっては体罰もやむをえなかった。教師の中には寄宿舎のような施設を所有し、生徒たちに宿と食事を提供する者もいた。月謝は読みだけを習うのであれば二レアル、読み書きの両方を学ぶのであれば四レアル必要とされた。読み書きおよび算術を習うのであれば六レアル、年間の授業期間である一一ヵ月分を一括で支払うとすれば六六レアル、すなわち六ドゥカードの支払いが必要とされた。

他方、こうした学校とは別に、十六世紀後半になると各地に公立学校も誕生した。ハプスブルク王朝のスペインでは、中等教育の基礎科目はラテン語を中心に構成されており、子供たちが母語の基礎学力をつけたあと、八歳から九歳頃に学び始めることになっていた。ラテン語のほかにも重要な科目として、地理、歴史、数学、哲学、修辞学が開講されていた。生徒たちはこの課程を了えると聖職の道を選んだり、あるいはさらに法律や医学や神学を修得するため各地の大学に入学した。この中等教育は俗に「文法学校」ともいわれ、人口の多い町にあって、普通中流階級の子供たちの通う学校であった。だが、こうした文法学校は、子供たちを有益かつ生産的な労働から奪いとると主張する献策者たちの非難もあって、一六二三年以降、王室代理官《コレヒドール》のいる町（図42　二七三頁）にかぎられることになった。一説によると、こうしたことがのちのスペインの教育の退廃につながり、十九世紀になるまで立ち直れなかった原因であるともいわれている。

このような公立の学校とは対照的に、すぐれた教師と厳しい指導によって名声を高めたのがイエズス会の学校である。ここでは斬新な教育をめざし、これまでの味気ない教育を緩和する意味で、文芸コンクールが開かれたり、学生たちによるラテン語の芝居が演じられたりした。また学校によっては応用数学や馬術や剣術を教科にとり入れるところもあった。こうして彼らは全国的に勢力を伸ばし、教育を独占するようになっていった。一六〇〇年には一一八校もの学校を経営し、そのうちの九二校はカスティーリャにあった。十六世紀最後の二〇年間にイエズス会の学校に属していた学生の数はカスティーリャだけでも一万人から一万五〇〇〇人に達した。イエズス会の学校は貧しい家庭の子供たちを拒むことはなかったが、大半の生徒の出自は貴族または有産階級であった。

十六世紀中頃から十七世紀前半をとおして、スペインの大学は隆盛を極めた。古くからあるサラマンカ大学、バリャドリード大学、レリダ大学などのほかに、一五〇〇年から一六二〇年にかけて、新たに二四校が加わった。なかでもバレンシア大学、グラナダ大学、サラゴサ大学、オビエド大学、ビック大学が有力な大学として知られていた。これらの大学は教授と大学によって組織された団体の支援、または王室ないしは教皇庁の直接の指導により誕生した教育機関である。シスネーロス枢機卿によって設立されたアルカラ大学も、ほぼこの時期に誕生した大学である。

しかし、シグエンサ大学やオニャーテ大学のように、ずさんな教育体制から評判のよくない大学もあった。一四七六年創立のシグエンサ大学の文芸《アルテス》学部は学生数の不足から廃部となり、一五五一年に開設された医学の授業も講座が一つだけというお粗末なものであった。オニャーテ大学でも授業内容がひどく、医学部では講座も授業も開かれていなかったという理由で、一五七九年に学位の授与が禁止された。それとは反対に、一五四八年にウレーニャ伯爵によって創立されたオスーナ大学や、一五五四年に創設されたブルゴ・デ・オスマ大学のように、小規模ながらも誠意ある教育内容によって学生数を増やした教育機関もあった。

大学には、議論好きや出世をもくろむ者たち、それに次子《セグンドン》という家督を継げない者たちが、社会での高い職位を夢見てたむろしていた。サラマンカ大学では一五九九年から一六〇〇年にかけて四一〇五名が登録し、卒業生の大半は法律（教会法《カノネス》と俗界法《レイエス》）の学生であった。また、アルカラ大学の一六〇〇年度の新入生は一二三七名にも達した。しかし十七世紀も後半になると、学生数は減少の一途をたどり、サラマンカ大学の場合、一五七五年に教会法を学ぶ学生数が約三〇〇〇人いたのに対し、一七〇〇年には四四四人にまで減少している。他の大学でも同様の減少が起こっていることから、おそらくこの時代の経済危機、大学間の競争、それに神学校の増加などがその原因と考えられる。

フランシスコ・デ・ケベードの『ぺてん師ドン・パブロスの生涯』（一六二六年）にも一部描写されているが、この時代の大学生活は新入生に対する手荒な洗礼などもあって、非常に活気に満ちていた。大学の授業は午前と午後をあわせて毎日八時間から九時間行われた。夏休みは一ヵ月あったが、文法を学ぶ学生にはそれがなかった。クリスマスや聖週間の期間中は一週間ほど休みとなり、年間を通して宗教行事のために約二十日ほど授業のない日があった。

授業そのものは厳しかったようだが、授業の内容についていえば、教授が古典のテクストを読み、そのあとで学生たちの疑問に対し問題の解明をはかるという形式だったため、真の学問的な発展は見込めなかった。

大学によって開講科目は異なっていたが、文芸学部では中世とさほど変わらない科目も含めて、ラテン語文法、修辞学、形而上学、天文学、数学、ギリシア語、ヘブライ語など、比較的多くの講座が開かれていた。文芸学部のほかには、神学部、法学部（教会法と俗界法）、医学部があった。これらの学部を二年または三年で修了した者に対して、「バチリエール」という大学前期課程修了者の資格が与えられた。しかしそのあとも学問を続けた学生には、卒業論文の審査を受けて、「リセンシアード」（学士）という大学卒業者の資格が与えられた。これは教える資格があるということを証明するものでもあった。「バチリエール」になったあと、多くの学生は社会のニーズに合わせて官吏や聖職者をめざし、神学部か法学部を選択するのが普通であった。科学技術のような学問は事実上大学の講座には含まれていなかった。「リセンシアード」の上にはさらに「ドクトール」（博士）がいたが、これは教授職に就いた者か、就きたいと思っている者のみに門戸が開かれていた。

神学部では聖書や聖トマス・アクウィナスなどの講座を中心に、一五八八年以来、サラマンカでは八、アルカラでは三、バルセロナでは六講座が開設された。法学部ではサラマンカ大学やバリャドリード大学が有名であった。また、医学部では西洋医学の基本書とされる『医学規範』を著したアラビアの医学者イブン・スィーナー（アヴィケンナ）（九八〇—一〇三七年）、ギリシアの医学者ヒッポクラテス（前四六〇？—前三七七年？）やクラウディウス・ガレノス（一二九？—二〇〇年？）が教材として用いられ、サラマンカ大学では初期の頃の三講座に、十六世紀後半あたりから解剖学、外科学、薬草学が加えられた。

当時、医学の分野でめざましい発展を遂げたのはバレンシア大学であった。講座も十六世紀をとおして一講座から九講座にまで増えた。当初はさほどレベルは高くなかったが、十六世紀半ばあたりから近代解剖学の基礎を築き、カルロス一世とフェリペ二世の主治医も務めたアンドレアス・ヴェサリウス（一五一四—六四年）の学説をとり入れたことによって、急激な発展をみたのである。解剖学に人体を使った解剖を導入し、薬草学に薬草採集の実践も行ったことから、他の大学もこれに追従するようになった。

サラマンカ大学出の優秀な人物には、人文主義者であり通俗語で書かれた最初の文法書『カスティーリャ語文法』（一四九二年）を著したエリオ・アントニオ・デ・ネブリーハ（一四四一—一五二二年）、サラマンカ大学の神学の教授を務めた詩人フライ・ルイス・デ・レオン（一五二七—九一年）などがおり、一方のアルカラ大学のほうは、イエズス会の創設者イグナシオ・デ・ロヨーラ（一四九一—一五五六年）、カルロス一世の年代記作家でインディアス征服を正当化しようとしたファン・ヒネス・デ・セプルベダ（一四九〇？—一五七三年）、イエズス会士でフェリペ四世の年代記作家であったファン・デ・マリアーナなどを輩出している。

十六世紀には大学とは別に、大学に付属した機関として「コレヒオ・マヨール」という学寮が誕生した。特にサラマンカ、バリャドリード、アルカラ、クエンカなど、カスティーリャ地方の各大学では重要な役割を果たした。これらは自治組織であり、財政を運用したり自分たちの学生を選抜したりもした。入寮時の年齢はだいたい二〇歳から二四歳ぐらいであった。所期の目的は、経済的にゆとりのない前途有望な学生の高等教育の支援にあり、昔からのキリスト教徒であるという純血性が証明されれば、のちのち宮廷内で高い地位の職に就けるという期待がもてた。しかし時が経つにつれ、政府の要職に就いているか、あるいはかつて同じ寮にいたことがある者を身内にもつ学生が大半を占めるようになった。そのため徐々に名家の子息の溜まり場と化し、苦学力行《りっこう》する者たちを排除するという弊害も起こった。ここに入れる人数も、カスティーリャ王国では各教区に二人以下か、または各町から一人以下という具合にかぎられていた。これが重なるということはなかった。もしガリシア、アストゥリアス、ナバーラ、アラゴン、ポルトガルなどのカスティーリャ以外から入寮しようとすると、それぞれの地方から一名しか受け入れられなかった。十七世紀に入ってカスティーリャ出身の学生が増え始めると、次第に他の王国の入寮希望者が排除されるようになっていった。つまり、選り抜きのエリートたちの溜まり場となったのである。それもそのはず、彼らは卒業すると、国家の重要な職位を独占するようになったからである。大学の法学の教授職にある者の多くもこうした学寮の出身者であった。しかしその後、大学よりもはるかに快適な国家の中枢で活躍できるようになると、次第に大学から遠ざかる者も出始めた。

◎文化のカテゴリー◎

当時の大半の人々が貧しい生活を強いられていたにもかかわらず、上流階級の人たちには芸術家や文士を援助する資金と時間が充分にあった。彼らにしてみれば、芸術を奨励することはある種の誇りであり、社会的地位を誇示することでもあった。なかには文学と絵画に強い関心を示し、美術品や骨董品の蒐集に熱を上げる者もいた。裕福な貴族たちのこうした芸術擁護のための散財がまさに黄金世紀の文化を見事に開花させ、マドリードの宮廷を文学と芸術の中心地に仕立て上げたのである。

文学への関心も高かったが、絵画に対する関心は文学以上であった。当初、十五、十六世紀のイタリアやフランドルの絵画の影響が大きく、圧倒されるところもあったが、やがてスペイン人画家たちは写実主義を基盤としながら、徐々にその画才を発揮してゆくようになった。

この時代に活躍した偉大な芸術家たちの名前をざっと見ただけでも、軍事的にも経済的にも繁栄と衰退を味わったスペインに、〈黄金世紀〉とよばれるほどの見事な文芸が興隆したこと自体にまず驚かされる。これもひとえに、何人もの画家を抱えたあちこちの工房に常時仕事を依頼し続けた、マドリードの宮廷と教会そして新大陸の顧客のおかげであった。

絵画では、大作《オルガス伯爵の埋葬》（一五八六―八八年）や《受胎告知》（一五九六―一六〇〇年）を描いた、クレタ島出身のエル・グレコ（一五四一―一六一四年）を筆頭に、傑作《聖ピリポの殉教》（一六三九年）や《エビ足の少年》（一六四二年）で知られるホセ・デ・リベーラ〈通称エル・エスパニョレート〉（一五九一―一六五二年）、《蚤をとる少年》（一六四五―五〇年）や《無原罪の御宿り》（一六六〇―六五年）などを代表作にもち、「スペインのラファエロ」と呼ばれたバルトロメ・エステーバン・ムリーリョ（一六一七―八二年）、《聖ヒエロニムスの誘惑》（一六三八―四〇年）や《聖ブルーノと食卓の奇跡》（一六三〇―三五年頃）そして《ノラスクの聖ペテロが幻視する十字架にかけられた聖ペテロ》（一六二八年）などで知られるフランシスコ・デ・スルバラン、それに《世の栄光の終わり》（一六七〇―七二年）や《束の間の命》（一六七〇―七二年）を描いたファン・デ・バルデス・レアル（一六二二―九〇年）、すでに第二章で詳説したディエゴ・ベラスケス、そしてエル・エスコリアル宮を飾るために描いた超大作《聖体の礼拝》（一六八五―九〇年）で知られる、スペイン・バロックの最後を飾る画家クラウディオ・コエーリョ（一六四二―九三年）などが活躍した。

また彫刻の分野では、他のジャンルに勝るとも劣らないくらい写実主義が顕著で、宗教色が濃かった。他のヨーロッパ諸国とは異なり、この時代のスペインでは多色の木彫が主流であった。これは冷たい感じのする大理石の彫刻とちがって、衣服の膨らみや涙や傷口から流れ出す血が人間の温かみを感じさせてくれる。そして、非常にリアルで生き生きとした像が多い。作品のほとんどが教会内部の祭壇を飾るためのもので、キリストや聖人の一生または聖書を題材にしている。傑出した彫刻家には、ブオナローティ・ミケランジェロ（一四七五—一五六四年）の影響を受け、祭壇を飾る彫像《聖セバスティアヌス》（一五二六—三二年）を残したアロンソ・ベルゲーテ（一四八六?—一五六一年）や、《聖イグナティウス・デ・ロヨーラ》（一六一〇年頃）の像を残したファン・マルティネス・モンタニェース（一五六八—一六四九年）などがいる。モンタニェースは主にセビーリャで活躍し、その優雅で躍動的な表現方法から「木彫の神様」と呼ばれ慕われた人で、傑作の一つに《慈悲深いキリスト》（一六〇三年）がある。

グラナダ出身のアロンソ・カノ（一六〇一—六七年）は、絵画や建築のほかにもこの分野で活躍し、晩年に司教を務めたグラナダのカテドラルに着彩彫刻《無原罪の御宿り》（一六五六年）を残している。カノはベラスケスと同様、一〇代の頃にセビーリャのフランシスコ・パチェーコの工房にいたこともあって、二人は無二の親友であった。時折暇を見つけては、別の工房で絵の勉強をしていたスルバランやほかの絵描き仲間たちと一緒に、絵画の話に花を咲かせながらセビーリャの町を散歩したこともあった。一六三八年には、長年住み慣れたセビーリャを離れ、マドリードの旧王宮内でオリバーレス伯公爵に仕えながら、画家としての仕事を精力的にこなした。その二年後、今度はブエン・レティーロ宮を飾るための絵画を調達するために、ベラスケスとともにカスティーリャ中を旅してまわったこともある。

それから何年かのちに、今度はムリーリョがそっけないセビーリャ絵画を離れ、みずみずしい色彩を求めて知る辺のないマドリードにやってきたときにも、ベラスケスは彼を温かくもてなし、彼の絵の成功に一役買っている。ムリーリョは数年後にセビーリャに戻り、やがて画家として大成することになる。

建築の分野に目を転じると、他のヨーロッパではすでに姿を消していたゴシック建築が、十六世紀前半のスペインにおいて依然健在であった。このゴシック建築として有名なのが、セゴビアのカテドラルやサラマンカのカテドラルである。またゴシック様式に、ルネサンス様式やムデハル様式が混ざりあったプラテレスコ様式も、十六世紀を通じて流行した。アルカラ大学の講堂やファサードにみられるように、建物の壁面が細かく浮き彫りになった装飾方法が特徴である。その後、この派手な装飾に対抗するかのように台頭してきたのが、フアン・デ・エレーラ（一五三〇―九七年）に代表されるエレーラ様式である。いわゆる角張ってはいるが、威風堂々とした建物で、ごてごてした装飾はなく、素朴な外見を呈しているのが特徴である。その代表的な建物がエル・エスコリアル宮（図49）で、フェリペ二世によって宮廷建築家に任命されたフアン・バウティスタ・デ・トレード（一五六七年没）が一五六

図49　エル・エスコリアル宮（エル・エスコリアル宮蔵）

三年に手がけ、彼の亡きあとはエレーラがその遺志を継いで一五八四年に完成させた。その後、冷酷な印象を与える角張ったラインのかわりに曲線を強調するバロック様式が続き、このバロック様式に過度の装飾が施されるようになったのが、ホセ・デ・チュリゲーラ（一六六五―一七二五年）に代表されるチュリゲーラ様式である。

他方、文学の世界では、小説、演劇、詩のジャンルを問わず何人もの文才が誕生した。彼らの影響は国内だけにとどまらず、海外、特にイギリスやフランスの文学にも少なからず影響を及ぼした。ピカレスク文学として名高い『ラサリーリョ・デ・トルメスの生涯』は、やがて英国のトマス・ナッシュ（一五六七―一六〇一年）のピカレスク小説『不運な旅人』（一五九四年）に影響を与え、フランシス・ボーモント（一五八四―一六一六年）やジョン・フレッチャ（一五七九―一六二五年）はミゲル・デ・セルバンテス（一五四七—一六一六年、図50）の『模範小説集』（一六一三年）に感化された。ホルヘ・デ・モンテマヨール（一五二〇？—六一年）の牧人小説『ラ・ディアーナ』（一五五九年頃）は十七世紀だけでも一七版を重ね、同国人のセルバンテスやロペ・デ・ベーガ（図51）のみならず、サー・フィリップ・シドニー（一五五四—八六年）の牧歌的物語『アーケイディア』（一五九〇年）にもその足跡を残した。フランスでも、スペイン黄金世紀の劇作家や小説家の影響は無視できなかった。ギリェン・デ・カストロ（一五六九—一六三一年）の戯曲『わがシッドの青春時代』（一六一〇—一五年）を改作し、『ル・シッド』（一六三七年）を書き上げたピエール・コルネイユ（一六〇六—八四年）や、ティルソ・デ・モリーナ（一五八一？—一六四八年）の『セビーリャの色事師と石の招客』（一六三〇年）に題材を求め、『ドン・ジュアン』（一六六五年）を書いたモリエール（本名ジャン＝バティス

図50　ミゲル・デ・セルバンテス（フアン・デ・ハウレギ作，王立言語アカデミー蔵）

図51　ロペ・デ・ベーガ（作者不詳・部分，ラサロ・ガルディアーノ美術館蔵）

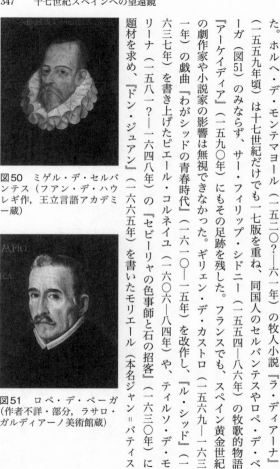

ト・ポクラン、一六二二―七三年)、それにビセンテ・エスピネル（一五五〇―一六二四年）の『従者マルコス・デ・オブレゴンの生涯』(一六一八年）に負うところが大きいとされる『ジル・ブラース物語』（一七一五―三五年）の著者アラン・ルネ・ルサージュ（一六六八―一七四七年）などがそのよき例である。

十六世紀のスペイン小説といえば、先述のピカレスク小説や牧人小説、それに文字を読める人たちの格好の暇つぶしとなっていた騎士道小説が人々の人気をよんだ。ピカレスク小説では、当時の社会を風刺した『ラサリーリョ・デ・トルメスの生涯』を嚆矢《こうし》として、マテオ・アレマンの『グスマン・デ・アルファラーチェの生涯』、フランシスコ・ロペス・デ・ウベダの『あばずれ女フスティーナ』(一六〇五年)、ケベードの『ぺてん師ドン・パブロスの生涯』などがひときわ異彩を放っている。『グスマン・デ・アルファラーチェの生涯』では、美徳が真の名誉であることを確認しながら、あらゆる社会悪に対して説諭を垂れ、『ぺてん師ドン・パブロスの生涯』では、特に金にものを言わせて貴族階級の仲間入りを果たそうとたくらむ輩《やから》に非難の矛先を向ける、という風にそれぞれの作者の思惑が浮き彫りにされる。また、セルバンテスの『模範小説集』に収録されている『リンコネーテとコルタディーリョ』や『犬の対話』なども、ピカレスク的要素を充分に含んだ作品であるといえよう。

牧人小説では、『愛の対話』（一五三五年）を著したレオーネ・エブレオの影響を受けたとされる前記の『ラ・ディアーナ』や、セルバンテスの『ラ・ガラテーア』（一五八五年）が傑出している。

騎士道小説の代表作といえば、ガルシ・ロドリーゲス・デ・モンタルボ（一五〇五年以前没）の翻案とされる『アマディス・デ・ガウラ』を筆頭に何篇かあるが、何よりもこうした空想的な騎士道物語をパロディー化したセルバンテスの『ドン・キホーテ』（前篇、一六〇五年／後篇、一六一五年）は見逃せない作品である。この大著の前篇第六章には、ドン・キホーテを狂気に追いやったありがたくない騎士道小説を選別し、司祭と床屋の手で裏庭に投げ捨て焚書の刑に処するという場面が設けられているが、この章は、トレドの参事会員の言葉を借りて騎士道小説に対する非難と美点を指摘した第四七章とならんで、作者の文学に対する考えが忠実に反映されており、とても興味深い。要するに、セルバンテスにとって、美と調和にもとづく楽しさと人を教えさとすという要素が含まれていなければ、また架空の物語であろうとでたらめばかりで真実らしさや写実に欠けていれば、けっして優れた小説とはいえないのである。蛇足かもしれないが、前記の『アマディス・デ・ガウラ』は、たとえ一連の有害な騎士道ものの開祖であったにしろ、このジャンルの中では一番の傑作であるとして、焚書を逃れている。

詩では、『牧歌』（一五四三年）によってスペイン・ルネサンス詩の基礎を築いたといわれるガルシラーソ・デ・ラ・ベーガ（一五〇一？—三六年）を筆頭に、『キリストの御名について』（一五八三年）や、『完璧な妻』（一五八三年）を著したフライ・ルイス・デ・レオン、『孤独』（一六一四年）や『ポリフェモとガラテアの寓話』（一六一二年）によって文飾主義《クルテラニスモ》（またはゴンゴリスモ）を打ち立てた、スペイン・バロック詩の巨匠ルイス・デ・ゴンゴラ、奇知主義《コンセプティスモ》に傾倒したフランシスコ・デ・ケベード（図52）、また神との一致をめざす神秘主義の詩人たち、フライ・ルイス・デ・グラナダ（一五〇四―八八年）、サンタ・テレサ・デ・ヘスス（イエズスの聖テレジア）、サン・フアン・デ・ラ・クルス（十字架の聖ヨハネ）などが有名である。

とりわけ、幼年時代からの精神的葛藤を綴った『自叙伝』（一五八八年）や、深い瞑想をとおして神との内的一致にいたるまでの神秘体験を七段階に分けて描いた『霊魂の城』（一五八八年）を代表作に持つイエズスの聖テレジアの弟子として、カルメル修道会の改革運動を支持した十字架の聖ヨハネの詩には、普通の人々が体験することのできない不思議な世界が展開する。魂が神と一致するにいたるまでのプロセスを象徴的に描いた「暗夜」「霊の賛歌」「愛の生ける炎」の三篇の詩を書き残し、同時にそこに含まれる象徴的意味を明確にしようと、解説本として『カルメル山登攀』（一五七八―八三年）と『暗夜』（一五七九年?）、『霊の賛歌』（一五八四年）、『愛の生ける炎』（一五八四年）を散文でそれぞれの詩に書きそえた。どれも精神世界との融合を試みた、この時代ならではの見事な詩芸術である。

文学の中でもっとも人々の人気を独占したのは演劇である。広場や街角や旅籠の内庭に簡素な舞台をこしらえ、お金を払って芝居見物にやってくる人々を前に比較的短い出し物を演じたロペ・デ・ルエダ（一五一〇?—六五年）や、同じく大衆演劇の誕生に少なからず貢献したファン・デ・ラ・クエバ（一五五〇?—一六一〇年）を皮切りに、ロペ・デ・ベーガをはじめとする多くの劇作家が誕生した。同時に、十六世紀も後半になるとマドリードや他の都市に常設劇場が造られるようになった。マドリードではクルス劇場（一五七九年完成）とプリンシペ劇場（一五八二年完成／翌八三年柿落し）が二大劇場としてあらゆる階級の観客を集めた。

これまでの古いスタイルの演劇を大規模な大衆の娯楽に変えた立て役者といえば、日本ではあまり知られていないが、詩人であり劇作家でもあったロペ・デ・ベーガである。ロペは入場料を支払って観にくる客の存在を重視し、これまで一部の貴族や金持ちを対象として貴族の城館などで演じられてきた伝統的な芝居を片隅に追いやり、大衆の好みを最優先させたのである。この「新しい演劇《コメディア・ヌエバ》」の生みの親ロペは生前に、その信憑性はともかくとして、なんと約八〇〇篇もの戯曲を書いたというから驚きである。よほど筆

図52　フランシスコ・デ・ケベード
（ベラスケスの弟子作，王立言語アカデミー蔵）

が早かったのだろう。その中でも、横暴な領主と人間の尊厳を主張する農民との衝突をテーマとした『フエンテ・オベフーナ』(一六一九年)や、主人公が終始運命に翻弄されたあげく悲劇にいたるという『オルメードの騎士』(一六二〇年頃)は圧巻である。一六〇九年にロペによって書かれた『当世コメディア新作法』(『バロック演劇名作集』所収)には、これまでの伝統的な技法を断念し、庶民に愛される作品作りへと方向転換した理由や、大衆の求める芝居を書くために必要な作劇方法が詳しく述べられている。

こうしたロペの劇形態を踏襲したのが、前記のギリエン・デ・カストロ、将来のファウストを予感させるような作品『悪魔の奴隷』(一六一二年)を書いたアントニオ・ミラ・デ・アメスクア(一五七四?—一六四四年)、『疑わしい真実』(一六三〇年)や『壁に耳あり』(一六二八年)などの道徳劇を得意としたメキシコ生まれのファン・ルイス・デ・アラルコン(一五八一?—一六三九年)、聖職者と劇作家という二足の草鞋をはいて活躍し、ドン・ファンで名高い『セビーリャの色事師と石の招客』や、魂の救済をテーマにした『不信心ゆえ地獄堕ち』(一六三五年)などの名作を世に送ったティルソ・デ・モリーナなどである。

やがて、バロック演劇の巨匠といわれるペドロ・カルデロン・デ・ラ・バルカ(図53)が文壇に登場すると、大衆好みの戯曲構造に追従しながらも、詩的世界の描写、文体、筋立て、人物描写など、あらゆる面でロペやティルソの技巧を凌駕することになる。作品の数ではさすがにロペと比較すると物の数ではないが、それでもシェイクスピアの数倍もの作品数を書いている。美しい女性を手に入れるために魂を悪魔に売り払った異教徒の若者シプリアーノの行く末を描いた『驚異の魔術師』、嫉妬をテーマにしたシェイクスピアの『オセロ』を思わせるような『この世のとてつもない怪物』（または『嫉妬という名の凄まじき怪物』）、残酷な名誉劇『名誉の医者』や『不名誉の画家』、カトリック教を固守するために自己の命を犠牲にする主人公を描いた『不屈の王子』（一六二九年）などの三幕物以外にも、一幕物の聖体劇《アウト・サクラメンタール》や短い幕間劇《エントレメス》なども得意とした。しかし、不朽の名作といえばやはり『人生は夢』である。この作品は人生の儚《はかな》さや無常をテーマとし、主人公セヒスムンドの貴重な体験をとおして人生の意義を悟るという、ある意味で宗教色の濃い哲学劇である。そして、そこに表されている「人生は夢」という概念には、三五〇年以上経た今でも、われわれに深く考えさせる何かがあるように思われる。

図53　ペドロ・カルデロン・デ・ラ・バルカ（作者不詳・部分，ラサロ・ガルディアーノ美術館蔵）

言語の分野では、人文主義者アルフォンソ・デ・バルデスの弟で、熱烈なエラスムス信奉者であったファン・デ・バルデスの存在が際立っている。彼の著書『言語をめぐる対話』（一五三五年頃）は、カスティーリャ語についての重要な最初の言語学的テーゼであり、この中でバルデスは言語に関するさまざまな改革案を提示している。だが、この著作は一七三七年まで出版されることがなかったため、その間はカスティーリャ語の発展に寄与することはなかった。

思想・哲学・道徳の分野に目を向けると、ヨーロッパの人文主義者の中でも卓越したファン・ルイス・ビーベスや、『宮廷蔑視および田舎礼讃』（一五三九年）を著したアントニオ・デ・ゲバーラなどがいる。改宗ユダヤ人であったビーベスは、異端審問をおそれてアルカラ大学の教授職を辞退し、英国に渡ってヘンリー八世（一四九一—一五四七年。在位、一五〇九—四七年）とカタリーナ王妃の娘メアリー王女の教育にあたり、『キリスト教女子教育論』（一五二三年）を著した。しかし、ヘンリー八世の離婚に反対したために英国を追放され、ブリュージュに移ってから『霊魂と生命について』（一五三八年）という名著を発表した。

このように文芸や建築の分野では、傑出した人物に事欠かなかったものの、イタリアの科学者ガリレオ・ガリレイ（一五六四—一六四二年）、オランダの物理学者クリスティアン・ホイヘンス（一六二九—九五年）、フランスの科学者・哲学者ブレーズ・パスカル（一六二三—六二年）、イギリスの医学者・生物学者ウィリアム・ハーヴィー（一五七八—一六五七年）などのように、近代科学の分野で大いに貢献した人となると、他のヨーロッパ諸国とくらべてもなんら遜色のなかったバレンシアの医学界をのぞけば、スペインにはほとんどいなかった。

その医学の分野で優れた功績を残したのが、最初に人体の解剖をした医者の一人であり、『人体解剖学』（一五四三年）を著したアンドレアス・ヴェサリウスや、血液の循環を発見したミゲル・セルベート（一五一一―五三年）である。事実、セルベートはハーヴィーに先駆けて肺の血液の循環を発見したのだが、その著書『三位一体の誤り』（一五三一年）やエラスムスの影響がみられる『キリスト教の復活』（一五四六年）においてキリストの神聖を冒瀆したとして、ジュネーヴでカルヴァンに捕らえられ、焚刑に処せられた。

そのほか航海術も、十六世紀および十七世紀の大半を通じてスペインが優位に立つことのできた学問である。これは他の国々の航海士の嚮導《きょうどう》ともなった。この分野で活躍した人の中には、『地理全書および航海術』（一五一九年）を著したマルティン・フェルナンデス・デ・エンシーソや『航海術』（一五四五年）を著したペドロ・デ・メディーナ（一四九三―一五六七年）などがいる。

以上、この時代の主な文化遺産をざっと展望してみたが、この文化の波濤《はとう》はなにも特殊な才能の持ち主だけによって起こされたのではなく、国王を頂点としたバロック社会に生きる人々の活気にも煽られながら起こされた、文芸の隆盛であったことを忘れてはなるまい。

《注》

(1) 文芸の視点からスペイン黄金世紀を定義すれば、ルネサンス文学が興る十六世紀初頭から画家バルトロメ・エステーバン・ムリーリョが死んだ一六八二年までをその領域と考えて差し支えないだろうが、政治的観点からするとその範囲はより狭まるものと思われる。つまり、スペインが覇権を握っていた時代を考えると、せいぜいカルロス一世の時代から一六五九年のピレネー条約締結あたりまでだろうが、いずれも研究者によって多少意見の分かれるところである。

(2) 以下、日本語訳は訳者についての言及がないかぎりすべて拙訳とする。

(3) ちなみに、一ドゥカードは一一レアル、一レアルは三四マラベディに相当した。E・J・ハミルトンの研究によれば、たとえば新カスティーリャ地方における一六〇一年の大工の親方の日当が一七〇マラベディ（一六二一年には一三八マラベディ）、一六〇〇年の日雇い労働者の日当が八五マラベディ、旧カスティーリャ地方における一六〇一年の看護婦の年収が三〇六〇マラベディ（一六二一年には三六七二マラベディ）、アンダルシア地方における一六〇一年の執事の年収が八一六〇マラベディであった。また新カスティーリャ地方における一六二一年の食費の一部を見てみると、卵一ダースが六三マラベディ、鶏肉一羽が五二一マラベディ、オレンジが一ダースで四〇マラベディ、葡萄酒が一アローバ（約一二・五五リットル）で二五一マラベディという値段であった。なお、ほかにもドブロンやエスクードという貨幣がある。カスティーリャ・レオンのエスクードには銀貨とベリョン貨（本来は銀と銅の合金だが、銅貨もある）があり、それぞれ八レアル銀貨、一〇レアルベリョン貨の価値に相当。ドブロンは十六世紀から十九世紀中頃までカスティーリャで流通した金貨で、その価値は二エスクードに相当。またその価値こそまちまちであるが、バレンシア、マヨルカ、新大陸でも使用されていた。

（4） マドリードの常設劇場の構造については、拙著『スペイン黄金世紀の大衆演劇――ロペ・デ・ベーガ、ティルソ・デ・モリーナ、カルデロン』（三省堂）の第三章「劇場と観客」を参照されたい。

（5） 一六三一年から四〇年の一〇年間に、ブエン・レティーロ宮は急ピッチで完成に向けて工事が進められた。そのため建材として花崗岩のかわりにレンガを使用したことで、全体的に質の低下を招いた。建物の建設と内装に要した費用はおよそ二五〇万ドゥカード（一年間あたり二五万ドゥカード）で、これは一六三二年から三八年にかけてフランドルで費やした戦費二一五〇万ドゥカードの八ないしは九分の一に匹敵する。

（6） ここでいう一三六軒とは、五階建ての縦一列の細長い一棟が一三六軒くっついて並んでいるという意味である。一世帯が五、六人の家族構成だとすれば、一三六×五×五（または六）＝三四〇〇（または四〇八〇）人となる。ただしこれとは別に、三〇〇〇人という記録も残っている。

（7） 当時、王家の人々を警備・護衛するのは、三種類の護衛隊であった。どの隊も一〇〇人前後からなり、歩兵と騎兵の両方に分かれていた。中世に起源をもつ一番古い護衛隊と、一五〇四年に組織されたそれはいずれもスペイン人からなっていたが、三つ目の部隊はフェリペ一世（美王）によってブルゴーニュから連れてこられ、カール五世によって組織されたこともあり、ドイツ人からなる儀仗兵であった。彼らは背が高くて、常に沈着冷静であったため、主に王族の身のまわりの警護をまかされていた。普段は一〇人ぐらいのグループに分かれて、他の近衛兵とともに王宮の内外の警護にあたった。

（8） アンブロシオ・スピノラ（一五六九―一六三〇年）はイタリア生まれであるが、一六〇二年以来軍人としてスペイン国王に仕え、フランドルにおける戦いではブレダを占拠したことで有名である。ベラスケスはこの友人を讃えて、後年オランダの総督ジュスタン・ドゥ・ナッソーがスピノラに町の鍵を手渡すところを描いた《ブレダの開城》（一六三四―三五年）という大作を完成させた

（図25　一一五頁）。

（9）この適性検査では、代々イスラム教徒やユダヤ人の血が混ざっていないという純血性、貴族階級の出であること、商売や手仕事に携わっていないことを証明する必要があった。しかし、ベラスケスがもともと画家を生業としていたことには目を瞑るとしても、先祖の貴族性に問題があるとして、入会は不適切であると見なされた。

（10）騎士修道会とは、もとはレコンキスタの際に異教徒との戦いおよび占領地の防衛を目的として十二世紀に創設された宗教騎士団のことである。サンティアーゴ、カラトラーバ、アルカンタラ、モンテーサ、サン・フアンの騎士修道会があり、広大な土地を持ち、巨額な収入があった。最初の三つを三大騎士修道会といい、中でもサンティアーゴが規模としては一番大きかった。

（11）メンティデーロとは、閑人が寄り集まって興味本位の噂話や無駄話に花を咲かせる場所のことで、当時のマドリードには何ヵ所かこうした場所があった。なかでもレオン通りのメンティデーロには、役者や劇団の座長たちが集まり、各劇団との出演交渉も行われた。

（12）この平和条約はビダソア川にあるロス・ファイサネス島にて調印された。このときスペイン側は、アルトー、ロセリョン、セルダーニャの一部を失った。さらにフェリペ四世の娘マリア・テレサとルイ十四世との結婚の手筈が、彼女がスペインの王位継承を放棄するという条件のもとで整った。婚礼の儀式は一六六〇年六月五日にフエンテラビーアで執り行われ、事実上両王室が結ばれることになった。翌日、マリア・テレサはルイ十四世に引き渡された。このとき父フェリペ四世はもちろんのこと、フランス側からはフェリペ四世の姉でルイ十四世の母にあたるアンヌ・ドートリッシュ（アナ・デ・アウストリア）も同席した。この二人の姉弟にとって実に一六一五年以来の再会となったのである。

（13）同一の法律により、スペイン帝国を一つにまとめ、各王国がともに利益を共有するという考えのもとに、まずは各王国が一定の兵員を提供し共有の軍隊を組織するという計画。

(14) 以下、『フェリペ四世とソル・マリアの往復書簡』は次の版を底本とした。Seco Serrano, C.(ed.) *Cartas de la Venerable Sor María de Agreda y del Señor Rey Don Felipe IV*, 2 vols., Madrid: Atlas (BAE), 1958.

(15) ニタルト(一六〇七―八一年)がイエズス会士となったのは二〇歳のときで、やがてその知性と美徳が認められるようになり、オーストリアのグラーツ大学教授として哲学、神学、教会法を教えるようになった。皇帝フェルディナント三世がイエズス会に娘マリアーナの聴罪師を依頼してきたときに、白羽の矢が立ったのがこのニタルトである。いわば、彼女が幼い時分からこの聴罪師の影響を少なからず受けてきたということになるが、なにしろニタルトが寵臣役を務めたあいだに犯した失策は決して少なくはなく、看過できるものではなかった。

(16) ソル・マリアは国王以外にも、一六二八年から六五年のあいだフェルナンド・デ・ボルハおよびその息子フランシスコと手紙のやりとりを行っていた。フェルナンドはかつてアラゴンとバレンシアの副王を務めたアラゴン出身の貴族で、息子は一六四四年に聖職につき、五三年にはマドリードのデスカルサス・レアレスの礼拝堂付き司祭となった。

(17) ソル・マリア宛(一六四九年一一月一七日)とパレデス・デ・ナーバ伯爵夫人(一六〇四―六〇年)宛の手紙(一六四九年一一月一六日)の内容を比較すると、いずれも長い手紙ではないが一目瞭然である。たとえば、国王とマリアーナとの結婚の際に催された豪勢な祝典についての記述では、ソル・マリア宛の手紙にはほとんど言及されていないが、伯爵夫人宛の手紙には、祝宴の様子が記されている。

(18) 「人生とは何だ? 狂乱だ。人生とは何だ? まやかし、影、幻だ。この上ない幸せとてちっぽけなものだ。人生はすべてが夢。夢はしょせん夢なのだ。」(拙訳、『カルデロン演劇集』所収)

(19) 当時のネーデルラント（低地諸国《パイセス・バホス》という意味）は、現在のオランダ、ベルギー、北部フランスの一部からなる地域をさした。一四七七年、ブルゴーニュ公女マリとオーストリア大公マクシミリアンとの結婚によって、この地はハプスブルク家の所領となり、カルロス一世の即位によるスペイン・ハプスブルク家の誕生とともにスペイン領となった。

フェリペ二世の時代になると、この地域では宗教問題が原因で反乱が起こった。大雑把にいうと、北部のカルヴァン派と南部のカトリック教徒との対立である。そのためフェリペ二世はアルバ公爵を送り込み、残忍な弾圧によってネーデルラントを制圧しようとした。しかしその後は、オラニエ公ウィレム（一五三三―八四年）を中心とする反乱軍とスペイン軍とのあいだで一進一退の戦いが続いた。

一五七九年、ネーデルラント一七州のうちの北部プロテスタントの七州（今日のオランダ王国にほぼ近い）がユトレヒト同盟を結成し（南部諸州はスペインと和睦）、一五八一年に独立を宣言した。だが、ウィレム一世が八四年に殺害されると、一時は七八年以来この地方の統治者として勇名を馳せたパルマ公アレッサンドロ・ファルネーゼ（一五四五―九二年）のカトリック側が優位に立ったものの、フェリペ二世がファルネーゼをイギリスとの戦いに起用したために、プロテスタント側に追い風が吹くことになった。ウィレム一世のあとを継いだのは息子のマウリッツで、彼は次々と勝利をおさめていった。

一五八八年、スペインの誇る無敵艦隊《アルマーダ・インベンシブレ》が、最新鋭の装備でのぞんだイギリス海軍に惨敗を喫してからは、スペインの海上権と覇権が根底から揺らぐことになり、同年ネーデルラント連邦共和国が成立した。ちなみにオランダ（ホーラント）とは、もともと北部ネーデルラント七州のうちの一州にすぎなかったのだが、ネーデルラント連邦共和国の成立を契機に、これまで反乱の中心的役割を果たしたことで、オランダの名が好んで用いられるようになった。

一五九六年頃、フェリペ二世は北ヨーロッパ政策の失敗に心を痛め、少しでも修復しようとアルベルト大公をネーデルラントに派遣した。そして一五九八年五月、アルベルト大公とイサベル・クララ・エウヘニア（フェリペ二世の娘）にこの地方の統治を委ね、その四ヵ月後に死んだ。

その後、スペインは一六〇九年、フェリペ三世の治世にオランダ人と一二年間の休戦協定に調印したが、フェリペ四世の寵臣オリバーレスは、この協定の期限が切れる一六二一年になってもこれを更新しなかった。晴れてオランダの独立が承認されるのは、一六四八年のウエストファリア条約締結のときである。

(20) 概してフランドルとは、ネーデルラント南部、すなわちカトリック教徒の地域であったスペイン領をさす。ホセ・マリア・デ・メナによれば、フランドルとブラバンテ（現在のベルギー）は次の九つの州から成る。アンベルス（アントワープ、州都はアンベルス）、ブラバント（州都はブリュッセル）、フランドル東部（州都はヘントまたはガン）、フランドル西部（州都はブルッへ）、エノー（州都はモンス）、リエージュ（州都はリエージュ）、リンブルフ（州都はハッセルト）、ルクセンブルク（州都はアールロン）、ナミュール（州都はナミュール）である。おおよそ、現在のベルギー、ルクセンブルクの領土に匹敵する。

(21) 異端審問会議は帝国内に異端がはびこらないよう監視し、騎士修道会会議は当時の三大騎士修道会の諸問題を扱った。十字軍会議は、聖戦に向けて資金調達を行い、国務会議はスペイン帝国全体の政策について国王を補佐する機関として重要な役割を果たした。また財務会議は帝国の財政、税金、役人たちの給与支払いなどを担当し、インディアス会議は、インディアス（新大陸）に関連する司法、行政および教会の諸問題を監督した。そのほかにもアラゴン会議、イタリア会議、ポルトガル会議、フランドル会議があった。こうした中で政府の主要機関であったのがカスティーリャ会議で、ここには一人の議長を筆頭に一七人の諮問官と、数多くの役人が配置され、仕事をスムーズにこなすために四つの部署が設けられていた。基本的には司法、行政それに教会の諸問題を扱ったが、中には本の出版許可を与えたり、宮廷人の祝宴や旅の段取りをしたり、大学、学寮《コレヒオ》、修道院、救貧院《オスピタール》の設立を許可したり、人々の食料調達をするという仕事も含まれていた。

(22) セルバンテス『新訳ドン・キホーテ』（牛島信明訳）。

(23) スペイン国王が、司教の職位、高位聖職者の地位、またはカテドラルや聖堂参事会に管理される教会の要職などに適した人物を司教に推挙できる権利のこと。

(24) このとき、スペインを脱出したユダヤ人が何人いたのか、正確な数字はわかっていない。推測では、一〇万人から一六万人であろうとされる。また、どの地域や町からもっとも多く脱出したかについても不明である。

あとがき

フェリペ四世の生まれた時代が悪かったとか、あるいはこの国王の治世に生を享けた大勢のスペイン人は運が悪かったといえばそれまでだが、国王の生き様を見ていると、それだけでは「地上の神」としての国王に忠誠を誓い命まであずけた大勢の不運な人たちが浮かばれない。それほど国王の生活は自己中心的であった。こういう話はいかんせん庶民的という域を通り越して、場合によってはあまりにも卑俗なために普通世界史にはほとんど記述されることはない。しかし、黄金世紀の華々しい文化面とは別の顔を知る上では欠かせない情報である。

スペイン帝国の政治的な表舞台といえば、当然のことながらカルロス一世とその子フェリペ二世が中心であり、これらの国王やその時代についての文献は日本語でも入手可能だが、フェリペ三世やフェリペ四世ともなると、欧米では文献が比較的豊富であるのに対して、わが国ではまだまだ黎明期といったところであろうか、翻訳書を除くと飾り程度の記述ですまされてしまうケースが多い。

なるほど、ルネサンス・バロックの有名画家、たとえばティツィアーノやベラスケスの描くフェリペ四世像を見てみると、スペイン帝国の頂点に君臨する国王としては威厳に満ちており、絵によっては華麗で威風堂々としているが、絵画とは別の角度から国王を眺めてみると、その存在感が絵画のそれとはちがってなんとも軽いことに気づく。特にフェリペ四世が愛してやまなかった狩猟や芝居、それに祝祭や女性たちとの愛の戯れなど、国王と娯楽の関係からその人柄を調べていくと、絵画の中の立派な国王像がまたたくまに俗臭ふんぷんたる人物に変身していくのが感じられる。こうしたイメージダウンはなにもスペイン国王特有のものではないだろうが、これまでイメージしていた国王像、それもスペイン黄金世紀の演劇に登場するような、厳めしく正義感の強い国王——むろん中にはロペ・デ・ベーガの作品と推測される『ビセオ公爵』（一六一五年）や『セビーリャの星』（一六二〇—三〇年頃。この作品の作者をアンドレス・デ・クララモンテとする説もある）に登場する身勝手な国王もいるが——とは似ても似つかぬひ弱な国王が目の前に浮上するとなると、やはり気になるところである。

そこで、スペイン黄金世紀の芸術面に大いに貢献したフェリペ四世に関するまとまった本がないのは偏頗《へんぱ》であると考え、あえてこの軟弱な国王を調べてみることにした。当初は黄金世紀の演劇とフェリペ四世との深いかかわりを調べるのが主目的であったが、調べてゆくうちにだんだんと国王の私生活にのめり込んでゆくようになった。そんな折、ふとしたご縁で岩波書店編集部の入谷芳孝氏から、『図書』に「スペイン国王フェリペ四世の素顔」（二〇〇

○年四月）と題する短いエッセイを書かせていただく機会を得、これが本書の誕生へとつながっていったのである。

それ以来、内外の図書館から資料を収集し、本格的に素顔のフェリペ四世像を描き出す作業に没頭した。はっきり言って、この執筆は予想外に楽しかった。文字を書くという気むずかしい思いよりは、むしろ絵筆とパレットをもって白いカンバスに向かい、資料上の国王をモデルにして肖像画を描いているような感じであった。おそらく歴史の別の側面、それも突っつけば膿がたんまり出てきそうな病弱な部分を描き出すという作業が好奇心をそそり、結構自分でもこの世の無常に納得しながら、興味深く筆を進めることができたためだと思う。ただ第二部に関してだけは、第一部で言及した、国王の素顔に迫るという部分の描写にくらべると、語り口が多少かたくなってしまったが、これは当時のスペイン帝国の諸事情を手短かに解説する必要があっただけの話で、特別な意味合いはない。全体をとおしてこの分野における先達諸氏のご助言を賜れば幸いである。

これを書き終えた今、資料収集の際にとったメモの多さからして、もっといろんなことを含めてもよかったのではないかと自問することもある。だがいずれにしても、言うは易く行うは難しである。なぜなら、国王は言わずもがな、政治・経済・社会・文芸のあらゆる面において極と極とが交錯し、盛衰が一度に押し寄せた十七世紀という時代に関していえば、あまりにも書くことが多すぎるからである。その意味では本書が一つの起点となり、今後この時代の研究がより活発化すれば筆者としては願ったり叶ったりである。事実、時代や地域がかけ離れていても、人間の生き様を学ぶ上では非常に興味深いテーマが目白押しであり、また人類の進歩発展のための一つの反省材料と考えても、それなりに有意義ではなかろうか。

それともう一つ思うことは、今回掲載された肖像画も含め、ほかにも画家たちが後世に残してくれた王侯貴顕のさまざまな肖像画を見て、同一人物であっても画家または描かれた時期や状況の違いから、それぞれに風貌が異なるという点である。もちろんこれはあたりまえのことで、人間だれしも時を違えてポーズをとれば、その折々の心境は異なり、画家が写し出すイメージも異なる。理屈ではわかっていても、いざ絵を眺めてみるとカンバス上でポーズをとる人物像から、ときには画家の作風や思惑を超えて、その場の雰囲気と連動した心情が微妙に滲み出ているのが感じられ、なんとも不思議でならなかった。

こんなことをあれやこれや考えると話題や興味は尽きないが、あとは後日に譲るとして、ひとまずここは閉幕としよう。

最後に、毎度のことながら資料集めで大変お世話になった南山大学図書館のスタッフ一同、および書くことの楽しさを味わわせてくださったうえ、メールで長い間おつき合いいただき、いろいろと細部に至るまで気を配ってくださった入谷氏に、心から感謝を捧げるものである。こうした配慮や尽力がなければ今回の刊行はとうていおぼつかなかったものと思う。本書がスペイン黄金世紀のことをもっと知りたいと考えておられる方々の一助となれば筆者として嬉しいかぎりである。

二〇〇三年二月

佐竹謙一

学術文庫版あとがき

二〇〇三年に岩波書店から出版された拙著『浮気な国王フェリペ四世の宮廷生活』が、このたび講談社学術文庫に『浮気な王の宮廷生活』と題して収録されることになった。題名が若干変わったものの、必要に応じて施した部分的な加筆修正をのぞけば、内容そのものには手を加えていない。ただ、参考文献に関しては、読者の情報源として現在までに刊行された日本語の書籍を何点か加えることにした。

今振り返ってみると、刊行から実に二一年もの歳月が流れたことになる。その間のさまざまな日西文化交流をはじめ、スペインにまつわる各分野の研究成果の進展、そしてそれらにかかわる個人的な思いなど、いろいろ考えをめぐらせると感慨もひとしおである。

当時の「あとがき」にも記した通り、『浮気な国王フェリペ四世の宮廷生活』の起筆のきっかけは『図書』に書かせていただいた短いエッセイ「スペイン国王フェリペ四世の素顔」に遡るが、その狙いはといえば、歴史学的な視座から国王を描くというよりも、ハプスブルク・スペインに生きた国王を筆頭にさまざまな階層の人たちの素顔を浮き彫りにしたいとの思いから、まずは国王を中心とした宮廷の様相を描いてみることにあった。

筆者はもともと文学畑を歩んできたため、歴史学の視点から世の栄枯盛衰や歴代の人物の生き様を見てきたわけではなく、むしろ芝居のほうに関心があったことから、スペイン・バロック演劇という窓をとおしてスペインの歴史や社会を見てきた。その際、ハプスブルク王家歴代の国王の中でも、とりわけ芝居が大好きだったフェリペ四世に関心を寄せるようになったのである。

十六世紀後半から十七世紀半ばすぎにかけて、庶民の最大の娯楽といえば芝居見物であった。マドリードには小規模な劇場のほかにクルス劇場とプリンシペ劇場という二大劇場があり、異なる階級の人たち（王侯貴族、聖職者、一般市民など）が娯楽を求めて足を運んだ。劇場内は、身分・階級によって観劇する場所が分けられており、劇作家たちは考えや意識の異なる人たちを同時に楽しませようと日々苦心を重ねていた。なぜなら、観客はとても飽きっぽく、つまらない出し物や見応えのない出し物に対しては、野次を飛ばしたり物を投げつけたりして相当口うるさかったからである。そのうえ厄介だったのは、この雑多な客層の気まぐれな評価によって芝居の良し悪しが決まったのである。そのため、一つの演目が一週間も続けて舞台にかけられればよいほうで、評判が悪いと数日で出し物が入れ替わることも珍しくなかった。数多くいた劇作家たちが短期間のうちに多くの作品を書き上げざるを得なかったのはそのためである。今ではとうてい信じられないが、当時人気を博していたロペ・デ・ベーガ（一五六二―一六三五年）が生涯約八〇〇篇もの劇作品を世に送ったと言われるのも納得できる話である。それにしても台詞が散文ならまだしも、この時代の劇作品はト書きをのぞけばすべて韻文（脚韻を踏むかたち）で書かれ、おまけに場面（戦いの場面、愛を語り合う場面など）に応じて異なる詩型があてがわれていたことを考えると、ロペ・デ・ベーガだけでなく、同時代の劇作家たち、たとえば『セビーリャの色事師と石の招客』の作者とされるティルソ・デ・モリーナ、『人生は夢』を世に送ったペドロ・カルデロン・デ・ラ・バルカなどのとてつもない才能には驚かされるばかりである。そうした事情から、他のヨーロッパ諸国の同時代の演劇（シェイクスピア、ラシーヌ、モリエールなど）とは異なる形態のスペイン・バロック演劇が編み出される結果となった。そしてさらに驚かされるのは役者たちの技量で、次から次へと新作の台詞を覚えなければならなかったことである。台本を読める役者は数少なく、大半は字の読める舞台監督などの周りに集まり、台詞を耳で聞いて覚えていたわけで、その苦労は並大抵ではなかったと思われる。こうした大衆向けの娯楽を本格的に意識しながら作劇したのがロペ・デ・ベーガであった。彼はそれまでの貴族中心の堅苦しい芝居や、カトリック教会のプロパガンダともいえる宗教劇とは異なる「新しい演劇《コメディア・ヌエバ》」を導入し、入場料を払って観にくる客のためにせっせと作劇したのである。ちなみに演劇界では辣腕を振るったロペ・デ・ベーガも、フェリペ四世と同様、女性関係には節度がなさすぎたし、晩年は家族に次々と不幸が襲いかかり、順風満帆の人生とは程遠かったようである。

マドリードの西の端には旧王宮《アルカサル・ビエホ》があり、その中の大小さまざまの部屋に交じって「芝居の間《サロン・デ・コメディアス》」があった。そこでは市井の常設劇場と同じように役者たちを招き入れては、時折芝居が上演されていた。しかし、若き日のフェリペ四世は気が向くと、宮廷のしきたりを破ってまでこっそり宮廷を抜け出し、特にお気に入りのクルス劇場に足を運んでいたのである。この点については、本書でも触れているので是非お読みいただきたい。

当時のスペイン演劇には、国王が脇役として登場する作品もあり、稀に例外はあるものの、舞台空間では勧善懲悪の裁きを下し、その威厳を見せつけるのが普通であった。日常生活においても臣民はそれが当たり前だと思っていたわけだが、実際のフェリペ四世はといえば、演劇に出てくる国王とは打って変わり、帝国の舵とりについては寵臣オリバーレス伯公爵に任せっきりで、自身では的確な政治的判断ができず、スペイン帝国の没落を傍観するしか術がなかった。晩年になってようやく後悔するも、いくら悔やんでも遅すぎた。私たちが目にする、宮廷画家ベラスケスや当代の有名画家が描いた、凛々しい「フェリペ四世像」とは似ても似つかない人物であった。むろん、これは帝国を率いる人物として、もしくはモラルという物差しで計った国王の印象としてであって、芸術面ではスペイン文化の発展に大いに貢献した人物であったことはまちがいない。いわば、かたや立派な国王像、かたや生身の国王、両者のギャップが大きすぎて少なからず戸惑ってしまうが、当時の人々にしてみれば、どちらもハプスブルク・スペインに君臨する偉大な国王だったことに変わりはなかったであろう。

単行本が絶版になったあとは古本屋でしか見かけなかったが、このたびご縁があって講談社学術文庫に収録されることになり、ふたたび日の目を見ることとなった。筆者としては嬉しいかぎりである。この企画の実現を熱心に推進して下さった学芸第三出版部の原田美和子氏には心から感謝申し上げる。また、学術文庫収録に際して誤字脱字や修正点などを的確にご指摘下さった校閲の方にも心からお礼を申し上げたい。

二〇二四年三月

佐竹謙一

『スペイン・ポルトガル史』，立石博高編，山川出版社，2000年

文庫版　追加参考文献

カストロ，アメリコ『歴史のなかのスペイン——キリスト教徒，モーロ人，ユダヤ人』，本田誠二訳，水声社，2021年
——『スペインの歴史的現実』，本田誠二訳，水声社，2021年
『カルデロン演劇集』，佐竹謙一訳，名古屋大学出版会，2008年
ケーガン，R. L.『夢と異端審問　一六世紀スペインの一女性』，立石博高訳，昭和堂，2006年
ケラルト・デル・イエロ，マリア・ピラール『スペイン王家の歴史』，青砥直子・吉田恵訳，原書房，2016年
『スペイン黄金世紀演劇集』，牛島信明編訳，名古屋大学出版会，2003年
『ハプスブルク事典』、川成洋・菊池良生・佐竹謙一編，丸善出版，2023年
ペレス，ジョセフ『ハプスブルク・スペイン　黒い伝説』，小林一宏訳，筑摩書房，2017年
ベナサール，バルトロメ『スペイン人——16-19世紀の行動と心性』，宮前安子訳，彩流社，2003年
佐竹謙一『カルデロンの劇芸術——聖と俗の諸相』，国書刊行会，2019年
関哲行・立石博高・中塚次郎編『世界歴史大系　スペイン史1——古代～近世』，山川出版社，2008年

カルデロンほか『バロック演劇名作集――1599-1660』，岩根圀和・佐竹謙一訳，国書刊行会，1994年
ヴォルフ，N.『ディエゴ・ベラスケス――1599-1660――スペインの顔』，TASCHEN，2000年
セルバンテス『ドン・キホーテ――新訳』，牛島信明訳，岩波書店，1999年
有本紀明『スペイン・聖と俗』，日本放送出版協会，1983年
――『闘牛――スペイン生の芸術』，講談社選書メチエ，1996年
江村洋『カール五世――中世ヨーロッパ最後の栄光』，東京書籍，1992年
神吉敬三『巨匠たちのスペイン』，大高保二郎編，毎日新聞社，1997年
――「作家論」，(『ベラスケス』所収，世界美術全集15，集英社，1979年)
金七紀男『ポルトガル史』，彩流社，1996年
佐竹謙一『スペイン黄金世紀の大衆演劇――ロペ・デ・ベーガ，ティルソ・デ・モリーナ，カルデロン』，三省堂，2001年
色摩力夫『黄昏のスペイン帝国――オリバーレスとリシュリュー』，中央公論社，1996年
清水憲男『ドン・キホーテの世紀――スペイン黄金時代を読む』，岩波書店，1990年
『概説スペイン史』，立石博高・若松隆編，有斐閣選書，1987年
野々山真輝帆『すがおのスペイン文化史――ライフスタイルと価値観の変遷』，東洋書店，1994年
長谷川輝夫『聖なる王権ブルボン家』，講談社選書メチエ，2002年
藤田一成『皇帝カルロスの悲劇――ハプスブルク帝国の継承』，平凡社選書，1999年
林屋永吉・小林一宏ほか『スペイン黄金時代』，日本放送出版協会，1992年
『スペインのユダヤ人』，エリー・ケドゥリー編，関哲行・立石博高・宮前安子訳，平凡社，1995年
『スペインの歴史』，立石博高・関哲行ほか編，昭和堂，1998年

Olivares escritas después de su caída", *Revista de Archivos, Bibliotecas y Museos* 77 (1973), 323-404.
Seco Serrano, C. (ed.) *Cartas de la Venerable Sor María de Ágreda y del Señor Rey Don Felipe IV*, 2 vols., Madrid: Atlas (BAE), 1958.
Shergold, N. D. *A History of the Spanish Stage from Medieval Times until the End of the Seventeenth Century*, Oxford: Clarendon Press, 1967.
Stradling, R. A. *Philip IV and the Government of Spain 1621-1665*, Cambridge: Cambridge University Press, 1988.
Tomás y Valiente, Francisco. *Los validos en la Monarquía española del siglo XVII*, Madrid: Instituto de Estudios Políticos, 1963.
Vázquez de Prada, V. *Historia económica y social de España. Vol. III: Siglos XVI y XVII*, Madrid: Confederación Española de Cajas de Ahorro, 1978.
La vida y hechos de Estebanillo González: Hombre de buen humor, ed. J. Millé y Giménez, 2 vols., Madrid: Espasa-Calpe, 1946.
Villasante, Luis, "Sor María de Jesús de Ágreda a través de su correspondencia epistolar con el rey", *Archivo Ibero-Americano* 25 (1965), 145-172.

ビセンス・ビーベス，J.『スペイン――歴史的省察』，小林一宏訳，岩波書店，1975年
エリオット，J. H.『スペイン帝国の興亡――1469-1716』，藤田一成訳，岩波書店，1982年
――『リシュリューとオリバーレス――一七世紀ヨーロッパの抗争』，藤田一成訳，岩波書店，1988年
オロスコ，エミリオ『ベラスケスとバロックの精神』，吉田彩子訳，筑摩書房，1983年
ブロール，モーリス『オランダ史』，西村六郎訳，文庫クセジュ，1994年

Luján, Néstor. *La vida cotidiana en el Siglo de Oro español*, Barcelona: Planeta, 1988.

Lynch, John, *Los Austrias (1598-1700)*, tr. Juan Faci, Barcelona: Crítica, 1993.

Marañón, Gregorio. *El Conde-Duque de Olivares*, 12.ª ed., Madrid: Espasa-Calpe, 1965.

Martínez Arancón, Ana. *La visión de la sociedad en el pensamiento español de los Siglos de Oro*, Madrid: Universidad Nacional de Educación a Distancia, 1987.

Mena, José María de. *Así fue el Imperio Español*, Barcelona: Plaza & Janes, 1992.

Montero Alonso, José. *Amores y amoríos en Madrid,* Madrid: Avapiés, 1984.

Morales y Marín, José Luis. *Los toros en el arte*, Madrid: Espasa-Calpe, 1987.

Pantorba, Bernardino de. *Felipe IV y su época: Estampas históricas*, Madrid: Editorial 《Gran Capitán》, 1945.

Pellicer de Ossau y Tovar, José de. *Avisos históricos*, Madrid: Taurus, 1965.

Pérez Villanueva, Joaquín. *Felipe IV y Luisa Enríquez Manrique de Lara, condesa de Paredes de Nava: Un epistolario inédito*, Salamanca: Caja de Ahorros y Monte de Piedad de Salamanca, 1986.

Ríos Mazcarelle, M. *Diccionario de los Reyes de España: Tomo II (1474-1996)*, Madrid: Alderabán, 1995.

Sainz de Robles, Federico Carlos. *Crónica y guía de la provincia de Madrid*, Madrid: Espasa-Calpe, 1966.

Sánchez Belén, Juan Antonio. *Los Austrias Menores. La Monarquía española en el siglo XVII*, Madrid: Temas de Hoy (Historia 16), 1996.

Sánchez de Toca, Joaquín. *Felipe IV y Sor María de Ágreda*, 2.ª ed., Barcelona: Minerva, s.f.

Santiago de Rodríguez, Miguel. "Cartas del Conde-Duque de

Barcelona: Crítica, 1991.
Fisas, Carlos. *Historias de las reinas de España: La Casa de Austria*, Barcelona: Planeta, 1992.
García Cárcel, Ricardo. *La vida en el Siglo de Oro*, 2 vols., Madrid: Historia 16, 1985.
——. *Las culturas del Siglo de Oro*, Madrid: Historia 16, 1989.
——. *La Inquisición*, Madrid: Anaya, 1990.
García Mercadal, J. (ed.) *Viajes de extranjeros por España y Portugal*, 2 vols., Madrid: Aguilar, 1952 y 1959. [B. Joly, J. Sobieski; A. Brunel; F. Bertaut; A. Jouvin; Mme. d'Aulnoy, etc.]
González Cremona, Juan Manuel. *Soberanas de la Casa de Austria: Vida, milagros, amores y devaneos de las reinas de la Casa de Austria*, Barcelona: Mitre, 1987.
González-Doria, Fernando. *Las reinas de España*, 3.ª ed., Madrid: Cometa, 1981.
Hamilton, Earl J. *El tesoro americano y la revolución de los precios en España, 1501-1650*, 2.ª ed., Barcelona: Ariel, 1983.
Hume, Martin. *The Court of Philip IV. Spain in Decadence*, London: Eveleigh Nash, 1907.
——. *España: Grandeza y decadencia 1479-1788*, tr. Francisco Páez de la Cadena, Madrid: Alderabán, 1999.
Justi, Carl. *Velázquez y su siglo*, tr. Pedro Marrades, Madrid: Espasa-Calpe, 1953.
Kamen, Henry. *Vocabulario básico de la historia moderna: España y América 1450-1750*, Barcelona: Crítica, 1986.
——. *Una sociedad conflictiva: España, 1469-1714*, 1.ª reimpr., Madrid: Alianza, 1989.
——. *La Inquisición española*, tr. Gabriela Zayas, 4.ª ed., Barcelona: Crítica, 1992.
López Castellón, Enrique (ed.) *Historia de Castilla y León*, VI, Valladolid: Reno, 1983.

Barcelona: Planeta, 1995.

Chamorro, Eduardo. *El enano del Rey: una visión del barroco a través de sus cortesanos más diminutos*, Barcelona: Planeta, 1991.

——. *Felipe IV*, Barcelona: Planeta, 1998.

Corral, José del. *La vida cotidiana en el Madrid del siglo XVII*, Madrid: La Librería, 1999.

D'Aulnoy, Madame. *Relación del viaje de España*, ed. y tr. Pilar Blanco y Miguel Ángel Vega, Madrid: Cátedra, 2000.

Defourneaux, Marcelin. *La vida cotidiana en la España del Siglo de Oro*, tr. R. Cano Gavina y A. Bel Gaya, Barcelona: Argos Vergara, 1983.

Deleito y Piñuela, José. *La España de Felipe IV*, Madrid: Voluntad, 1928.

——. *El rey se divierte*, 3.ª ed., Madrid: Espasa-Calpe, 1964.

——. *Sólo Madrid es Corte*, 3.ª ed., Madrid: Espasa-Calpe, 1968.

Dennis, Amarie. *Philip III: The Shadow of a King*, Madrid: Sucesores de Rivadeneyra, 1985.

Díaz-Plaja, Fernando. *La vida cotidiana en la España de la Inquisición*, Madrid: EDAF, 1996.

Díez Borque, José María. *La sociedad española y los viajeros del siglo XVII*, Madrid: SGEL, 1975.

Domínguez Ortiz, Antonio. *La sociedad española en el siglo XVII*, 2 vols., Madrid: CSIS, 1970.

Felipe IV, Rey de España. *Testamento de Felipe IV*, tr. José Luis de la Peña, ed. facsímil, Madrid: Editora Nacional, 1982.

——. *Historia de España: 3 vols., El Antiguo Régimen: Los Reyes Católicos y los Austrias*, Madrid: Alilanza, 1988.

Elliott, J. H. *El Conde-Duque de Olivares: El político en una época de decadencia*, tr. Teófilo de Lozoya, 6.ª ed.,

主要参考文献

Ágreda, María de Jesús de. *Autenticidad de la Mística Ciudad de Dios y biografía de su autora*, ed. Eduardo Royo, reimpresión, Madrid, 1985.

——. *Correspondencia con Felipe IV: Religión y razón de estado*, ed. Consolación Baranda, Madrid: Castalia, 1991.

Alenda y Mira, Jenaro. Relaciones de *Solemnidades y fiestas públicas de España*, 2 vols., Madrid: Establecimiento Tipográfico《Sucesores de Rivadeneyra》, 1903.

Barrionuevo, Jerónimo de. *Avisos de don Jerónimo de Barrionuevo: (1654-1658)*, 2 vols., ed. A. Paz y Mélia, Madrid: Atlas (BAE), 1968/1969.

Bennassar, Bartolomé. *La España del Siglo de Oro*, tr. Pablo Bordonava, Barcelona: Crítica, 1983.

Brown, Jonathan and J.H. Elliott, *A Palace for a King: The Buen Retiro and the Court of Philip IV*, 2nd Printing, New Haven & London: Yale Universidad Press, 1986.

Brown, Jonathan. "Felipe IV, Carlos I y la cultura de coleccionismo en dos Cortes del siglo diecisiete", en *La España del Conde Duque de Olivares: Encuentro Internacional sobre la España del Conde Duque de Olivares celebrado en Toro los días 15-18 de septiembre*, eds. J. H. Elliott y Á. García Sanz, Valladolid: Universidad de Valladolid, 1990, 83-97.

——. *Velázquez. Painter and Courtier*, New Haven: Yale University Press, 1986.

Cabrera de Córdoba, Luis. *Relaciones de las cosas sucedidas en la Corte de España, desde 1599 hasta 1614*, Madrid: Imp. de J. Martín Alegría, 1857.

Calderón de la Barca, Pedro. *No hay burlas con el amor*, ed. Ignacio Arellano, Pamplona: EUNSA, 1981.

Calvo Poyato, José. *Felipe IV y el ocaso de un imperio*,

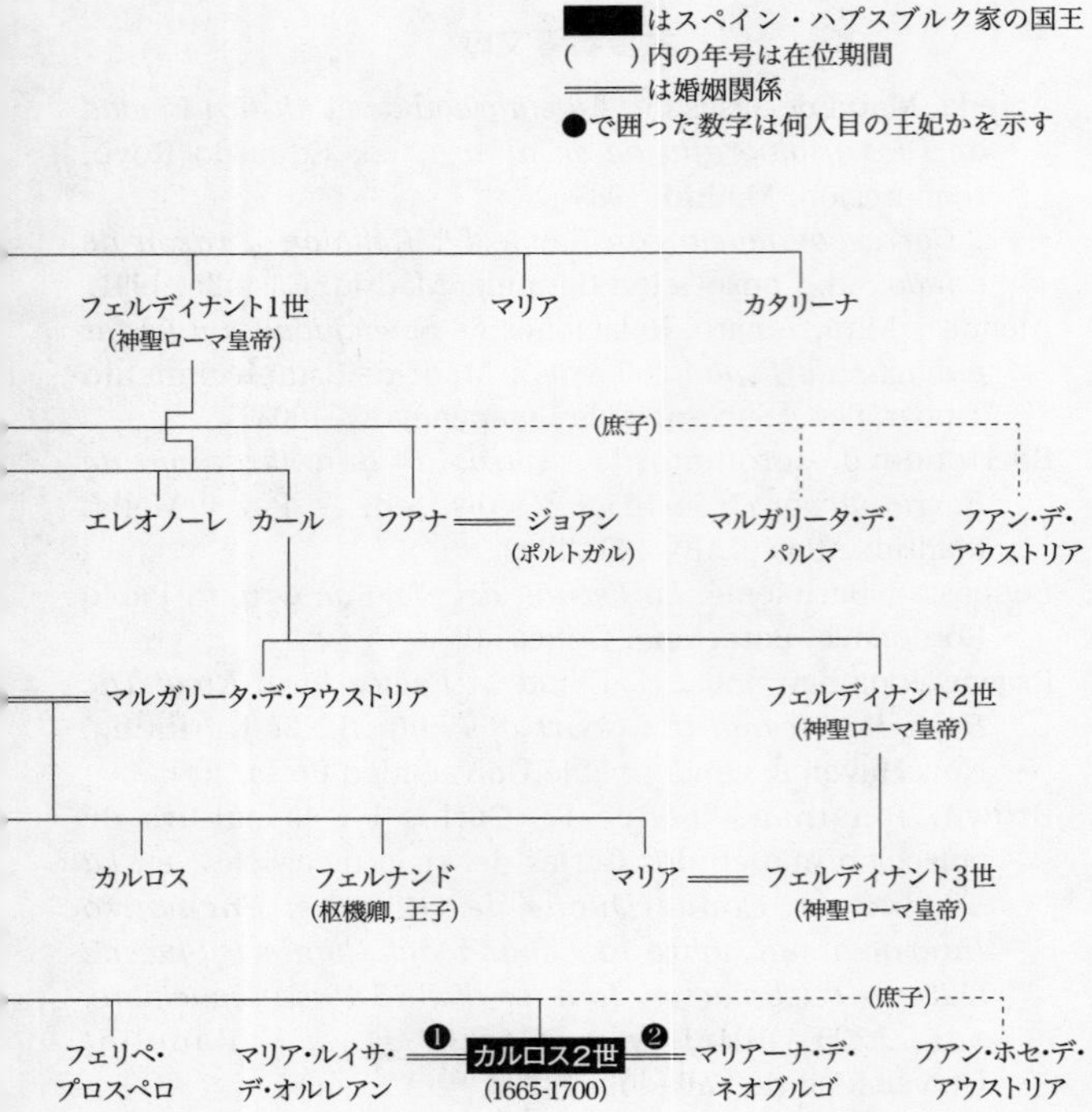

※1　最初の結婚相手はポルトガルのマリア・マヌエラで，二人のあいだにカルロス王子（1545-68年）が誕生．しかし，彼はのちに父フェリペ２世に対し謀反を企てたとして旧王宮内に投獄され，悲劇的な死を遂げた．

※2　フェリペ２世の妹マリアと神聖ローマ皇帝マクシミリアン２世の娘．

※3　フェリペ４世の妹マリアと神聖ローマ皇帝フェルディナント３世の娘．

スペイン・ハプスブルク家系図

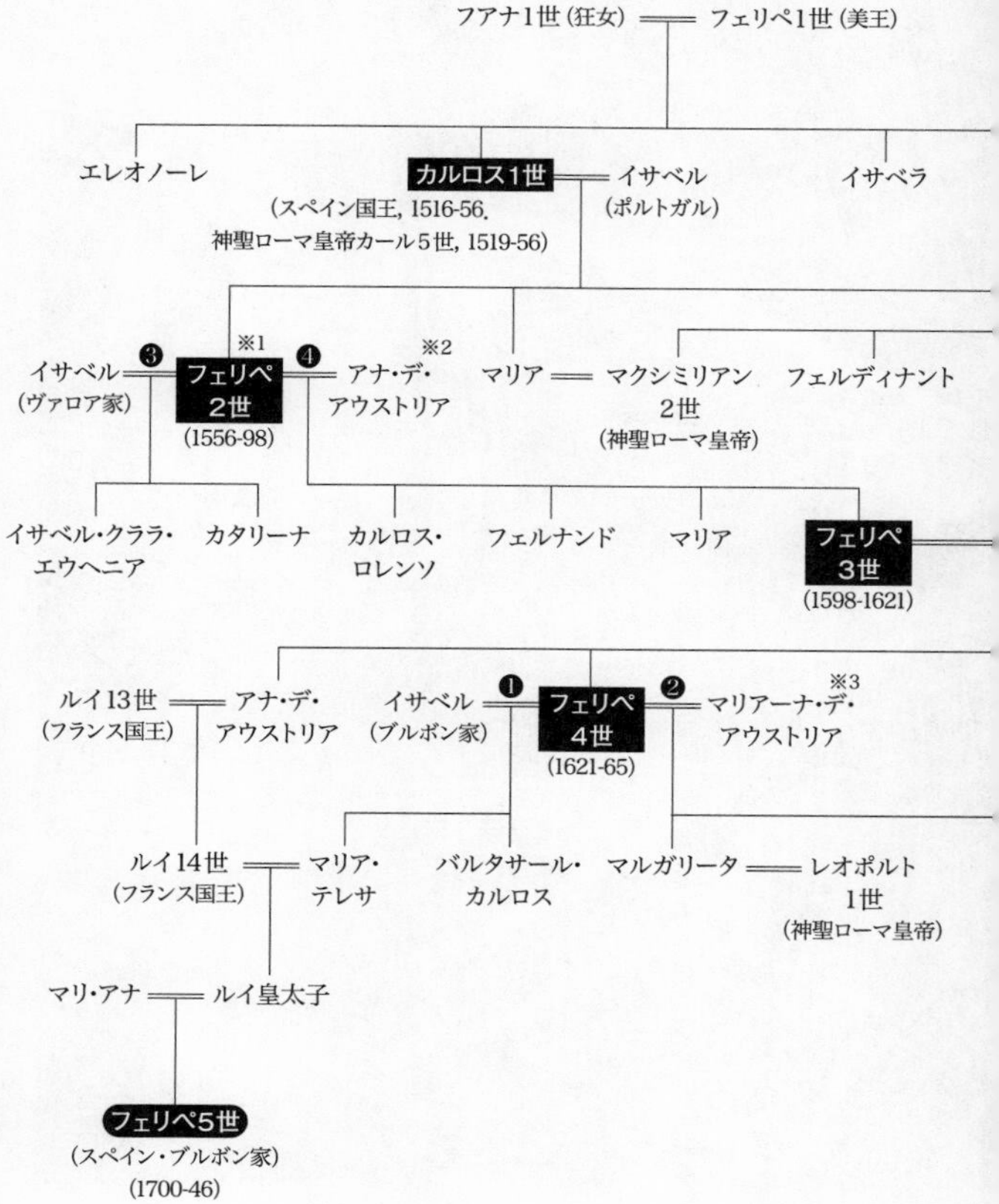

フアナ1世（狂女）
フェリペ1世（美王）
エレオノーレ
カルロス1世
（スペイン国王, 1516-56.
神聖ローマ皇帝カール5世, 1519-56）
イサベル
（ポルトガル）
イサベラ
❸
イサベル
（ヴァロア家）
※1
フェリペ
2世
（1556-98）
❹
※2
アナ・デ・
アウストリア
マリア
マクシミリアン
2世
（神聖ローマ皇帝）
フェルディナント
イサベル・クララ・
エウヘニア
カタリーナ
カルロス・
ロレンソ
フェルナンド
マリア
フェリペ
3世
（1598-1621）
ルイ13世
（フランス国王）
アナ・デ・
アウストリア
イサベル
（ブルボン家）
❶
フェリペ
4世
（1621-65）
❷
※3
マリアーナ・デ・
アウストリア
ルイ14世
（フランス国王）
マリア・
テレサ
バルタサール・
カルロス
マルガリータ
レオポルト
1世
（神聖ローマ皇帝）
マリ・アナ
ルイ皇太子
フェリペ5世
（スペイン・ブルボン家）
（1700-46）

CALLE DE ALCALA
ブエン・レティーロ宮

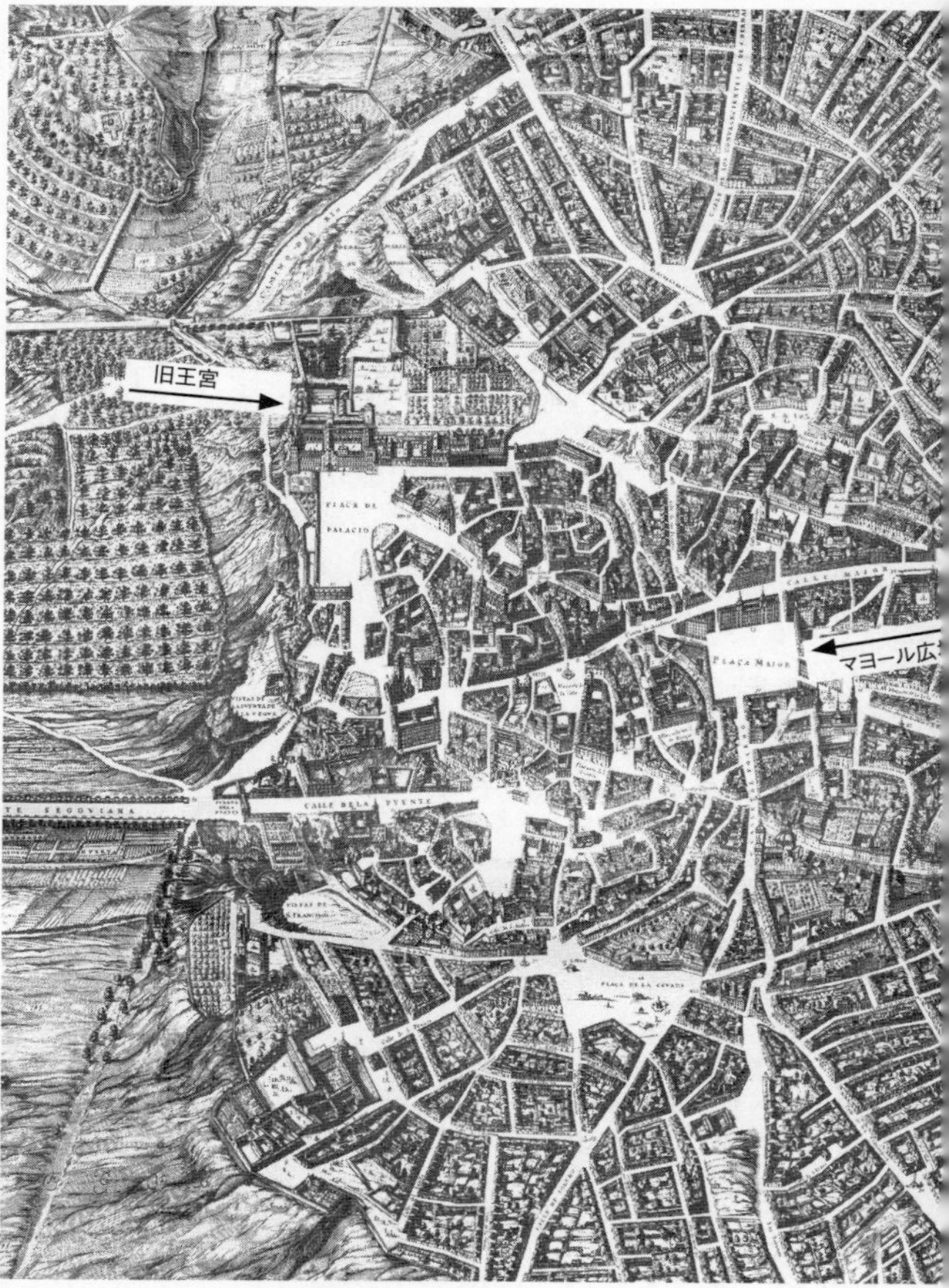

17世紀マドリード俯瞰図　ペドロ・テヘイラ作，1656年

ヤ・ラ 行

マ　行

ナ・ハ　行

サ　行

タ　行

カ　行

人名索引

◎ただし，頻出するフェリペ４世は採項しない.

ア　行

KODANSHA

本書は『浮気な国王フェリペ四世の宮廷生活』（二〇〇三年三月　岩波書店刊）を改題し、学術文庫版あとがきをつけたものです。

佐竹謙一（さたけ　けんいち）
石川県金沢市生まれ。スペイン・グラナダ大学に留学，米国・イリノイ大学大学院博士課程修了（Ph.D.）。南山大学名誉教授。著書に『スペイン黄金世紀の大衆演劇』『スペイン文学案内』『カルデロンの劇芸術』『本気で学ぶスペイン語』，共編著に『ハプスブルク事典』，訳書に『カルデロン演劇集』，ティルソ・デ・モリーナ『セビーリャの色事師と石の招客 他一篇』など多数。

講談社学術文庫

定価はカバーに表示してあります。

浮気《うわき》な王《おう》の宮廷生活《きゅうていせいかつ》
スペイン・ハプスブルクの落日《らくじつ》

佐竹謙一《さたけけんいち》

2024年6月11日　第1刷発行

発行者　森田浩章
発行所　株式会社講談社
東京都文京区音羽 2-12-21 〒112-8001
電話　編集（03）5395-3512
販売（03）5395-5817
業務（03）5395-3615
装　幀　蟹江征治
印　刷　株式会社広済堂ネクスト
製　本　株式会社国宝社
本文データ制作　講談社デジタル製作

ISBN978-4-06-536229-7

「講談社学術文庫」の刊行に当たって

これは、学術をポケットに入れることをモットーとして生まれた文庫である。学術は少年の心を養い、成年の心を満たす。その学術がポケットにはいる形で、万人のものになることは、生涯教育をうたう現代の理想である。

こうした考え方は、学術を巨大な城のように見る世間の常識に反するかもしれない。また、一部の人たちからは、学術の権威をおとすものと非難されるかもしれない。しかし、それはいずれも学術の新しい在り方を解しないものといわざるをえない。

学術は、まず魔術への挑戦から始まった。やがて、いわゆる常識をつぎつぎに改めていった。学術の権威は、幾百年、幾千年にわたる、苦しい戦いの成果である。こうしてきずきあげられた城が、一見して近づきがたいものにうつるのは、そのためである。しかし、学術の権威を、その形の上だけで判断してはならない。その生成のあとをかえりみれば、その根は常に人々の生活の中にあった。学術が大きな力たりうるのはそのためであって、生活をはなれた学術は、どこにもない。

開かれた社会といわれる現代にとって、これはまったく自明である。生活と学術との間に、もし距離があるとすれば、何をおいてもこれを埋めねばならない。もしこの距離が形の上の迷信からきているとすれば、その迷信をうち破らねばならぬ。

学術文庫は、内外の迷信を打破し、学術のために新しい天地をひらく意図をもって生まれた。文庫という小さい形と、学術という壮大な城とが、完全に両立するためには、なおいくらかの時を必要とするであろう。しかし、学術をポケットにした社会が、人間の生活にとってより豊かな社会であることは、たしかである。そうした社会の実現のために、文庫の世界に新しいジャンルを加えることができれば幸いである。

一九七六年六月　　　　野間省一

外国の歴史・地理

2033
北の十字軍
「ヨーロッパ」の北方拡大
山内　進著（解説・松森奈津子）

「ヨーロッパ」の形成と拡大、その理念と矛盾とは何か？　中世、ヨーロッパ北方をめざしたもう一つの十字軍が聖戦の名の下、異教徒根絶を図る残虐行為に現代世界の歴史的理解を探る。サントリー学芸賞受賞作。　電P

2051
古代ローマの饗宴
エウジェニア・サルツァ＝プリーナ・リコッティ著／武谷なおみ訳

カトー、アントニウス……美食の大帝国で人々は何を食べ、飲んでいたのか？　贅を尽くした晩餐から、農夫の質実剛健な食生活まで、二千年前に未曽有の繁栄を謳歌した帝国の食を探る。当時のレシピも併録。　電

2083
イスラームの「英雄」サラディン
十字軍と戦った男
佐藤次高著

十字軍との覇権争いに終止符を打ち、聖地エルサレムを奪還した「アラブ騎士道の体現者」の実像とは？　ヨーロッパにおいても畏敬の念をもって描かれた英雄の、人間としての姿に迫った日本初の本格的伝記。　電P

2103
西洋中世の罪と罰
亡霊の社会史
阿部謹也著

個人とは？　国家とは？　罪とは？　罰とは？　キリスト教と「贖罪規定書」と告解の浸透……。「真実の告白が、権力による個人形成の核心となる」（M・フーコー）過程を探り、西欧的精神構造の根源を解明する。　電P

2117
フィレンツェ
若桑みどり著

ダ・ヴィンチやミケランジェロ、ボッティチェッリら、天才たちの名と共にルネサンスの栄光に輝く都市。その起源からメディチ家の盛衰、現代まで、市民の手で守り抜かれた「花の都」の歴史と芸術。写真約二七〇点。

2146
大聖堂・製鉄・水車
中世ヨーロッパのテクノロジー
J・ギース、F・ギース著／栗原　泉訳

「暗闇の中世」は、実は技術革新の時代だった！　建築・武器・農具から織機・印刷まで、直観を働かせ、失敗と挑戦を繰り返した職人や聖職者、企業家や芸術家たちが世界を変えた。モノの変遷から描く西洋中世。

2154
池内 紀著
悪魔の話
ヨーロッパ人をとらえつづけた想念の歴史。彼らの不安と恐怖が造り出した「悪魔」観念はやがて魔女狩りという巨大な悲劇を招く。現代にも忍び寄る、あの悪夢を想起しないではいられない決定版・悪魔学入門。
電P

2192
ウィリアム・H・マクニール著／清水廣一郎訳
ヴェネツィア 東西ヨーロッパのかなめ 1081～1797
ベストセラー『世界史』の著者のもうひとつの代表作。十字軍の時代からナポレオンによる崩壊まで、軍事・造船・行政の技術や商業資本の蓄積に着目し、地中海最強の都市国家の盛衰と、文化の相互作用を描き出す。

2200
パット・バー著／小野崎晶裕訳
イザベラ・バード 旅に生きた英国婦人
日本、チベット、ペルシア、モロッコ……。外国人が足を運ばなかった未開の奥地まで旅した十九世紀後半の最も著名なイギリス人女性旅行家。その幼少期から異国での苦闘、晩婚後の報われぬ日々まで激動の生涯。

2215
南川高志著
ローマ五賢帝 「輝ける世紀」の虚像と実像
賢帝ハドリアヌスは、同時代の人々には恐るべき「暴君」だった！ 「人類が最も幸福だった」とされるローマ帝国最盛期は、激しい権力抗争の時代でもあった。平和と安定の陰に隠された暗闘を史料から解き明かす。
電P

2224
川北 稔著
イギリス 繁栄のあとさき
今日英国から学ぶべきは、衰退の中身である――。産業革命を支えたカリブ海の砂糖プランテーション。資本主義を担ったジェントルマンの非合理性……。世界システム論を日本に紹介した碩学が解く大英帝国史。
電P

2235
本村凌二著
愛欲のローマ史 変貌する社会の底流
カエサルは妻に愛をささやいたか？ 古代ローマ人の愛と性のかたちを描き、その内なる心性と歴史の深層をとらえる社会史の試み。性愛と家族をめぐる意識の変化は、やがてキリスト教大発展の土壌を築いていく。
電P

外国の歴史・地理

2691
港の世界史
高見玄一郎著（解説・陣内秀信）

港こそが、都市の主役である。古代ギリシアから中世のベネチア、中国の海港、アムステルダムの繁栄、近現代のロンドン、ニューヨークまで。世界の港と流通システムの発達を、ひとつの物語として描く異色の世界史。電P

2695
砂漠と草原の遺宝
香山陽坪著（解説・林俊雄）
中央アジアの文化と歴史

スキタイ、エフタル、匈奴、突厥、ソグド、モンゴルなど、諸民族の歴史と文化。農耕・牧畜の開始からティムール帝国まで、騎馬遊牧民が駆けめぐった旧ソ連領中央アジア＝西トルキスタンの遺跡を考古学者が歩く。電P

2696
万国お菓子物語
吉田菊次郎著
世界をめぐる101話

たかがお菓子というなかれ。甘さのかげに歴史あり。愛とロマン、政治に宗教、文化の結晶としての世界のスイーツ101の誕生秘話――マカロン、レープクーヘンからザッハートルテ、カステーラ、ちんすこうまで！電P

2718
世界鉄道文化史
小島英俊著

鉄道とは人類のドラマである！　万国スピード競争、等級制の人間模様、日本にもあった「一帯一路」、豪華列車、リニア開発……第一人者が圧倒的なスケールで描き切る、鉄道と人間が織りなす胸躍る軌跡のすべて。電P

2724
イギリス貴族
小林章夫著（解説・新井潤美）

政・官・軍のリーダーとして大英帝国を支えつつ、空前の豊かな生活を送った貴族たち。彼らは法律を作り、政治を司り、軍隊を指揮する一方、社交、狩猟、スポーツに熱中した。その驚きの実態を紹介する好著。電P

2726
パリ万国博覧会
鹿島　茂著
サン＝シモンの鉄の夢

万博をつくった理念をたどること、それは近代文明の観念史そのものである！　名手・鹿島の本領がいかんなく発揮された叙述で、物神【フェティッシュ】の聖堂のスペクタクルを味わい尽くす、魅惑の文化史研究。電P